JN119125

# 治療者ユングから学んだこと

平井孝男
Takao Hirai

朱鷺書房

## 前書き ( 概要 )

　本書は，これまでのスタイルとは少し違い，ユングという治療者に焦点を当てていますが，治療というものを重視し，その側面からユングを論じている所に特色があります。

　筆者は，もともとユングに関心が深かったのですが，最初は，夢，神話・昔話，マンダラ，象徴，元型，共時性，グノーシス，錬金術などに興味が向い，治療に関しては今一つどう役に立つのかよく分かりませんでした。

　ただ，治療経験を積むにつれ，特に 22 年前に開業し，そこで一万人以上の患者・クライエントと接する間に，ユングが，人間や宇宙の魂の最大の探究者であることに気付かされていったのです。そして，患者一人一人にその固有の物語があり，各人がそれぞれの神話を生きていることが実感されました。

　更には，どんなありふれた症状の中にもその症状なりの歴史があり，豊かな象徴性を秘めていること，そしてその症状を出発点としてアクティヴ・イマジネーション ( 能動的想像 ) を行うことで治療が展開することなどが実感されました。

　人間の魂を知ることは，患者や治療者の魂を知ることに繋がり，その認識はもちろん治療の基礎になります。何よりも，クライエントそのものを知ること，その魂を知ることに関して，筆者はユングに随分助けられた思います。

　こうしたユングの人間理解，治療的貢献を詳しく解明しまとめわかりやすく知らせることが出来たら，という思いで筆を執ったのです。これが本書の第一目的です。

　第 2 はユング心理学に特有の，夢・象徴・想像力の素晴らしさとその治療的意義を伝えたかったことです。前 5 冊 (『心の病いの治療ポイント』『境界例の治療ポイント』『うつ病の治療ポイント』『カウンセリングの治療ポイント』『難事例と絶望感の治療ポ

イント』）は，どちらかというと，治療精神医学的側面を中心に，クライエント中心療法，認知行動療法，精神分析療法，森田療法，家族療法などの色彩が濃かったように思えますが，今回のこのユング論は，今までになく，夢と象徴と神話・物語の治療的意義を強調しています。

　第3は，そうしたユングの治療面を具体的に提示し，その意義を深めるために，ユングの治療例21例を取り上げ，それらを徹底的に解明しようとしています。それも単なるユング派的解釈だけではなく，筆者のこれまでの治療実践に基づいての探究になっています。

　第4は，ユングの著作は難解なことで有名ですが，それをいくらかでもわかりやすくするために，対話形式で話を進めました。そして，少しでも疑問に思ったことは，二人の対話者の間で疑義を質してもらうようにしました。また少し会話をユーモラスにして近づきやすいようにしました。要するに，ユングを皆のものとしてできるだけわかりやすく興味深く共有してもらおうと思ったのです。なお，ＡもＢも同じ臨床心理士で精神科医ですが，Ａの方が経験は浅い方です。

　第5は，単なるユング礼賛の書ではなく，ユングの問題点や危険性（素晴らしい治療法ほど危険も大きい）についても詳しく論じました。特に，女性関係（シュピールライン，トニー・ウォルフなど）やナチスとの関係など，ユングの影と言われる部分にも焦点を当てました。これによって，ユングの全体像に光が当たると共に，人間ユングが浮き彫りになることを祈っております。

　こうした点が解明されることで，一層ユング心理学が生きてくると思われます。

　なお，この影の探究ということもあって，随分と注が多くなりましたが御寛恕下さい。注は，深く知りたい人のためにであって

読み飛ばしても構いません。

　第6は，広範な人文諸科学(哲学，宗教，歴史，文学，神話学，民俗学，文化人類学，美術など)や霊的・神秘的諸科学が，如何に治療的側面を持っているかを，ユングを通してわかってもらおうと思った事です。ユングほど「一木一草，これ治療者」を感じさせる人物はいないでしょう。

　第7は，ユングの治療事例だけではなく，治療者ユングを育てた要因について幼少期からの体験を詳しく探り，そこに光を当てようとしている点です。これにより，単にユングの前半生の歴史が分かると言うだけではなく，治療者として何が必要であったか，また人間が生きる上で何が重要かを理解することが，少しでも深まることを祈っています。

　第8は，ユングの治療実践と，フロイトやアドラーのそれとの比較を少し行っている点です。これにより，ユングの治療的意義がいっそう明確になったらと思っています。

　第9は，ユング派の心理療法の特色とされている，イメージ，物語，象徴，神話，元型，個性化といったことが，決してユング派だけのものではなく，どんな治療にも必要なものであることを強調したつもりです。ユング心理学を皆のものとして共有できることを目指しました。

　第10は，筆者の自験例も8例ほど終わりに付けましたので見て頂くと助かります。

　ということで，読者の皆様が，ユングの治療例を通して，それぞれの心や魂を豊かにされることを祈ります。

　それから，読者対象ですが，まずは心理臨床・精神治療に携わっている方，あるいはこれからそれを学ぼうとしている方が挙げられます。

　それとユングに興味・関心を持っている方にもお勧めします。

治療と言うことを真正面に捉えたユング探究によって，ユング理解に新しい光が当てられることを祈っています。

　更には，現在，心の病で苦しんでおられる患者さん本人，ご家族にも役立つように記述しましたので，ここから何らかの治療的ヒントを嗅ぎ取ってもらえれば幸いです。

　最後に，心理治療やユングのことを知らなくても，広く人間に関心のある方，人間理解を深めようとされている方にも是非読んでいただければと思っています。そして心が少しでも広がり，豊かになることを願っています。

　以上より，この本は学術書と言うより，治療の実用書，エッセイ・感想文，治療体験談，ユングに関する百科全書といった趣を呈していると考えて下さい。

　なお，この本の作成に関して，何人かの心理治療者の方に読んでいただき，御助言を頂きましたことを感謝させて頂きます。なかでも前田さん(神戸女学院大学院生)には詳しく原稿をチェックして頂いたこと深く感謝しております。

　更に，朱鷺書房の嶝様にも本書の刊行に際し，多大のご尽力を頂き深甚の感謝を捧げさせて頂きます。


　　　　2013．3．27．　　　　　　　　　平井孝男


　春来たり肩の荷降ろす一時に風筋運ぶ花香かな

# 目　次

# 第1章：ユングとの出会い (夢，惹かれた背景)

## 1．初期の出会い

A〈そもそもBさんは，何故ユングに惹かれたのですか？〉

B－それが，自分でもよくわからないんですよ。無理に理由を説明しようとしたら，いろいろ出てくるかもしれませんが，どれもはっきりしないようなんです－

〈そんなに曖昧では困ります。今日は，是非ユングとBさんの関係を伺って来ようと思ってきたのですから。それでは，Bさんが，ユングに触れた一番最初を教えて下さい〉

－そうですね。大学の頃は，ユングの名前を聞いたことがありますね。でも，その頃は，フロイトの一分派としか思っていなかったし，そんなにフロイトとの違いがあるとも知りませんでした。だいたい，個人的無意識と普遍的無意識[1]の違いさえよくわからなかった時でしたから。

　ただ，アドラーと共に，精神分析の人達って，ちょっとしたことで（本当いうと重大なことなんですよね）随分対立するもんだなという印象をもったことがあります。多分，考えが近いほど，自己主張をはっきりさせないと自分の存在が危うくなるということなのかなとその時は思っていました－

〈いわゆる，近親憎悪というやつですか？〉

－そんな激しいものかどうかはわかりませんが，西欧人は特に自己主張を運命づけられているようなので，すぐに対立が起きたのかもしれません－

〈まあ，それはそれとして，その後どうなったんですか？〉

－その後は，1974年から，大阪で精神科医としてのスタートを切りましたが，ちょうどその頃，ユングに深く傾倒している臨床心理士の友人ができまして，彼から，シャドウ，ペルソナ，アニ

マ・アニムス，グレートマザーといったユングの重要な概念を教えてもらいました。ただ残念なことに，よく理解できず，彼の話について行きかねたことを覚えています。

　そこで，私もユングの著作を読んだのですが，チンプンカンプンで，途中で放り出しました。でも，彼だけでなく彼を通じて他の人達からも，ユングの話をやっぱりよくわからないまま，聞かしていただいていたと思います。その時感じたのは，臨床心理士の方たちの間では，随分ユングというのは重大な人なんだなということでした。

　しかし，いくらユングがわからないといっても，その友人は，幸運にも河合先生にも傾倒していて，河合先生の本も紹介してくれたのです。そして，今度は河合先生の本を読んだのですが，これが実に面白くて，ユングがよく理解できたのです－

〈Bさんと同じように，まず河合先生から入ってという方は多いですね〉

－ええ，だから，日本のユング心理学の浸透に関しては，河合先生の役割は非常に重要だったと思いますよ。私なんか，先生の『ユング心理学入門[2]』を何回読んだかわかりません。余りにアンダーラインと書き込みがひどく，また擦り切れたようにもなったので，最近新しく買い直したぐらいですから－

〈私もそれは感じます。日本語だからという面もあるんでしょうが，河合先生は，何とか読者にわかってもらおう，なんとか読者に楽しんでもらおうという努力をなさっているので，とてもわかりやすいですね〉

－ええ，それはその通りで，先生がいつもユーモアや駄洒落を連発させるのも彼のサービス精神の現れなんでしょうね。これには，いまでも感謝しています。それに，サービス精神といっても，深い臨床体験や幅広い学識，何よりも教条にとらわれず，自由で暖

かい人柄が，基礎になっていますから，かなり奥深いですよね。

　そんな中で，河合先生の助けを借りながら，ユングの著作に再挑戦していったのですが，やっぱり難しいのです。でも以前の難しさと違って，うっそうと茂った森の中に少し木漏れ日がさしたような，少しの光もありました。

　それと，同じ難しさと言っても，感動を残さない難しさと，感動・興味・関心をそそる難しさがあると思いますが，ユングは明らかに後者でした－

〈それで，どうなったのですか？〉

－ええ，それでいろいろな著作を，１割でもわかったらということでやたらと買い込みました。また，河合先生以外の解説書も読んだりしました。本当にユングは解説書の方が，わかりやすいと言う感じがしました－

〈それは，フロイトにも言えるんじゃないですか？二人の文体の相違は別にして，これでもか，これでもかと徹底してくるところ（特に，フロイトの「ヒステリー研究[3]」や「夢判断[4]」，ユングの『変容の象徴[5]』や『タイプ論[6]』といったところ）は，もう読んでいて辟易してきますね〉

－まあ，その通りなんですが，あそこまで徹底することで，二人とも大巨人になるのでしょうね。何か，日本人とは違う肉食人種の凄さが現れているような気もします。まあ，そういう人にどこまで付き合うかは，その人の決断でしょうが－


２．印象的な夢

〈それで今回，Ｂさんが私のインタビューに応じてくれる気になったのはどうしてなんですか？〉

－それの発端として，実はかなり印象的な夢をいまから15年前に見たことがあるのですが，それが大きく原因しているのかもし

れません。ユングに触れ出してから10年近くたってからのこと
ですが？－

〈それはどんな夢なんですか？〉

－ええ，まず，十字架（下の部分が長いキリスト教の十字架と違っ
て，上下左右とも同じ長さ）が出てきて，上方にフロイトの顔，
右方に辻先生の顔，下方にユングの顔，左方にレイン[7]の顔が出
てきて，中心に仏陀が微笑みながら座っていました。そしてその
十字架を円形の線が取り囲んでいて，十字架以外の空いている部
分には，とてもきれいな丈の高い緑の草が生えているといったも
のです－

〈へえ，すごいですね。まるで曼陀羅ではないですか？それで，
Bさんはこれについて，どんな連想をしたのですか？〉

－夢自体はとても単純な夢だと思いますが，自分にとっては，感
銘は深かったと思います。この話を，友人・知人にかなりしたの
も，その証拠なのでしょう。私は，昔から，何にでも興味を示す
方ですが，あまり徹底せず，支離滅裂な所がありました。それで，
よく「おまえの専門分野はどこか？」「おまえには，コア（中心）
がない」と言われ続けていました。

　自分としては，そう聞かれたり言われたりする度に，「いや，
私は治療の職人みたいなもので，専門も何もないんですが」と，
答えていたような気がしますが，皆，自分の専門を持っている人
を見ていると内心うらやましく，コアのない自分に不安を感じて
いたことも事実です。

　そこで，この夢が出てきてくれたのですが，直観的に感じたの
は，「あっ！これだ」という実感と「これで救われた」という安
らぎの感覚だったと思います。

　つまり，自分はコアなどにこだわってもしょうがない，自分と
いう人間は，この4人を指針にしながら，時折，御釈迦様に話

し相手になってもらえればいいという感じでした－

〈それぞれ，4人は，どういう指針になるのですか？〉

－フロイトに関しては，実に多くのことを学びました（といっても，まだ1割にも達していませんが）。その詳細は，「フロイトから学んだこと[8]」という，私家版の小冊子を参照して頂ければいいと思いますが，一番勉強になったのは，抵抗と転移です。つまり，人間が治りたい気持ちと表裏一体に，如何に治りたくない気持ちを持っているかということ，また治療者との関係が治療において如何に大事かということでした。

それから，辻先生は，よくご存じのように私の長年に渡っての師匠です。先生については，私が精神科医になってから，一貫して指導してもらい（といっても，私が勝手におしかけてばかりいたのですが），いまだに毎週貴重な話を聞かして頂いているという，文字通り「有り難い」大存在です。よく私のように愚鈍で厚かましい人間を指導してくれたと思って感謝の念で一杯です。先生から学んだことは数知れずあり，ここで，それを要約することはとても不可能です。先生は余りに大きすぎて，おそらく一生かけてもその一部しか学べないでしょうが，それだけでも何かにまとめたいと思っています。

ただ，辻先生は，普通の言葉で言い尽くせないほど偉大な存在であるにもかかわらず，ほとんど書いたりしないんです。だから，お釈迦様の弟子を気取る訳ではありませんが，先生の言行録を作るのは私の夢なんです。そういうこともあるのか，辻先生や先生の創始された治療精神医学の考えに基づいて，幾つか書かせてもらったという気はあります。残念ながらたいしたものは書けていませんが－

〈まあ，すぐれた人ほどあまり書きませんからね。2流の人に限って多作家になるんですよね？〉

―まあ，そうした側面はあるにしても，全てにそうは言えません
よ。素晴らしい作品を沢山書いておられる一流の方もいる訳です
から。ただし，フロイトのような一流のひとであっても，書き過
ぎのようなところがあって，かえって自分で混乱しているようで
すね。もっとも，この話は辻先生からの受け売りですが―

〈それで話を戻して，ユングから学んだことはどうなるんです
か？〉

―ユングから学んだことは，このインタビューで，おいおい述べ
て行きますが，とりあえず言えることは，表面の心理学的なこと
を越えて，人間の「魂の深み」といったものを底の底まで追求し
た点ではないかと思います。そこから得られた成果は，これまた
凄いものがあって，どこまでそれを言葉にできるか自信はありま
せんが，とりあえず自由連想風に述べていきたいと思っています。

　それから，レインが出てきたのは不思議です。まだよくわかり
ませんが，おそらく，私の社会学的関係への興味ではないでしょ
うか？精神疾患とは「関係の総体である」という考えや，心の病
気を「一つの旅（一つの生き方）」と考えている点にも共感した
のでしょう。

　仏陀が中心にいるのもうまく説明できませんが，おそらく，あ
ちこちに行く私の放浪癖をよく見守って頂き，時には助言を，時
には厳しい叱責を加えてくれ，この４者に代表される私の分裂
性を統合してくれるのでしょう。それと私は，ものごころついた
頃より，何人かの思想家・宗教家に接しましたが，一番気の合っ
たのがお釈迦様だったということも関係しているのでしょう―

〈わかりました。ただ，５人とも大変な存在であることには変わ
りありませんから，とても簡単に説明のつくものではないので
しょう。ところで，Ｂさんが，今回，ユングのことを話してくれ
るのは，どういう事情があるのですか？〉

－フロイトについては中途半端で極めて不十分ながら『フロイトから学んだこと [8]』という小冊子で，一応の思いをまとめてみました。これは，まったく出発点にしか過ぎませんが，一応の出発点ができたということで，まだ，次に進もうという内的エネルギーが湧いてこないのでしょう。

辻先生に関しては，何か書くたびに私は辻先生のこの部分を借りているという思いが強く，自分流に辻先生のことを書いてきたつもりです [9][10][11]。もちろん最後には，まとめたいのですが，先生は余りに大きすぎて，どこからどう手をつけていいのかわからないというのが正直な感想です。

仏陀に関してはこれまでに教えて頂いた点を『癒しの森 [12]』や『仏陀の癒し [13]』に，少しずつ発表しています。

ユングに関しては，興味・関心がありながら，ほとんどきちんと勉強したことがなかったので，今回はAさんの助けを借りて，少し整理したいと思ったのです－

## 3．ユングに惹かれた点
(①心の全体性②治療原理を押さえている点③患者と治療者との対等性④タイプ論⑤夢や象徴の治療的意義⑥元型⑦錬金術・占星術・タロット・占いへの親和性⑧絵や図版の多いこと⑨非合理性の追求⑩魂の導き手⑪無意識の面白さ・楽しさ)
〈それでは，いよいよ，ユングに惹かれたところを教えて下さい〉
－これは難問ですね。私の今の理解では，どれを答えても不十分で，ユングを正確に理解していないということを証明するようなものですから－
〈それはいいんです。どうせユングのような巨大な存在の全貌を掴むことなど不可能に近いことですから，Bさんにとってのユングがどのような存在かを知りたいだけです〉

―では，少し恥ずかしいですが，自由連想風に語っていきます。ただ，この順番通りに私が引かれているということではありませんよ。くれぐれも誤解のないように。

まず浮かんでくるのは，ユングが，いつも「心の全体性」ということを考えていたことです。つまり，補償というか，対立するエネルギーの統合というか，コンプレックスの意識化・統合といったことです。

私は治療にあたって，いつも本人の足りない点を補っていく，出過ぎている点を控え目にしていくということを考えていましたので，ユングのこの点については共感できるんです。もう少し言うと，クライエントや治療関係のことを考えた時，いつも曼陀羅を頭に描くんです。そして，このクライエントは，どこが凹んでいるか，どこが飛び出しているか，どこに穴が空いているか，円が小さすぎないか，または膨張し過ぎていないか，円形の曼陀羅にいろんなものが詰まり過ぎていないかどうかなどを想像することがよくあるんです。だから，私は，自分の治療を勝手に「曼陀羅療法」と呼んで，ナルシシズムに耽っているのですが。

まあ，A．ワイル [14] によれば，「健康とは全体を指す」とのことですから，そのままユングは治療的だったということですね。現在のホリスティック医学（全体性を目指す医学）の先取りをしているのかもしれません。

それから，患者さんは良くなるときに大抵，自分の中に二つ以上の互いに対立する部分を見れるようになり，さらに良くなるとき，ユングのよく言う「対立物の結合 [15]」が起きてくるんですね。以前の私は，患者さんが対立の中で混乱したり苦しんだりすることに少し耐えにくかったのですが，今では早く確実に対立物に気付いてもらうということを期待するようになりましたし，以前は葛藤の解消なんて言う非現実的・万能感的なことを考えていまし

たが，今は「葛藤こそ治療のポイント，葛藤こそあらゆる創造の源泉」ということで，むしろ葛藤を歓迎するような気分になっています。こうなれたのもユングのおかげが少し入っているかなと思います。

2つ目は，やはり治療に関することなんですが，ユングがきっちり治療の原理を押さえているということですね。「現代精神療法の諸問題 16)」では，「告白，解明，教育，変化」という治療原理を明確に述べています。これなどは，辻先生の提唱した「治療精神医学の3原則 17)」とかなり相通ずるところがあるように思います。そして，ユングのこの治療原理は，人間の成長に関しても，宗教や錬金術 18)19)（黒化：分析の初期で影の問題を扱う，白化：告白が進むと白という良い面も見えてくる，赤化：活動エネルギーが増し治癒が進む，黄化：統合された直観の段階，等の諸概念）にしても，全部に通じていくんですね。

3つ目は，対等性ということですね。フロイトの，寝椅子を用いての自由連想法（これは親－子の関係でやや不平等さを感じさせます）を行いましたが，ユングのは，対面法です。これの方が，治療者とクライエントが対等という感じがします。どちらがいいかはタイプによって違うでしょうが，私は対面法の方が性にあっています。もっとも私はたいてい90度ですし，時として寝椅子も用います。でもフロイトと違って対面や90度を選ぶ自由を告げてから自由連想に入ってもらいますが。それとユングは「医師も患者も等しく分析を受けるのだ」と強調しているのも，両者の対等性を感じられて好感が持てます。

これは有名な話しですが，もともと，治療者の教育分析の必要性を言い出したのも，ユングなんです。だから患者と治療者の連続性をより強く感じていたのでしょうね。治療において成長するのは，患者だけではなく，治療者も変容するんです。

そうそう，その変容という言葉に惹かれたのも，ユングが好きになった理由ですね。治療や成長・成熟という何かを目指さねばならないようなニュアンスを持つ言葉より，変容という語ははるかにロマンと神秘を秘めていて魅力的ですね。それにあまり負担を感じさせませんし。

　4つ目は，内向，外向，といったことや，思考，感情，感覚，直観といった機能の研究をしてくれ，いろんなタイプを紹介してくれていることです[6]。普通の診断としては，ある患者に関して，ヒステリー，強迫神経症，境界例，統合失調症といった病名診断を出発点にすることが多いのですが，このユングの考え方を借りると非常に日常の治療の役に立つのです。先の「全体性を目指す」といったこととも関係しますが，「このクライエントは外向の傾向が強過ぎ，また思考機能のみが強調されているので，心身症にかかりやすくなっている」といった具合に，どこが優位になり過ぎて，どこが足りなくなってるか（劣位になっているか）を考える重要な指標の一つになるのです。

　また，先の統合とも関係しますが，これらの優劣をまとめて超越していくといったことで，超越の治療的意義[20]を強調してくれているのも惹かれる点です。

　5つ目は，夢や象徴の治療的意義を強調している点です。私自身が，夢・幻想・神話・象徴といったことにすごく親和性を感じるせいなのかもしれませんが，患者との意識的な話し合いに行き詰まった時，夢を聞かせて頂いて，治療が展開したことを随分経験しています。

　それと，象徴と共に生きることが，いかに人間にうるおいや生き生きさや生命力を与えるかということを，ユングがよく教えてくれている点です[21]。

　6つ目は，ユングの述べた種々の元型[22]，ペルソナ，シャド

ウ（影），アニマ，アニムス，グレートマザー（太母），老賢者といったことが，やはりクライエントの理解を助けてくれるんですね。

これは，一つのコンクレティズム（具象的態度）で，精神病の一つのサインとされるのですが，抽象的な話し合いだけでなく，これらの具体的表象・形象（元型の表れといってもいいのだろうか）を，実際に夢やビジョンで体験するのは，治療に厚みと生き生きさをもたらすもので，クライエントに益する所，大であるという経験をしています。

７つ目としては，同じようなことですが，ユングは，クライエント－治療者間で起こっている現象，患者の病的体験を，神話，伝説，童話，文学作品，哲学，宗教（特にグノーシス），錬金術，魔術，占星術，易経，東洋思想といった分野に一般化していきますね。私は，実はこういうものが大好きなので，ユングに出合う前から，こうしたことには関心を持っていました。学生時代に，種村季弘の助けを借りて，ローゼンクロイツの『化学の結婚[23]』に触れたり，同じく澁澤龍彦[24]によってグノーシスの世界に導入してもらったり，R．ベルヌーリの『タロット体系の象徴[25]』を読んだりして，密かに錬金術や占い，特に占星術やタロットにはまっていたことを思い出します。だから，ユングがこの領域をいろいろ研究してくれることで，彼とかなり気があったと言えるでしょう。

ただ，それだけでなく治療的観点からも，自分のやっていることが，このように古代から連綿と続く人間の普遍的営みと関係し，また宇宙や自然の活動とも照応すると考えると自分がすごく豊かなことをやっているように思え，これはすごい支えにはなるんですね。それに，これは何も治療者だけでなく患者もそれに気付いてくると，患者自身も支えられるんです。

つまり，自分のやっていることが，つまらないことではなく

て，神様や昔の錬金術者達や占星術士達がやったことだと思うだけで，すごく自分が豊かなことをやっている気がしてくるということでしょう−

〈本当ですね。今の話を聞いていますと，私も学生時代から澁澤龍彦，種村季弘，荒俣宏といった変わった連中ばかりに凝っていたことを思いだしました。かれらの話は余りに面白くて，尽きない幻想と浪漫の世界に私を誘ってくれたのですが，かれらの著作も，どこかで治療的営みと通じ合っているんでしょうね〉

−まあ，彼等3氏は，そんなに変わっていると思えませんが，どうでしょうね。ただ，今の話を聞いていて思ったのですが，ユングは何よりも楽しいんです。フロイトと違って，夢と浪漫と詩情にあふれ，色彩豊かだし，私を幻想に誘うんです。フロイトはどちらかというとモノクローム（白黒写真）な感じ[26]で，ユングはその点でまさに多色刷りの感じがして，目の保養にもいいんです。ユングはやはり他者と違って独特の色気があるようです。それと関連することですが，図版と絵が一杯でてくるでしょう（『変容の象徴』『心理学と錬金術』『人間と象徴』など）。見てて，楽しくなってくるし，飽きさせないんです。治療者の精神衛生には随分いいんじゃないですか。ちょっと程度の低い関心で申し訳ないですが，これがユングに惹かれた8番目の理由です。

　それから，9番目の理由ですが，ユングの非合理性の追求に惹かれたことです。私は，表面上は合理的に振舞い，治療も合理性を重視しています。また書き物も，どちらかというと読者にわかりやすくということを重視するため，合理的な書き方になっているのでしょう。

　だから，その反動か影の部分が刺激されるのかがわかりませんが，ユングの非合理的部分，例えば，神話，錬金術，占星術，夢，幻想，霊魂，異界，異次元世界，シャーマニズム，超常現象といっ

たことに惹かれてしまうんですね。これは，治療的かどうかわかりませんけどね－

〈でも，非合理性を含まない合理性より，非合理な部分も十分包含したような合理性の方が，治療的には厚みと深さがあるように思いますよ。だって，患者さんの言動って表面だけみたら非合理的な部分がいっぱいある訳ですから〉

－そう，言ってもらうと有り難いですね。でもいずれにせよ、この合理性の追求も、非合理性の探求も徹底してやりたいと思うし、また常に両者のバランスをとっておきたいですね－

〈まさに仏陀の言う所の，中道ですね。でも，今の話を伺っていて思ったことですが，ユングって，単に「大人の御伽噺」のようなイメージが強くて，あまり治療的とは思えなかったのですが，随分と治療的側面もあるんですね〉

－そうなんです。あまり表面には華々しくでませんが，深いところで絶えず治療的なものが流れているんです。それと「御伽噺」は治療的なんですよ－

〈失礼しました。そこは，少し考えてみます。いずれにしても今の点を考えれば，ユング心理学は，臨床医学に対する基礎医学のようなもんだと感じました〉

－単純にその比喩が適切かどうか何とも言えませんが，そういう側面はあるかもしれませんね。まあ，そういうことを指針に，あるいは臨床と基礎を絡み合わせながら考えていきましょう－

〈でもやっぱり，治療の技術や実際の患者－治療者のやりとりを，もっともっと詳しく書いて欲しい気がしますね。それのほうが役に立つわけですから〉

－あなたは，すぐに役立つことばかりに目がいくようですが，本当に役立つものというのは，時間をかけて探求するもんですよ[27]。だから単なる技術的なことをユングは越えていたのでしょう。ま

あ，その辺は，これから，ゆっくり議論していきましょう－

〈いずれにしても，今の話を聞いているだけで，ユングというのはとてつもなく，大きな存在だという気がしてきました〉

－そう，その点に関してですが，ユングの著作はどれをとっても，心理学者だけではなく，哲学者・宗教家・文学者・神話研究家・文化人類学者・歴史学者・芸術家・自然科学者・錬金術士・占星術士・歴史上の重大人物などの引用が多く，それぞれが魂の重要な部分を現してくれているんです。まさに，ユングの著作は「魂の百科事典」と言ってもいいのではないかと思います。

　そんなこともあるのか，私はユングに出会ったことで，多くの哲学・宗教などの勉強をさせてもらったような気がします。一例をあげると，例えばカントの純粋理性批判や，ニーチェのツァラツゥストラやゲーテのファウストなど，読みたいと思って買っておきながら，ほこりに埋もれていたんですが，ユングのおかげで，それらに対して少しは触れることができるようになったのです。ニーチェのツァラツゥストラ[28] など，昭和41年に買っておいたのですが，実に34年ぶりに初めて本格的に読み出したといった次第です。その頃は，１～２ページ読んで何のことかさっぱりわからず放り出してしまい，そのまま書斎の奥深くに眠っていたのでしょう。

　ユングは，この点で，文字通り，『魂の導き手』(psychopompos) と言える[29)30)] と思います。これが，ユングに惹かれた，10番目の点でしょう。

　それから、無意識というとどうしても暗さを連想させるのですが、ユングを読んでいると無意識の明るさ・楽しさ・面白さが目に付くんですね。それと無意識の研究にしても真面目くさってやらなくても、楽しいというかどこへ連想がとんでいくかわからない面白さを感じさせてくれるんです。だから「無意識は楽しい。

面白い」といったことを教えてくれたような気もします[31]。一応，浅い勝手な理解ですが，ユングに惹かれたのは以上の点です−

## 参考文献

1) collective unconscious のことで，普通は，集合的無意識と訳されているが，普遍的無意識の訳もある。どちらも一長一短である。

2) 河合隼雄「ユング心理学入門」培風館，1967（初版）

3) フロイト「ヒステリー研究」懸田克躬訳，フロイト著作集 7，人文書院，1974

4) フロイト「夢判断」高橋義孝訳，フロイト著作集，人文書院，1974

5) ユング「変容の象徴」野村美紀子訳，築摩書房，1985（英語版のユング全集，第 5 巻に収録）。なお，以後は単に全集と呼ぶ。

6) ユング「タイプ論」林道義訳，みすず書房（全集第 6 巻所収）

7) R.D. レイン「反精神医学の旗手」として，1970 年代前後の精神医療改革運動の時，もてはやされたのは，有名である。レインは 1923 年に，イギリスのグラスゴーに生まれ，1954 年から精神科医としての活動を始める。タビストック・クリニックに勤務するなどの経験を経て，1962 年から開業。著者に「引き裂かれた自己」「自己と他者」「狂気と家族」「家族の政治学」「経験の政治学」等がある。精神医療スタッフと患者というヒエラルヒーを取り除いた宿泊施設を作る実験をしたり，「統合失調症などというものは存在せず，事実として明らかに存在するのは，誰かが誰かを指して，統合失調症というラベルを貼ったという社会的事実だけである」という形で，関係の中で患者を見ていくことや社会状況を考えていくことの重要性を強調し，「狂気は，正気への一つの帰還の旅路であり，治療者はこの旅路の遂行を助けねばならない」と述べている。レインの背後にはアドラー，サリバン，もいると思われる。

8) 平井孝男「フロイトから学んだこと」私家版，1988　これは 2019 年 1 月に『精神分析の治療ポイント』（創元社）として発刊されている。

9) 平井孝男「心の病いの治療ポイント」創元社，1990

10) 平井孝男「病名告知とは何かを考えさせられた事例」(「精神病治療を語る」所収）金剛出版，1992

11) 平井孝男「再発の治療的利用」(「精神科治療学」第 1 巻第 4 号所収）星和書店，1986

12) 平井孝男「仏陀と共に歩む心理治療」(「癒しの森」所収）創元社，1997

13) 平井孝男「連載，仏陀の癒し」法蔵館，1998.10(44 号 ) 〜 2000.7(51 号 ) にかけて 8 回連載。『仏陀の癒しと心理療法』法蔵館，2017

14) A . ワイル「人はなぜ治るのか」上野圭一訳，日本教文社，1984

15) ユング「結合の神秘」池田紘一訳，人文書院，1995（対立物の結合に関して一番詳しく記述されているユング最後の大著）（全集第 14 巻所収）

16) ユング「近代精神治療学の諸問題」高橋義考，江野専次郎訳（「現代人のたましい」，ユング著作集，日本教文社，1970，所収）（全集第 16 巻所収）

17) 辻悟編「治療精神医学」医学書院，1980

18) ユング「心理学と錬金術」池田・鎌田訳，人文書院，1976（全集第 12 巻）

19) マリー・ルイゼ・フォン・フランツ「ユング思想と錬金術」垂谷茂弘訳，人文書院，2000

20) ユング「超越機能」松代洋一訳（「創造する無意識」朝日出版社，1985，所収）（全集第8巻所収）

21) ユング「無意識の接近」（ユング編「人間と象徴」河合隼雄監訳，河出書房新社，1975，所収）（ユングの書いた唯一の入門書とされている）（全集第18巻）

22) ユング「元型論」林道義訳，紀伊国屋書店，1999（全集第9巻第1部）

23) 種村季彦「化学の結婚」（季刊パイデイア10号，1971，6，所収）

24) 澁澤龍彦「黒魔術の手帳」（澁澤龍彦集成Ⅰ，桃源社，1970，所収）

25) Ｒ．ベルヌーリ「錬金術，タロットと愚者の旅」種村季彦訳，青土社，1972

26) むしろここにフロイトの真面目さ，誠実さが現れていると言ってもいい。モノクロームが決して悪いわけではない。

27) フロイトも，本当に役立つものは簡単には手に入らないということを強調しているし，ユングも，ユング研究所の最初の講義の時，「もう少し実践的なものを入れて欲しい」という学生の意見に強く反対している。

28) 世界の名著シリーズの第1回配本「ニーチェ」(S.41.2月発行)のことである（手塚富雄訳，中央公論社）

29) これについては，文献18に一番詳しく説明されている。

30) A.サミュエルズ「ユング心理学辞典」（山中康裕監訳，創元社，1993）

31) この点が，実は一番ユングの役に立つところではないだろうか。治療，無意識の探求と統合といった，しんどい仕事をする時，楽しさや神秘性が入ってくると，少なくとも筆者は生き生きする感じをもらえる。ただ，当然のことながら，責任をもった「楽しい作業」ではあるので，手放しで楽しいなどとは言えないのはもちろんである。特に難事例に会った時は，とても楽しい等とは言ってられない。しかし，楽しいかどうか論議は別にして，ユングの言葉や考えは実にイメージを喚起してくれる。ニーチェは，2章文献42で「ある言葉が正しいかどうかは，その言葉が力を持っているかどうかにかかってくる」と言ったが，その言い方を借りれば「治療者の言葉が正しいかどうか，治癒力を持つかどうかは，クライエントに対してイメージをどれだけ印象深く喚起するか」にかかってくるとも言える。

# 第2章：ユングの治療的素質

## 1．ユングの家系

〈ユングが，治療者として活動するのはいつ頃ですか？〉

－確か，ブルクヘルツリで精神科医として活動を開始したのが，1900年12月11日ですから，25才の頃からと言えますね－

〈おそらくユングは，治療者になる前から，治療的資質を持っていたのでしょうね？〉

－もちろんです。だいたい，家柄とか先祖からしてすごいんです。まず，父方の方ですが，父親自身はプロテスタントの牧師であまりパッとしなかったんですが，父方祖父のカール・グスタフ・ユング（ユング自身と名前が全く一緒ですが，単なる偶然と言えないようです）は，医師として活躍するかたわら，文学・政治・宗教方面で活躍しています。割と激しい人物で，学生の頃，政治運動で投獄されたこともありますが，社会的に医師として成功し，バーゼル大学の学長にまで選ばれています。そして，この祖父は，一説には，ゲーテの私生児と言われているんです(エレンベルガー[1]より)－

〈えっ。そうすると。ユングは，ゲーテの曾孫に当るんですか？〉

－単なるうわさだし，後世の願望も入っているんでしょうが，全く根拠のないことではないようです－

〈いずれにしても，父より祖父に同一化したということですか？〉

－どうやら，そのようですね－

〈それでは，母方の方はどうなんですか？〉

－母方祖父も結構すごい人で，優れた神学者でヘブライ語学者でした。それに，注目すべきは，霊界と交信する能力があったとのことです。また彼の後妻も，透視力を持っていたと言われています。さらには，母エミリーも霊の存在を信じていたとのことです－

〈そうしますと，ユングは，父方の方からは割と合理的・現実的に活動する面をもらい，母方からは霊といった非合理的な世界を受け継いでいるということになりますね。そして，両家に共通するのは，医学・宗教・語学といった知的な側面に優れているということで，これもユングの資質に好影響を与えているんでしょうね？〉

－おそらく，そうでしょう。いずれにしても家柄全体が，合理と非合理，現実適応と内界重視，自然科学と人文科学といったものを，包含していて，まさに「全体性」を現しているという感じですね。まあ，ユングの家族関係がどのようにユングの成長に影響したかはユングの父母について触れる時，もう少し深く考えてみましょう[2]－

## 2. ユングの幼少年時代（1875～1886）（誕生からギムナジウム[3]入学まで）

〈それで，ユングは，小さい頃から，治療的素質を示すようなことがあったのでしょうか？〉

－ええ，それに近いことは，多くあったようですよ。この点は，ユングの自伝や伝記に関する多数の著作[4]を参考にしながら私が勝手に再構成して述べさせてもらいます－

〈具体的にそれはどんなものだったのですか？〉

### a. 世界に対する基本的信頼

－自伝によれば，ユングの記憶は2～3才から始まったとのことで，それは牧師館，庭，別棟，教会，城，ラインの滝，農場などですが，これらはまだばらばらです。まとまった一つの記憶としては，青い空から陽光が木々の葉を通して戯れているという情景が初めてで，それはきわめて多彩で荘厳で，ユングは例え様のない幸福感に浸っていたとのことです。それにその頃，アルプス

の夕焼けも見て，そこに夢の国を感じたようです—

〈いや，素晴らしいですね。だいたいスイス自体がとても綺麗な国ですよね。以前に2回ほど行きましたが，どこへいっても絵葉書のように美しいところばかりだという印象を持ちました[37]〉

—だから，ユングは，これから不安・不信・悪などの人間の影ともいうべき部分に出会っていくわけですが，最初にこうした自然というか，宇宙や世界に対する喜ばしき感情を体験しておいたので，強力な影に対して相当粘り強く立ち迎えていけるようになったのではないかと想像されます。エリクソン[38]は，人間に対する「基本的信頼感」を言いましたが，ユングは，もっと広い自然や宇宙を感じさせる「世界に対する基本的信頼感」を，2〜3才にして持てていたという気がします—

〈そうであるからこそ，人との交わりより，孤独で自然の中にいるのが好きだったのかもしれませんね〉

—まあ，そういう部分もあるんでしょうが，結構気にいった人との交わりは熱心だったようですし，ヴェーアによると，ユングは非常に話好きだったとのようですよ。まあ，それはともかく，この途方もない基本的信頼感は人間としてはもちろん治療者にとって欠かすことのできない基本的資質でしょうね—

b．水に関する記憶

〈いずれにしても，ユングは幸せな出発点を持ったような気がします。それで，初期のそれ以外の記憶は？〉

—湖がとても好きで，水がとてつもなく遠くまで広がっていることに喜びを感じており，「自分はその時，いずれ湖畔で住まなければならないだろう」と考えたとのことです。そして「水がなければ人々は生きることができない」とまで思ったようです—

〈これも「世界に対する基本的信頼感」を連想させますね〉

—そうですね。ただ，それより，私はもう少し連想を広げます。

水ということですが，生命はもともと海から生まれているでしょう。それに胎児の間は羊水の中に浮かんでいますよね。だから，水は生命の源で，もっと勝手な連想をいうとまさに普遍的無意識に通じるものなのです。だから，この頃から，後年の自分の基本的考えの芽生えがあったような感じですね－

〈そういや，34才（1907年）にキュスナハトの湖畔に家を建てたのもその影響でしょうか〉

－そう考えていいんじゃないですか。水と山の近くに住めるだけで，何となく幸せと気持ちの落ち着きを感じますから－

ｃ．死と不信感に関する最初の体験とアニマによる修復

**①死体への興味**

〈ユングは，初期の頃いい思い出ばかり感じていたのですか？〉

－もちろん，そんなことはありません。ユングの父が牧師をしていた関係上，よく死体が牧師館の洗濯場に置かれるんです。そして，ユングは死体にかなり興味を持って見たがっているんですが，母親に厳しく禁じられたことを思い出しています－

〈4才になる前にすでに死体に引かれるなんていうところは，ユングの敏感さというか，ユニークさ，真実を見る目を感じさせられますね？〉

－でもね，生に対して敏感な人は死に対しても敏感ですよ。だから，このあたりですでに人生はいいものばかりではないと，もう感じ出しているのでしょうね－

**②両親の別居，湿疹，母の不在と愛・女性への不信感**

〈暗い思い出は続くんですか？〉

－ええ，3才のとき，両親が一時的に別居し，ユングは，全身の湿疹にかかってしまうんです。もちろん，ユングはその別居と自分の病気の関連性に気付いていたのでしょう－

〈いまでいう心身症性の皮膚疾患というやつですね？〉

－しかも，その時，母親が入院していて，母が不在だったのです。
これは，相当，ユングにショックを与えたようで，ユングは「それ以来，『愛』という言葉を聞くたびに不信感を抱いた。長い間『女性』という言葉は当てにならないものだという意味だった」ということで，不信感を感じさせられたようです－

〈何か，スピッツ[39]ではないですが，見捨てられ抑うつの一つの事例のような感じですね？〉

－しかし，これが治療者になる資質として悪いわけではないんですよ。要は，人間や世界に対する信と不信に対して，敏感になっておくことが大事なわけですから－

### ③アニマによる修復

〈それにしても，こうしたトラウマ（心的外傷体験）はどうなったんですか？〉

－うまい具合に女中が修復してくれたようです。彼女は黒髪でオリーブ色の肌をしていて母とまったく違った感じの女性で，ユングは，彼女が自分にだけ属しているかのように感じていたようです。そして，このタイプの少女が，後のアニマの一側面になったとまで言っています。そして「この彼女がもたらしてくれた未知の感情と，それとは逆の，もともと以前からの知り合い(Urbekannten)〔この女中に対しては生まれる前から知っていたような印象をユングは持っていたような気がする〕に出会ったという感情とは，後に私に対して女性の全本質を象徴するようになった女性像の特徴だった」と記しています－

〈この辺は，最初の「傷つきと修復の原体験」のようなものですね。患者さんなんかはこうした体験を繰り返しながらよくなっていくのでしょう？〉

－そういうことになりますね。特に，境界例のような激しい患者の場合，その二つの体験の積み重なりによって自立していくこと

が多いですから<sup>40)</sup>。

　だから，治療者が患者の気持ちをわかっておくほうがいいとするなら，こういう経験はほどほどであれば，治療者の資質形成にはプラスに働きそうですからね―

〈それにしても，こんな小さいときからアニマ像の核のようなものを感じていたというのは驚きです？〉

―本当にそうですね。ただ，先の基本的信頼感と関係しますが，ユングは自分が何か苦境に陥っても，例をあげると，現実の父母がだめであっても，結局はアニマ<sup>41)</sup>や老賢者が自分を救ってくれるという信頼感をどこかに持っていたのではないんでしょうかね―

### d．自殺衝動とキリスト教への最初の不信感

#### ①最初の自殺衝動

〈ただ，この後また辛いというか恐ろしい体験が続くんでしょう？〉

―ええ，この頃，階段から落ちて頭を強く打つという怪我をしたり，ライン川に落ちそうになったりといった記憶を記しています。ユングが言うには，これらが無意識的な自殺の衝動，更に言うと，この世界での生活に対する宿命的な抵抗を示唆していたとのことです―

〈こんな小さい時から自殺衝動を感じてたりするというのは凄いですね。それにしても，これだけ世界に対する基本的信頼感がありながら，何故自殺衝動が出てくるんですか？〉

―生の衝動の強い人ほど，死の衝動も強いのかも知れません。だいたい，うつ病の回復期，つまり生の期待が高まる時に自殺が多くなるという事実は，よく知られているところでしょう。

　それに，ニーチェも「優れた人間ほど自殺を考える」（ヤーロム<sup>42)</sup>の小説『ニーチェが泣くとき』より）と言っているし，明恵上人<sup>43)</sup>も 12 才の頃，自殺企図のような行動を取っていますね―

〈でも，どうして生きる希望が強くなると，自殺の衝動が強くなるんですか？〉

－はっきりしたことは言えませんが，何人かのうつ病患者から聞いたところによれば，生への願望が出てくると，世界の現実が見えてきて(世界に宿る宿命的暗黒面)，死にたくなるとのことです。また元気になるにつれ，自殺するためのエネルギーも出てくるとのことです－

〈よくはわかりませんが，何となくうなずける話しです。それで次の思い出は？〉

②埋葬に関する恐れ

－次は，墓地で死体が埋葬される場面の回想です。ここで，フロックコートを着て，背の高い帽子をかぶった黒装束の男たちが棺を運んできて死体を墓穴に降ろす場面を見るんです。そして誰かが「主イエスが彼等を御自分のもとに召された」というのを聞き，それともう一つの思い出も加わって，主イエスに不信感を感じ始めたとのことです－

〈誰でも，今までいた人がいなくなるなんて，すごい対象喪失感を味わうでしょうし，それに自分の身にもそんなことが起こるかもしれないなんていうのは，心の傷になるでしょうね？〉

③夜の祈りにまつわる疑念

－それと，もうひとつ，それに関連した思い出として，夜の不確かさ・不安を和らげるために母が一緒に唱えてくれたお祈りの文句が問題なのです－

〈どんな文句なんですか？〉

－それは「翼を広げてください。イエス，私の平和であり喜びよ。あなたの雛鳥を召し上がってください。もしサタンが，私（ユングであり雛鳥）を呑込もうとしているのなら，天使たちに『この子は傷つけられてはならない』と歌わしてください」といった内

容です―

〈これが，どういう影響をユングに与えたのですか？〉

―まず，自分（ユング）が雛鳥として，イエスに食べられるだけでなく，イエスが他の人々をも食べてしまう，召し上げてしまうという事実に恐れを覚えたのではないですか？

　それと，村本も言っていますが，ユングは，自分が雛鳥に例えられた上に，イエスがそれを苦い薬 (bittere Medizin) のように，いやいや召し上がるという事実に悩まされたとのことです―

〈そうすると，食べられる，召し上げられるという恐れと共に，イエスはサタンから身を守ってはくれるが，自分（ユング）を愛したり保護してくれたりすることに心の底から喜んでしてくれているのかしら？という疑念がわいたのでしょうか？〉

―自伝を読む限りではそんな感じがしますね。先の「愛」への不信感と同じく，イエスへの疑惑がわいたのではないでしょうかね，例えば，素直に自然に子供を愛するより，義務的愛・儀礼的な愛ではないか？といった―

④ジェズイット（イエズス会士）との恐ろしい出会い

〈それと，埋葬される（神の下に召される）ということと，雛鳥として召し上げられる（イエスに食べられてしまう）というイメージはつながるので，よけいイエスへの不信（Mißtrauen）が強まったのでしょうね？〉

―ええ，その時，またユングは恐ろしい体験，ジェズイット（イエズス会士）との出会いを経験するんです。彼はつばの広い帽子をかぶり，長くて黒い服を着ていたのですが，ユングは彼を見た瞬間「あれはジェズイットだ」という恐怖に襲われたのです―

〈なぜ，そんなに恐がったんですか？〉

―それは，今までのイエスへの小さな不信もあるでしょうが，ユングは，その少し以前にユングの父とイエズス会士が話し合って

いたところを目撃しており，その時，妙に父がいらいらしており，父に対しても危険な存在かなと心配していたとのことです－

〈イエズス会（イエズスの友を自称）というと，ロヨラによって結成され，ザビエルを日本にまで送り込んだばりばりのカトリックでしょう。それに反して，ユングの父は気の弱いプロテスタントでしょう。だから，父がジェズイットにやられる，ということまで感じたのでしょうか？〉

－いや，それは読み過ぎでしょうし，村本 31) も言うように，その頃のユングにはプロテスタントもカトリックもわからなかったでしょう。ただ，鋭い敏感さで，イエスの影の部分，キリスト教の暗黒面をもう嗅ぎ取っていたのかもしれませんね。

　でも，いずれにせよ，治療者は患者の光の面だけでなく，影の面にも敏感になっておく必要があるので，ユングは恐怖と代償にこうした敏感さを徐々に身につけていったのかもしれませんね－

〈ユング自身は必ずしも望んだわけではないんでしょうね？〉

－もちろんです。まさにそういう運命だったのでしょう－

e．ファルロス (Phallus) の夢

〈さあ，その次にいよいよ有名な「ファルロスの夢」が出てくるんでしょう？〉

－ええ，これは，あまりにも大きな夢で，たいていどこのユング伝にも取り上げられていますし，ユングの一生にずっと影響を与え，支配し続けているようですね。ひょっとしたら，フォン・フランツ 12) の言うように，ユングの全生涯のエッセンスを示しているのかもしれません。

①夢の概要

　それでは，早速どんな夢かゆっくり，見ていきましょう。

　㋐夢の中で，ユングは牧師館の寺男の農家の背後にある牧場にいます。

㋑その牧場の地面の中に，長方形の石を並べた穴を見つけますが，中は，はっきり見えませんし，その穴は初めて見るものです。今までまったく気付いてなかったとのことです。

㋒ユングが好奇心を覚えて近付くと，そこは石の階段があり，底まで通じています。

㋓ユングは，ためらいながら，こわごわ降りていくのです。

㋔そうすると，その底には，丸いアーチ型の戸があって，それが緑のカーテンで閉ざされているのです。

㋕とても贅沢なカーテンだったのですが，その背後に隠されているものを見たくて，カーテンを開けるのです。

㋖すると，薄明かりの中に，10メートル四方の長方形の空間があり，天井はアーチ型の石でできており，赤い絨毯が入口から中央の低い台まで敷かれているのです。

㋗台の上には素晴らしい黄金の玉座があり，赤いクッションが台座の上にあって，本当の王様の玉座があった。

㋘そして，その上にとてつもなく大きなものが立っている。

㋙それは，巨大な肉柱で4〜5メートルの高さがあり，50〜60センチの太さの幹をしていた。とても奇妙な構造で，皮と生の肉でできていて，その上には顔も髪もないまんまるの頭のようなものがある。ただ，頭のてっぺんには目が一つあって，じっと動かず，まっすぐ上を見つめていた。

㋚そこは，窓もなくはっきりした光源もないが，頭上には明るさがあった。

㋛肉柱（ファルロス）は，全く動かないが，いつ玉座から這い出して，自分のほうへ来るかと思い恐くて動けなかった。

㋜この耐え難い恐怖の瞬間に母の声で「そら，よく見てごらん。これが人食い（Menschenfresser）ですよ」と聞こえてきたのです。

⑦この夢は数年間ユングにつきまとい，彼を悩ませたそうです－

## ②自伝の真実性

〈すごいですね。本当にこんな夢を，しかも３～４才の頃に見たんでしょうか？それに自然の素晴らしさや水の記憶やトラウマ体験や不信感にしても２～３才の頃に感じているというんでしょ。ずっと話を聞きながら思っていたんですが，本当にユングはこんなことを体験していたんでしょうか？自伝の書かれた83才になって作り話を少し付け加えているんではないですか？〉

－疑い出せば，切りはありません。夢やビジョンといった内的体験は，本人が，あったと言えば，あることになってしまうんではないですか？

それにユング自身も，自伝の序文で「私が企てたのは，私の一生の神話(Mythus)を語ることである。……私の物語が事実かどうかは問題ではない。問題は,それが,私の神話・物語（Märchen)であるかどうか，それの真実性(Wahrheit)がどうなのかといったことなのである」と,語っていますから,内的真実でいいんじゃないですか？－

〈随分と，自分勝手な言い種のような感じもします。だから，この自伝は，客観的事実と違う点もだいぶ出てくるんでしょうね？それで，Ｂさんは，この自伝の記載の真実性をどう考えるんですか？〉

－客観的事実と合致しているかどうかは，あまり関心がありません。むしろ，外部の証言とユングが自伝に書いてあることのずれがどのようなものかに注目したいです。そこにユングらしさが現れていると感じますから。それから，私は，ユングの真実の体験が記されていると思います。もちろん何の根拠もなく私の内的直観に過ぎませんが。それから，私は，事実かどうかよりも，そこに書かれている『迫力』に感動します－

### ③ユング自身の感想

ア．ユングの連想

〈あまり，納得できませんが，それはそれとして次に行かしてもらいます。それは，ユング自身はこの夢をどう感じたのかということです〉

－まずは，この夢がずっと自分を悩ませたと言っています。

そして，10数年後に，この肉柱が，ファルロスだとわかったと述べています。

それから，牧場の穴は，墓を意味しており，墓は地下の寺院であり，その緑のカーテンは，牧場（緑の植物で被われた土の神秘さを象徴している）を象徴しているとし，また絨毯の赤色は血を象徴しているとしています－

〈フロイトなら，もっと性的（穴が女性性器だとか）なものを連想した[44]ような気もしますが，ユングの連想は自然ですね。それと面白いのは，夢そのものの中核にファルロスという性的なものが置かれているので，逆にこの性的なもの（ファルロス）は何を意味するのかという連想を広げたくなりますね。それにしても，こんな小さいときに，このようなすごい夢を見たこと自身に驚きを感じますね？〉

イ．見えないものを見る能力

－ええ，これ以後もユングはしばしば，重大な夢を見るんですが，このことは，ユングが「普通の人が見えないものまで見えてしまう」「感じないものまで感じてしまう」という治療者にとって重要な能力を，すでにユングが有していたことを示しているようですね－

〈患者さんもきっと同じ能力を持っているんだと思いますよ。ただ，患者はこの能力を利用できず，かえって症状化させてしまうところに苦悩を感じますが[46]。それで，話を元に戻して，ユングは，

何故この夢でこんなに悩んだんですか？〉

ウ．夢に関するユングの恐れ・悩み

－いくら，ユングであっても，３〜４才で，この夢を理解するのは不可能ですよね。従って，まず，凄い夢だけど，自分にはその意味がさっぱりわからない，不気味だ恐ろしいという印象が当時のユングを圧倒したんではないですか？－

〈それは，そう思います。ただ，「人食い」という母の声も恐かったのではないですか？〉

－そうでしょうね。まず，自分に迫ってきて自分が食われるということ自体も恐かったし母の声で「人食い」と言われることも恐かったでしょうね。この恐さは，先の雛鳥として食われたり，埋葬されることの恐怖とも重なるでしょう。

　さらには，母性の持つ２面性を連想しておいてもいいと思いますよ。母性は暖かく保護して包み込んでくれる存在でもありますが，一方で子供を支配・コントロールし，子供の自主性を破壊し，子供を飲み込んでしまう（人間を食ってしまう）恐ろしい存在という側面もある訳ですから。だから，母の声で「人食い」と聞こえたことはよけい恐ろしかったのではないですかね。これは，またユングの両親の所でも述べますが，ユングの母自身が２面性をもっている不安定な人格だったらしいとのことですから，これもまた，ユングを恐れさせたのではないですか。

　それから，ユングは，夢の中で母が「あれが人食いですよ」と言ったのか，「あれは人食いですよ」と言ったのか，どちらを言ったのかも悩んでいるようです－

エ．「あれが人食いですよ」と「あれは人食いですよ」との違い

〈ここは，どう違いがあるというんですか？〉

－村本[31] の助けを借りると，前者では「あれ（ファルロス）」に重点がおかれ，「このファルロスこそ，人々を取って食う男根像

ですよ」ということになり，後者だと「人食い」に重点が置かれ，「このファルロスは，イエスやジェズイットと同じく，人を食う代物ですよ」ということと理解しましたが−

〈そんなにたいして違わないようにも思いますが？〉

−そうですね。ここからは，私の勝手な連想ですが，前者だと，ファルロスこそ人食いだということで，ファルロスの強大さ・広がり・深み・創造性・破壊性等が強調されるし，後者だと，ファルロスとキリスト教の類縁関係が強調される，つまりどちらも人食いだ，ということが示唆されているという感じがしました−

〈どっちにしても，ファルロスは重要なポイントであり，それは地下の玉座の上に巨大な姿で直立し，限りなくおそろしく聳え立っていたことは間違いないわけですから，やはりたいした違いはないと思いますが？〉

−いや，西洋人にしたら，キリスト教は生活の中に深く入り込んでいるし，ましてやユングは牧師の息子であるし，さらにもうファルロスの夢の前から，イエスに対する不信感を抱いていたわけですから，これはゆるがせにできない問題だったと思いますよ。善や愛の象徴としてのイエスに，悪や性的な面を見なければならない，つまり神の両面性にユングはまたしても直面せざるを得なくなったので，この問いは深刻だったと思いますよ−

オ．ユングの悩みの結果：ファルロスは「地下の神」

〈そう言われれば反論できにくいですね。ユングは，結局，村本 [31] が言うように，何十年間も母の謎めいた言葉に関して決着がつかないまま悩んだということなんですね？〉

−そうです。その結果，いろんなことを考えたようですよ。自伝によれば，ユングは，ずっと後になってこれがファルロスであったことがわかったと述べ，さらに，このファルロスは「言及することのできないような地下の神」のように思われると同時に，誰

かがイエスについて話すときにいつでも繰り返し現れたと言っています。

　そして「主イエスは私には現実的なものとはなりきらず，すっかり受け入れることも，愛しつくすこともできなかった」と述べています。さらに，50年後になって「ミサの象徴的表現の基礎となっている人肉を食う風習のモチーフ」[47]に関連した節を知ったとも言っています。

　また「この子供時代の夢を通じて，私は大地の秘密についての手ほどきを受けた。あの時起こったのは，大地での一種の葬式で，私が再び出てくるまでに何年かを要することになっていたのである。私は，それが暗闇の中にできるだけ最大限の明るみをもたらすために起こったのだということを知っている。あの時，私の知的生涯はその意識的出発をしたのである」とも述べているのです—
〈ここは，どういうことなんですか？〉
—ここから，連想されるのは，ファルロスというのが，キリスト教の影（キリスト教に限らず一般道徳も含む）であり，それとの対決をすでに小さい頃から迫られているということです。さらに，このファルロスというのは，肉欲をこえて，人間に普遍的に存在する欲望そのものであり，それは下手をすると人を食ってしまうおそろしいもので，それにどう対処しなければならないかという課題も小さい頃に背負ったような気がします。

　こういうことで，大地の秘密に触れた訳ですが，これは当然人間の秘密にも触れることになり，この秘密に対する敏感さは後年ますます磨きがかかったと思います。

　更に，葬式というのは多分表面的で形式的なキリスト教がユングの心の中で死んだということ，ニーチェではないですが，「神・イエスの死」ということでしょう—
〈でも大地に，自分が再び出てくるということは，ファルロス的

な活力を備えた神を持っている自分が出てくると考えてもいいんでしょうか？〉

ーさあ, そんなに単純に考えていいかどうかは疑問が残りますが, それに近いような気はしますね。いずれにせよ, ここで, 死と再生を体験しており, またこの小さい頃に, 知的生涯の出発を意識したのも驚くべきことですー

カ．ファルロスの夢は, ユングの知的生涯の出発点

〈この知的生涯の出発を意識したというのもすごいところですが, これについてはどう思われますか？〉

ーこの言葉は, 河合俊雄 [20] も言っているように, 真剣に受け止める必要があると思いますね。先に, フォン・フランツを引用した所でも述べましたが, 河合俊雄の言うように, この夢自体の中に, ユングの思想が現れていると考えられるでしょうねー

〈それはその通りでしょうが, ここの夢はやはりファルロスが一番重大だと思うのですがこれについてもう少し, 説明してくれませんか？〉

④ファルロスについて

ーフォン・フランツ [12] によれば, このファルロスの出現の中に, ユングは一つの霊的生活の誕生を見ている, としています。例えば, 古代ローマ人の見解によれば, ファルロスは男の隠れたる精霊, 肉体的精神的創造力の源泉, 一切の天才的着想と明朗な生活の喜びとの贈り主を表すとのことです。

　そして, ユングの場合, この精霊は, 彼自身の底知れぬ活力, 一生続いた探求と創造に駆り立てた内的創造精神への誠実さの中に現れているとしています。

　またユングの生涯における指導霊は, 創造的なエロスの神であり, それと関連して彼が著述に没頭するだけでなく, 患者・家族・友人のために献身的態度をとることを可能にし, ユングの弟子に

女性たちが多かったのも，ユングがロゴスよりもエロスの原則に
従って生きてきたからでは，というように取れる書き方をしてい
ます。

　さらにエロスの神は，ユングを休ませることなく，前進を促し
続け，創造を強制し続けたとのことで，それは著作だけではなく，
キュスナハトの庭園にファルロス神のための記念碑（生の息吹と
命名されている）を立てさせたり，またボーリンゲンの別荘にあ
る男根形石柱に「この上なく美しきアッテイス（ギリシア神話に
登場する少年。ファルロスとの関連が深い。ここでは，去勢され
たアッティスのファルロスを祭る意味があるのかも）」という銘
文を刻ませたりしている [48]と，フォン・フランツは述べています。

　また，古代のファルロス神は，治癒神アスクレピオスに従う童
子神テレスポロスでもあったとしており，それは治癒能力を持っ
た愛と熱狂という心的力であるとしています。そして，それに関
連してユングは，治療に関して大変熱心で，またどんな難しい患
者でも忍耐強く接したということを紹介しています [49]─
〈フォン・フランツって，よっぽど，ユングを礼賛しているんで
すね？〉 [50]
─そんな感じがしますね。だいたいにおいてユングには、実際，
フォン・フランツが記したように，女性の弟子が多いんです。ま
た自伝にも「私の患者の多くは、私の弟子になり、私の考えを実
行した」と書いてある [49)-53]ことからも類推すると，ユングは多
くの女性患者を持ち，その中の何人かの人がユングに引かれて
弟子になっていった，そして彼女等は自然とユング崇拝になって
いった，フォン・フランツなぞはその代表であるという考えもで
きますね─
〈いわゆる，ユングフラウ [54]の代表ということですか？〉
─まあ，そう言えるのかもしれませんが，フォン・フランツや他

の女性の弟子たち（シュピールライン，トニー・ウォルフ，ヨランデ・ヤコービなど）のことをもっともっと詳しく調べてからでないと，単純に彼女等がユング礼賛に走っていたなんて結論は出せないと思いますよ。まあ，ユングと女性の弟子との関係についてはいずれ考えて行きたいと思いますが，いずれにせよ，彼女は，ユングの生涯における運命の決定的要素として，①エロス的原則，②医師としての思いやり（compassion），③創造的守護霊をあげています。そして，そうしたものを集約しているのが，このファルロスの夢だということなのでしょう [55] ─

⑤ファルロスの夢に見る，治療的資質

ア．見る力，探求心，勇気，考察

〈だいたいのことは，わかってきましたが，Ｂさん自身はこの夢と夢体験をどのように思われているんですか？〉

─まず第1に感じることは，こんなビッグ・ドリームを前にして圧倒されてしまい，何をどう言っていいかわからない自分を感じますね。こうした夢に関しては，この夢が全てを現しているので，何も付け加えられないという感じがします。

　ただ，第2として，敢えて言うとすればユングの『見る力・感じる力』の底しれない能力ですね。まずこれに圧倒されました。

　第3に感じたことは，ユングの好奇心・探求心の旺盛さです。普通だったら，地下の階段を降りるなんて恐くてできないと思うんですが，夢の中ではそれをしていますよね。それに緑のカーテンという一つの関所を取っ払ってしまいますよね。ここは，実は治療者としてとても大事な資質なんです。治療者の元には，難しい患者さんがやってくることが多く，正直これを避けたがることも多いのですが，避けてばかりいると治療者の力は伸びないんです。逆に難事例に取り組んで格闘すると，1例で100例分ぐらいの事例を勉強したような力が付くことがしばしばあるんです [56]。

だからここで，ユングが，ためらいながらでもこわごわ地下へ降りていったという所に，治療者としての勇気を感じました。

　第4は，同じことですが，すごく恐ろしい『人食い・ファルロス』に出会って，金縛りに会うような恐怖感を感じながらも，じっとそれを見続け，よくその正体を観察し続けていることですね。治療の場面で，困惑したり恐怖感を覚えることは多々あるのですが，大事なことは，その時の恐怖や困難な感じをどれだけよく見つめておくかということなんです。これをユングがちゃんとやっていることも，治療者としての間接化能力（直接体験から距離を置く能力）や観察持続能力の高さを感じます。

　第5は，この後，この夢について考え続けていることなんです。これは，治療でも同じで，ある治療場面での恐怖や困難が去ったからといって，それでいいというものではなく，このことについて後から，反省し振り返ることが必要なんです。だから，ここでは，ユングの反省・考察能力の豊かさを感じます。

イ．対立物の調整

　第6は，ロゴスの原理とエロスの原理の対立と調整という問題にすでに直面している点です。フォン・フランツは，エロスの原理をかなり強調していますが，ユングの思想にはかなりのロゴス原理が流れていると思います。そして，治療にとっては，この両方の原理の調和が求められるんです。

　第7は，それと関連することですが，この夢からすでに『対立物の結合』というテーマが見られることですね。例えば，今述べた二つの原理以外に，こわごわ近付くとか，恐怖に慄きながらじっと見るとか，神聖な場所にファルロスが置かれているとか，母の声の二重性といった点ですが，あらゆるところに対立物（神の持つ二面性，聖なるものと性なるもの，前進とじっとしていること，好奇心と恐怖，破壊性・飲み込み性と創造性等）が存在している

感じです。治療においても，治りたい気持ちと治りたくない気持ちといった，それこそ多数の対立物がありますが，治療に関しては，この対立物の自覚や調整が重要なポイントになるのです。

ウ．秘密の持つ治療的意義

8番目として，これが私のもっとも感心するところですが，この夢をずっと秘密にして誰にも言わなかったことなんです。ベネット[15]によれば「ユングは夢を見た当座，それを口にしてはならないと感じた。65才になってはじめてこの経験を妻に打ち明けるまでは沈黙を守り，その次沈黙が破られたのはこの私（ベネット）に話してくれた時であった」とされています。

この「秘密を守る」ということは，患者さんの最も苦手とするところなんですが，逆にこれができるようになることで，治療はぐんと進むんです。もっとも誤解のないように言っておきますが，『秘密を守る』というのは，何でもかんでも秘密にするというのではなくて，ある時は秘密を守り，ある時は秘密を打ち明けるといった主体性を持てるようになるということです[57]。

だから，治療者が患者に秘密の重要性を教え，患者が秘密を大事に取り扱う，自分の秘密を尊重するようになれることは，治療の基本的目標の一つだと言ってもいいのです。土居健郎[58]が，統合失調症の治療において，患者が自分の秘密を守れるようになることが，重要な治療要因だと言っているのも同じことを意味しているのでしょう。

だから，ユングが，この夢を秘密にしておいたところに，もうすでに，秘密の重要性の認識を体感しているという治療者としての素晴らしい能力が現れているのでしょう－

〈そうですよね。秘密を持っている人間って何か宝物を持っているようで，また味わい深い人であることが多いですよね。それで，Ｂさんの考えは，ある程度わかりましたが，他のユング研究者は

この夢についてどう言っているんですか？〉

⑥ファルロスの夢に関する諸見解

ア．ファルロス元型

－それについては，今まで述べて来たことと重なりますが，私の目に留まった所だけ少し述べてみます。

まず，ベネットは，ユングが，この夢を「ファルロス元型」，すなわち創造の原理と認識したとしていますが，これは今まで述べてきたことの繰り返しです。ただ，このファルロスというのは，ユングにとっては非常に重大な存在なのです。ユングは，『変容の象徴』[59] で「ファルロスは生とリビドーの源，創造し奇跡を行うものであって，そういうものとして世界中で崇拝されてきたのである」と，述べているぐらいですから，この夢は，知的生涯の出発点でもあると同時に，ユングの創造的生活の出発点でもあるんです－

〈でも，面白いですね。フロイトは，多くのものの中にある性的なものを暴いていったのに対し，ユングは最初から，性の代表とも言える夢をみて，フロイトとは逆に，性（ファルロス）が，宗教的なものを含め，いかに多くのものを意味し，象徴しているかを研究していっているようですね？〉

－ええ，だから，ユング心理学の中では，やはり性が中心的な位置をしめているんです。ただ，ユングは性を相対化したところが，フロイトと違うのかもしれません。でも，私の感じでは，そんなにユングが言うほど，フロイトが性を絶対化しているとも思えませんが，まあ，これは詳しく調べないと何とも言えませんので後の宿題にしておきます－

イ．夢検討の３段階（アンソニー・スティーヴンズ[19] の見解）

〈それで，他の見解はどんなものですか？〉

－アンソニー・スティーヴンズは，「夢を検討するときは，３つ

の段階（①夢見手の人生における夢の前後関係を確立すること，②次に夢の文化的状況を規定する必要があること，③夢の元型的意味あいをたどること）で検討していくと，意味がだいたいわかってくるものである」と述べ，ファルロスの夢に３つの段階を適用しています。

　まず，①の私的背景についてですが，この夢は，先に触れたイエスへの不信感と母の不在（母の入院は抑うつ的病いだったとのことです）とが関連しているとしています。そしてこの夢のなかに母性的保護と支持の欠落があらわれており，これは母が息子（ユング）から身を引いてうつ病に逃げ込んだということで，説明されるとしています－

〈たしかに，母の声で「あれが人食いですよ」と聞こえてくる所等はそんな感じがしますね〉

－ついで，②の文化的背景についてですが，ご存じのように，宗教改革の後，スイスは性的ピューリタニズムがとても強く，性はタブーだった訳です。だから当然，性的なものは抑圧され続けるわけですが，この夢は，そうした抑圧に対する補償的働きだとしています。そして自伝の「尿道口を目と解釈すれば，ファルロスの語源（光っている，明るい）をよく示している」という点は，あたかも儀式に現れるファルロス像が，意識の光を運んで，この少年（ユング）が生まれ落ちた宗教的文化の影におおわれがちであった地下の領域を照らそうとしているかのようであると記しています－

〈つまり，アンソニー・スティーヴンズも言うように，文化がいかにピューリタン的なものであっても，性元型の力を否定することはできないということですね？〉

－そうなんです。そしてあまりにもピューリタン的になって神が死につつある時に，もっと生き生きとした活力ある神が復活しつ

つあったということです。

最後に③の元型的背景ですが，まず，この夢は，明らかに，個人的文化的背景を超えて，人類共通のテーマである生，死，性，宗教，食人肉主義といったものに触れているとしています。そして自伝の「私の中で語っているのは誰か？私の知識をはるかに越える問題を話していたのは誰なのだろう」を引用し，ユングの夢はすべて宗教的意味合いを持ってくるのであり，ユングの興味は生涯，宗教的なものに注がれた，としています－

〈つまりは，個人を越えた元型的なものをすでにして感じる力を持っていたということですね？〉

－そういうことにしておきましょうか。私には今一つ，元型的背景ということがよくわかりませんが，このように夢（だけでなく症状も）を多層的に見ていくことはとても重要で治療的ですよ－ウ．母の元型世界の認知，コスモロジー[60]，主体の逆転，田舎での生活

〈次は何が出てくるんですか？〉

－今，元型的背景のことが出ましたか，このことに関連して，河合俊雄[20]は，最後に，母の声が入ることで，母親が人間の次元を超えた世界，すなわち元型的世界を知っていたと思われるということと，最後の目覚めの時点での母親の登場は元型的世界に迷い込んでいたユングにとって，覚醒時の生活，現実生活への唯一の接点を表しているといったようなことを記しています。

また，ファルロスに，宇宙の木のイメージを見て，全体性というユングの個性化は個人の出来事を超えた，宇宙の出来事であり，ユング心理学もコスモロジーとして捉えていく必要があろう，と述べています－

〈今の話は「一木一草，これ治療者」という言葉を連想させましたし，また臨床心理学という言葉の中に、臨床宇宙学という隠し

味を持って置くことも大事かなと思われました〉

－後は，先にも出ていたファルロスが目を持つという点について
は，ファルロスの側・無意識の側が主体になっていることを示し
ているとし，これが主体の逆転の夢として捉える発想もしていま
す－

〈ここは興味深い点ですね。いつもわれわれは，意識している自
分が常に主体だと思っているけど，実はしばしば逆転が起きてい
るわけで，それを知っておくことは生きる上でも治療でも大事だ
とおもいました。それと，ユングは，やっぱり，自我が相当しっ
かりしているので主体の逆転ということが大いに可能になるし，
またそれを創造的に展開できるんだろうなとは感じました[61]〉

－後，河合隼雄[10]の方は，ファルロスの夢の中の神の両面性に
ついて触れ，この背景にスイスの田舎に育ったことが大いに関係
しているかもしれないということ，つまり死や天災などに悩み悲
しむ人々の心情を鋭く感じ取っていたと，記しています－

〈だから，神が至高の善だけとはとても思えない，善悪の両面が
あるに違いないと感じたのでしょうね〉

エ．夢の語られてない点，母の不安定さとダブルバインド，イエ
スとユングの二重性

－それから，村本[31]は，この夢の語られてない点の方に注目す
るという，興味深い発想で，この夢にアプローチしています。村
本は，

　①夢の中で，両親は直接現れず，また家庭生活の場でも現れて
　いない。ただ全然現れていないのではなくて，父はファルロス
　的物体として，母は声として現れており，これは家庭の中で父
　母と人格的に出会うことが難しかったことを示している。

　②このファルロスは，最初神的なものと思われたのに，母の声
　で，人食いにまで落としめられる。ユングと父の関わりには，

母が大きく介入し，母は，父をファルロス以外のところを見さ
せないようにして，父を落としめながら，不気味に父に近付け
ようとしているダブルバインド的やり方を取っている。

③夢の中のファルロスが，虫のように不気味に接近してくるこ
とをユングが恐れ，母の言葉でそれが確認されパニックになっ
ていることは，夢見手（ユング）が，母の精神圏内に呪縛され
ているということであろう。

④ユングを悩ましていたイエスが，二重性を持つと同時に，ユ
ング自身もまた二重性において存在していると感じる。

と記しています－

〈この両親との関わりは，ユング心理学やユングの治療姿勢にか
なり影響を与えていると思いますが，これはまた，両親との関わ
りの項で取り上げてください。それから，この二重性というのは
やはりどこにでも普遍的に存在している，対立物のことで今後，
これらがどう展開していくのか楽しみです。でも，一つの夢でこ
んなに長々と話しを聞かして頂いて正直疲れました〉

－疲れたのは，こちらです。いずれにせよ，以上をまとめますと，
夢に代表される豊かな感受性，影や本能の自覚，秘密への敏感さ，
死と再生の体験，知的・創造的人生の出発の決意といったものが
早期に存在しているということですね。それに性が非常に豊かで
意味深いものであるという所が示唆されているのも共感できまし
た。そして，こうしたことは，全て，治療にとっては，必要なも
のだと思われました－

〈でも，びっくりしますね。この３～４才の頃にこんな夢を見て，
こんな感想を述べているなんて。やはり未だに信じられません〉

－無理に信ずる必要はありませんよ。ただ，重要なのは，治療者に
とっての重要な体験を幼年時代にしたと記してあるということで，
我々は，今の点を押さえておくだけでいいんじゃないですか？－

〈まあ，その点への深入りは止めておきます。それで後のエピソードは？〉

ｆ．孤独・一人遊び・想像力

①ヒンドゥー教の神々の挿し絵

－続いて，印象に残るエピソードは，6才の時にヒンドゥー教の本を見て，そこにブラフマン，ビシュヌ，シバ神の挿し絵のある絵本を見て，とても面白いと思った点です。ユングは自伝で「母は，私がいつもこの絵に戻っていたと言っていた。私がそうする時は，いつでも，誰にも言ったことの無いあの『根元的な啓示』に似た漠然とした感じを持っていたのである」と述べています－

〈インドとの出会い[62]-[64]は早くからあったんですね〉

－ええ，ただ，ここも大事な点ですが，異教徒のことを話すときの母の軽蔑的な調子を感じて，そのことはじっと，秘密にしておいたということです－

〈さっき触れた秘密を保持する力にますます磨きがかかったようですね〉

－別に磨きをかけようとしてそうした訳ではなく，そうせざるを得ない環境にいたということでしょうね。それから，インドのことで言えば，後年，フロイトと別れた「引きこもりの時代」に書いた，赤の書の中のブラーマナスパティと題される絵や曼陀羅の絵には，この幼い頃の挿し絵の思い出がこもっているかもしれませんね－

②幼年時代の孤独と，インクの染み遊び

－それと関連するんですが，幼年時代は孤独で，自分流の仕方で遊んでいたとのことです。煉瓦で塔を建てたり壊したり，またノートを全部インクのしみで満たし，これに空想的な解釈を与えて喜んでいたようです－

〈これも面白いですね。何かロールシャッハ・テスト遊びのよう

なこともしていたんですね〉

―そうなんですが，それよりもっと大事な点が3点あります。

　一つは，孤独を大事にしていた，孤独に耐えることができていたという点です。人間はウィニコット[65]の言う「一人でおれる能力」を身につけることが大事で，この能力の高い人ほど，自分も他者も大事にでき，自分以外の人にも思いやりを持てると思います。ユングはすでにもうこの頃，これを持てていたようですが，心の病の治療，特に境界例の治療などでは，特にこの能力の育成が治療の目標になるんです。

　二つめは，アンソニー・ストー[14]も強調しているように孤独というのは否定的なものではなくてとても大事で創造的なものなのです。これをユングは，早くからわかっていたような気がします。それから，一人遊びができている所がまた素晴らしい。というのは，特に境界例の方達は「親は自分に何もしてくれなかった」と攻撃的になることが多いのですが，この時「親にしてもらえなかったことを，自分が自分にしてあげよう」と考えられると治療は進歩するんです[66]―

〈よく考えれば，それって，境界例に限らず，青年が自立する時の課題ですね。もうすでにユングは自立を果たしている感じですね〉

―そんなに簡単に言えるかどうかわかりませんよ。まだまだ親との関係では悩むことも多かったですから。

　それと，三つめにはかなり，空想力が豊かであるということを示している点です。これはもっとも，インクのしみ遊びだけではなく，今までのことでもよく示されていますがね。この空想力・想像力は，治療においてとても大事なもので，シュワルツ・サラント[67]は，想像力の欠如が境界例の特徴である，と言っているぐらいなんです―

g．火遊びと石遊び

①石との対話

〈何か，ウィニコットの「遊ぶことは創造性につながる」[68] という言葉を思い出します。ところで，ユングの好んだ遊びは他にありますか？〉

－7～9才の頃，火遊びや石遊びが好きだったようです。仲間たちも火をつけたりしていたようですが，自伝では「私の火だけが生きていて，まぎれもない神聖な雰囲気を持っていた」と述べています。

また石板の上に座って，想像の遊びをし，石と対話しています。そして「私はいったい石の上に座っている人なのか，あるいは私が石で，その上に彼が座っているのか」という問いを発していたようです。そしてこの問いはユングを悩ませ，いったい誰が何なのかという疑惑を持ち続けたと書いています－

〈何か，後ろのほうは「壮周夢爲胡蝶」[69] を思い出させますね。夢の胡蝶が壮周だったのか，或いはここにいるとされている壮周が実は胡蝶なのかといった有名な話を。それから前に触れた主体の逆転も出てきていますね〉

－そうなんです。すでに自分とは何かというアイデンティティの探求が始まっていますし，また自然の探求も同時平行しているようですね。

それと素晴らしいのは，自然をとても大切にし，石との対話をすでに始めているようです。治療者の中には，よく『木と対話する』方がおられますが，これも自然に開かれているということなのでしょう。自然と自分の膜がかなり薄いと言っていかもしれません。これは，ユングの意識と無意識の境界（膜）が非常に薄く，それだけ無意識に接近しやすかったということでしょうね－

〈逆に，それだけ，無意識の侵入を受けて苦しんだとも言えます

ね？〉

ーええ，そうなんですが，私からしたら，この膜は結構強靭なので，ユングは，一応精神病院に入院したりすることもなく，内的混乱に負けないで，外的適応は続けられたという気がしますー

## ②石や自然とのつながり，石の重み

〈それと，ユングと石がつながり，それぞれに魂を持っているようですね？〉

ーそうなんです。だから，ここの点はまさに華厳経[70]の世界「一一微塵中仏国在安住」「一即多，多即一」を連想させますね。ユングの中に石があり，石の中にユングがいるといった感じですね。自分のアイデンティティなんていくら探求してもよくわからないことが多いのですが，わからなくても，自然とつながっているという感覚が，人間に安心感を与えるように思いますー

〈そこで，思ったのですが，何故対話の相手に石が選ばれたのでしょうか？偶然なんでしょうか？〉

ーいや偶然かもしれませんが，偶然は必然ともいいますから，何かあるかもしれません。私が，すぐに連想するのは，錬金術の目標である「賢者の石」（ラピス）[71]を，すでにこの頃，先取りしていたのかなということです。それと，京都の禅寺の庭に代表される，日本の庭における石の役割です。いくら，木々や花をきれいに育てたとしても，底にどっしりとした安定感を持っている「石」というものがないと，深みや味わいが出てこない。フランスの庭園と比べるとよくわかりますー

〈今の話し，面白いですね。もしユングが，日本を訪れて，日本の禅寺や石庭を見ると，どういうように言うんでしょうかね？〉

ーどうなんでしょうね。そう言えば，飛鳥の亀石や須弥山石[72)-74)]などを見ていても，心の故郷のように感じさせられますね。石って特別に投影を受けやすいのかもしれません。

いずれにせよ，自己や自然の探求，自然との対話・つながり，内界への沈潜，常識にとらわれない発想なども治療者としていい面を持っているように思います－

h．小人の創造と彼との交流

**①創造と手紙による交流と，自己分裂の解消**

－それから，この頃よりどこにでもある石が特別な，個性的な性質を持つようになり，ユングは，この石のために，どんな入れ物を作ったらよいか思いをめぐらしていたのです。

また，定規の端を使って，6センチほどの「フロックコートを着て，シルクハットをかぶり，ぴかぴかの靴を履いた小人」を作り，筆箱の中に入れて上げ，彼のために小さなベッドを仕立て，その横にその石を置いたのです。その後，それを屋根裏部屋に隠し，非常な満足を覚えたと言っています。

ユングは，このことについて，自伝で「誰も私の秘密を発見して破壊することはできなかった。私は安心し，自分が自分自身と分裂しているという苦しい感じが取り除かれた」と書いています。

そして，その後もたびたび，その筆箱に小人宛の手紙を入れておいたとのことです－

**②ユングの遊びは古代の密儀？自己ケア？**

〈何か，自分で古代の密儀をやっているような感じですね？〉

－そしてこれは大いに子供の自尊心を高めたのではないかと思われます。

また，それだけではなく，まず今までの遊びと違って，実際に物（小人）を作っているところがまず特徴的な点だと思います。それから，手紙を送る点など，小人との対話を開始しているということもユニークな点です。後年の，No.1人格とNo.2人格をもうすでに彷彿とさせているように思います。これは自己の分裂が，自分と小人との分離という形で形像化され，しかも彼と手紙

で繋がり，他の人々には知らせないように秘密にしたということ
で，分裂が解消されているのでしょう－

〈いずれにしろ，こうすることで，両親からもらえない安心感や
ケアを，自分が自分にケアするといった，先ほどの一人遊びの延
長ですね〉

－そうなんです。人間ってこういう秘密の一人遊びを持っており，
それが人間的普遍的意味があると感じられているとすごく安心を
持てるものなのです。

　逆に，こうした一人遊びの意味がよく感じられていないと，下
手をすれば異常意識・脱落意識の方に連れていかれる可能性があ
るのです。

　それと，これは一人遊びのように見えながら，二人遊びの入口
に入ってきているようにも思います。そして，他者をケアすると
いうことで，自分自身をケアしているということなのです。ユン
グの場合は相手が人形でしたが，実際の治療場面で境界例の患者
さんが，他の患者さんを介護することでよくなったということを
よく経験しますから－


3．ユングの学童・少年・思春期（ギムナジウム [75]）時代（1886
～ 1895）

ａ．神経症体験（不登校）と自己治癒

①数学の授業の苦痛

〈次の重大な体験としては何が挙げられますか？〉

－今度は，12才の頃の神経症体験というか，ヒステリー発作が
印象に残ります。

　ユングは学校に行き出したのですが，彼にとっては，学校は退
屈なものになります－

〈そうでしょうね。これだけ感受性が強く天才的な子供の心を満

たす教師や学校というのは，いくらスイスであっても少なかった
と思います〉

－そうなんです。特に数学が彼にとっては苦痛なものだったよう
です。例えば，ａ＝ｂで，ｂ＝ｃなら，ａ＝ｃであるという命題
を到底承服できなかったようです－

〈そう，物事を本質まで考える人なら，ａとｂが同一というのは
単なる約束ごとであって，本質的には違うものだと感じますから。
だいたい，大沼[76]の紹介によるマリアの公式で言うと「１は２
となり，２は３となり，第３のものから第４のものとして全一な
るものが生じる」という訳ですから〉

－河合隼雄もそれと関連したことを言っていますが，つまり真の
数学においては「等しいとは何か」「数とはそもそも何なのか」
ということを問うべきなのに，大抵の教師は，それを無視したま
ま，今までの公式に則って授業を追求しようとしますから，ユン
グのような，常に本質を考える人間にとっては，形式的数学は我
慢できなかったと思われます－

〈そう言えば，うつ症状があれば抗うつ剤，幻聴があれば抗精神
病薬などと，公式的に考える医者が，治療者としては深みに欠け
るのと似ていますね？〉

②ヒステリーの始まり

－そうなんでしょうね。ところで，ユングの場合，それに加えて
図画や体育の挫折体験も加わって，学校は大変苦痛な場所になっ
てきました。そして，12才のとき，別の少年に一突きされて頭
を打ったんです。ユングは，ほとんど意識を失わんばかりで目が
くらんだようですが，その瞬間「もう，お前は学校へ行かなくて
よい」という考えが心にひらめきました。そして，敵に復讐する
ためもあって長い間，横になっており，後，皆の世話を受けたん
です。その後，両親が宿題をさせようとするたびに，この失神発

作を起こすようになり，ついに半年以上もの間，学校を休むこと
になったのです－

〈なんですか，これは。典型的なヒステリーというかヒステリー
性の不登校ではありませんか？操作性や疾病利得もはっきりして
ますね。でも，実際のヒステリーの人ってこんなことあまり意識で
きていないんですけどね〉

－そこがユングの内省力の豊かな所でしょうね。でもね，この不
登校のおかげで自然の中で夢想に耽ることができたし，神秘の世
界に没頭することができたんですよ－

〈まさに，本物の役に立つ疾病利得ですね。それで，どうなったんで
すか？〉

③治癒のきっかけとしての両親の一言，神経症の本質の理解

－当然，両親は，いろんな医者に相談しましたが，もちろん治癒
させることはできません。ただ，困り果てた両親が父の友人と，
ユングが訳の分からない病気にかかってしまい，父はなけなしの
ものを全部なくしてしまったこと，ユングの将来の生計の心配を
していることといった話をしているところを，ユングは立ち聞き
してしまったのです。

　ユングは，その時びっくり仰天し，現実とぶつかり『それでは
働かなければ』と思うようになったとのことです。その後は，自
分で発作を克服し，学校に行き，まじめに勉強したようです。こ
の時ユングは『神経症とは何かを私が教わったのは，その時だっ
た』と，自伝で述べています－

④傷ついた治療者

〈へえ。やっぱり能力のある人や優秀な人は心の病にかかりやす
いんですね。うつ病と同じく。それでBさんはこの出来事から何
を連想されたんですか？〉

－まずは，ユングが，心の病の本質を掴んだというか，心の病は

偶然のものというより，意味あるものなのだということ，それも隠された意味があるということを実体験したのは，大きいんではないですか。ウンディッド・ヒーラー（傷ついた治療者[77][78]）ではないですが，まさに病んだことのあるものだけが，病んだ人を理解し，治癒を助けるという気がします。それとユングが意外と親思いで，現実を大事にしているということです－

### ⑤神経症の諸段階，ユングの自己治癒性

〈でも，神経症ってこんなに簡単に治るんですか？それも自分だけで。私なんか，まだ少しの経験しかないからしょうがないのかも知れませんが，治りにくい神経症や不登校の子供で四苦八苦しているんですよ〉

－まあね。結局，神経症といっても，医者いらずの神経症から，優秀な治療者をもってしてもなかなか治癒に至らない重症の事例まで，いろいろなんでしょうね。

　まあ，ユングが，自分の神経症を「簡単に」治したかどうかは別にして，苦労されているＡさんからしたら，ユングのは軽い神経症と言えるかもしれませんね－

〈というより，神経症とも言えないんじゃないですか？後の精神病体験でも同じで，適応できなくなるまで行くから病気と言えるんであって，ユングのは「あたかも病気のような体験をした」ということであって，病気でもなんでもないような気がします。なかなか治らずに苦しんでいる神経症患者や家族の方が，これを読めば腹が立ってくるんじゃないんでしょうか？それにユングも自分のように自己治癒に至れる人と，そうでない人との差をもっと考察して，何故その差が生じるのか？自己治癒に至れない人に対してはどうしてあげたらいいのかといったことをもっと考えて欲しいですね[79]〉

－まあ，そう，興奮せずに冷静になって下さい。今のＡさんの問

いは重要ですが，それは我々にも突きつけられている訳ですから，ユングだけを責められませんよね。大事なことは，ユングが，この体験を後の治療にどのように生かしたかということですから－〈ええ。じっくり，眺めましょう。それで，次は何なんですか？〉

b．神の大排泄のビジョン（対決を恐れぬ勇気）

①ビジョン体験の概要

－次は，有名な「大聖堂のビジョン」体験です。ユングの父がパッとしなかったということやイエスに対する不信感，神の二重性といったことを，先に述べましたが，父親はプロテスタントの牧師でありながら，あまり，信仰に関して熱心とは言えず，ユングは相変わらず父に対して頼りなさと不信感を抱いていたようです（渡辺[80]）。そうした父やキリスト教への不信感も未解決のままであったでしょう，11才の頃，神への冒涜ともいうべきすさまじいビジョンを体験します。これは，ある意味でファルロスの夢の続きといってもいいでしょう。

　自伝の中のビジョン体験を，私なりに次のようにまとめました。

❶まずユングは，晴れた日に大聖堂へ行き，その屋根の輝きといった景色の見事さに圧倒され「世界は美しいし，神はこれらを創造して，黄金の玉座に座っている」と思った。

❷次に，大きな穴のことが浮かんできて，息苦しくなり「考えてはいけない。自分は聖霊に反対する罪を犯そうとしており，これは自分の破滅につながるだけではなく，両親を悲しませることになるから」と思う。

❸しかしながら，考えは，すぐに玉座の神に戻り，また「考えてはいけない」と言い聞かせる。あまりの興奮状態だったので，母に「何かあったのか」と聞かれたが，「何もない」と母を安心させる。

❹不眠になり，禁じられた考えと，その考えを防ごうとする戦

いで，母から病気と思われる。

❺困惑状態になったが，「考えてはいけない」という抵抗が弱まると共に，この考えを起こさせる起源について思い巡らす（「いったい私が何故，人知では考えられないほどよこしまな何かのことを考えねばならないのだろうか」「この悪夢のように襲ってくる考えは，どこからくるのか」とユングは考える）。

❻起源について考えていくと，アダムとエヴァにたどりつき，「彼等が最初の罪を犯したならば，神はアダムとエヴァ以前に悪魔を造ったからだ。そうすると，彼等が罪を犯したのは当然だ」「悪魔がアダムとエヴァに罪を犯せることができたから，彼等が罪を犯したのは神の意志でもあった」という考えに行き着く。

❼これにより，ユングは，苦しみから解放され，「神が自分をこのジレンマにおいたので，自分は一人で神の意図や道を見つけ出さねばならない」と確信する。

❽「神の意志が何であるか，それを探す課題を，神が与えてくれた」「神自身が，私のために決定的な試練を調えてくれ，すべては私が神を正しく理解するか否かにかかっているのだ」ということだけをユングは考える。

❾それで，ユングは，抵抗せずに，玉座の神について考えの浮かぶのにまかせる。するとユングは「自分の前に大聖堂と青空があり，神は地球の上のはるか高いところで，黄金の玉座に座っている。玉座の下からは，おびただしい排泄物が，大聖堂の屋根の上に落ち，屋根を粉微塵に壊し，大聖堂の壁をばらばらにする」ビジョン（幻像）を見る。

❿ユングは，心の軽さと救いを感じ，予想していた破滅の代わりに，言いようのない幸福感に襲われる。「私は啓示を経験したかのようで，それは父が理解していなかった類のものであった」とユングは言う。「父は聖書の神を信じて生きてきただけで，

直接的で生きた神を知らなかった」と考える。

⓫こういった神の恩寵を体験して以来，自分の本当の責任が始まったが，神は何か恐ろしいものでありうるというぼんやりした理解が生じてきた。

⓬これは自分の恐ろしい秘密の体験と劣等感となり，自分を極悪人と思ったりしたが，新約聖書の「神に見放されたものは選ばれたものである」という個所を読んで安心した。

⓭しかし，この秘密はずっと持ち続けた。

⓮ユングの青春時代は孤独だったが，この秘密から理解できる。

⓯ただ，秘密のことを考えていても，石の上に座ると安心し，ユングが情動の総体であったのに対し，石は永久・不滅の石だったと，ユングは述べている。

というようなことが書かれています－

**②大聖堂のビジョンに関する連想**

ア．ユングの葛藤と両親への思いやり

〈そうですか。単に「神と対決した大聖堂のビジョン」としか思っていなかったのですが，随分複雑な要素があるんですね。それでこれに関するBさんの考えは？〉

－まず，思ったのは，神に対する疑念を生ずることが，これだけユングを困惑させ，不眠にまで陥らせるほどすごいものだったのかということです。ファルロスの夢でもそれを感じましたが，これはもっと明確で激しさを持っています。

次は，ユングが，連想を進めるまで，行きつ戻りつ，いろいろ葛藤している点です。また，この葛藤の中には両親への思いやりも含まれていて，ユングはやはり優しい人間なのだなと思います。

そして，最後がもっとも大事な点ですが，ユングが，迷い抜いたあげく，自分の疑念の起源を探りながら，考えを思うままに浮かばせる決断をしたことです－

イ．ユングの周囲の宗教的雰囲気と内的現実の重要性

〈私も，今の話を聞きながら，不思議に思ったのですが，神に対する疑いなんて結構ありふれているでしょ。それに思うだけだったら，別に悪いことをしているわけでもないのに何を思ってもいいんじゃないですか？〉

－その点に関しては前にも触れていますが，もう一度繰り返すと，西洋では特に神の存在が重要だったのではないですか？それにユングの父はプロテスタントの牧師ですし，また両家ともキリスト教に深く関わっているし，ユングの日常は，ほとんど宗教的だったといえるのではないかと思います。さらに，まだ11才でしょう。以上の点を考えてみると，キリスト教の神に対する疑惑を持つことが，ユングにとって，如何に恐ろしいことであるか想像に難くないと思われます。まかり間違えば，自分の存在基盤を失ってしまうわけですから。

　それから，思うだけなら何を思ってもいいということですが，ユングは，自分の思索・夢想・夢・ビジョンといった内的現実を，外的現実（外部での出来事や実際の行動など）と同じくらいに（あるいはそれ以上に）重要に見ていたので，やっぱりその疑念を考え続けるのは大変勇気が要ったのでしょうね－

ウ．葛藤の治療的意味

〈それにしても，11才の少年がよくこれだけ迷いますね？〉

－ええ，そこがユングの素晴らしいところです。それとこれは私の勝手な連想ですが，患者さんが，自分の見たくないものに直面せざるを得ない時の患者さんの迷い・葛藤に思いを馳せましたね。ユングは，すでに成人患者さんの思いを先取り的に共感していたのではないですか？それと葛藤というのとても重要ですよ。葛藤というと否定的に捉えられがちですが，葛藤から全てが生まれるのであって，葛藤を出発点にしていろいろ治療が展開していくん

ですよ―

〈でも，葛藤がきっかけで，病気になるということもよく聞きますが？〉

―それは，葛藤を受け止めかねたり，葛藤に圧倒されたりした時のことなんです。だから，治療において大事なのは，本人が葛藤を受け止め葛藤について考えさせていくよう援助していくことなんです。葛藤の解決というのは，葛藤の消失（そんなことは厳密に考えればありえない）ではなくて，「葛藤に取り組めるようになる」ということなのです。

　境界例に代表されるパーソナリティ障害と呼ばれている状態にある方達は，この「葛藤する能力」すなわち「悩む能力」が未発達なため，周りを悩ませ，難事例という印象を与えるんです―

エ．神の影や悪の問題を考える第2の出発点

〈それにしても，ここから神の本質を考え最後に決断していったのはさすがですね〉

―ええ，だから，この点は，先のファルロスの夢と同じで，神の影としての悪の問題を考えることの始まりの一つになっていくと思いますよ。ユングが，後年になって研究した，グノーシスや錬金術，または『ヨブへの答え』[81]に代表される，神の影や悪の問題は，この点に一つの原点があるんじゃないんでしょうか？―

オ．再び，秘密の重要性について

〈ずっと，秘密にしておいたことは，どう思われますか？〉

―これは，皆から憤激を買うとか，理解してもらえないといったこともあるでしょうが，それ以上に，自分の秘密を大事に取っておきたいというユング自身の性向があるんじゃないですか。これはファルロスの夢の時にも少し触れましたね。

　秘密って，重荷になる場合もあるけど，宝物のように感じられる場合もあるでしょ。ユングの場合は，後者の意味合いが強いよ

うで，だからこそ，孤独に耐えられたのだと思います－

カ．秘密のビジョンと能動的想像（アクティヴ・イマジネーション）

〈この秘密のビジョンって，ひょっとしたら，後にユングが創始
した「能動的想像」（覚醒状態で夢を見る過程。特定の問題点，
気分，絵画，出来事に精神を集中し，一連の連想されるファンタ
ジーが連想されるままにしておく，といったこと。精神の成熟を
促し，神経症の治療も促進するが，他方危険もある）（サミュエ
ルズの辞典[82]より）の，原型をなすんじゃないかと思いました
が？〉

－このビジョンだけでなく，ユングの多くの夢想体験が，そこへ
つながるのではないですか？まあ，それは，また先で話し合いま
しょう。辞典によれば，ユングが能動的想像法を公にしたのは，
60才のタビストックでの講義[83][84]が初めてとのことですから。い
ずれにせよ，この能動的想像法[85]-[87]に関連する途方もないビジョ
ンを見るだけでも十分治療的素質を備えていると言えますね－

〈本当にそう思います。それともう一つ感じるのは，ユングがい
つもいつも内的対話を行っているというか，重視している点です
ね〉

③排泄物に関する連想

ア．最も無価値なものは，最も価値あるものである

〈ところで，大聖堂を破壊したのは，石でも火でもよかったのに
何故，排泄物，つまり糞だったのですか？〉

－これに関する連想は二つ浮かびました。それは，『変容の象徴』
でも，数ケ所に渡って引用されているのですが，「もっとも無価
値なもの（糞便）が，ここではもっとも価値あるもの（神や黄金）
と並ぶのである」とユングが言っていることと関連します。つま
りもっとも神聖なものの背後に秘められた最も汚らわしいものと
いう対置でしょう－

〈それにしても，想像するだけでぞっとしてきますね〉

－そうでしょう。だから，ビジョンや内的現実というのは凄いんです－

イ．子供の最初の贈り物

〈それと，もう一つは何ですか？〉

－これは村本が言っているのですが「糞は，子供の最初の創造物であり最初の自立的行為なのであり，自らの意志を表現する際のもっともありふれた媒体である[88]」ということです－

〈どういうことなんですか？〉

－つまり，ユングの家庭，特に父は形式的宗教にとらわれていましたね。その時，息子ユングが，最も刺激的で強烈な贈り物を，形式的キリスト教世界にしていったということなんでしょうね－

〈そんな風に考えなくても，この糞便の取扱いって大事ですね。こどもが最初に，うんちをした時，「わあ。出てくれたわ」と言って喜んで生き生きと子供のおむつの世話をする母親に育てられたのと，糞便をする赤ちゃんを汚らしいとしか思わない母親に育てられたのとでは，その後の発達に大きな差を生ずるんでしょうね〉

－ええ，基本的信頼感というのも，その辺と関係するのかもしれません。だから，無価値なものと見るか価値あるものと見るかは随分，周りの見方で変わってくるのでしょう。糞便を子供の生命活動の重大な発露と見る両親のようでありたいものですね－

ウ．症状の重要性

〈このことは，治療でも大事なんでしょうね？〉

－そうなんです。例えば，症状って価値がないどころか，人間を苦しめるだけのものとしか思えないようですが，全体からよーく見ると，治療の出発点でもあるし，その人間の生き方のターニングポイントにもなるし，また治療者との交流の手がかりにもなるのです。だから，症状を見た時，緊急事態は別として，その意味

するところをじっくり見ていくのが治療的なんですよね [89] ―

**④糞便が大聖堂を破壊する不思議さ**

〈後，不思議なんですが，糞便って柔らかいでしょ。だから大聖堂を汚すというのなら，わかるんですが，大聖堂を破壊するっていうのは，どうも理解できないんですが？〉

―ここは，私の勝手な解釈ですが，この柔らかい糞便がこの時ばかりは，大きな金剛石のように硬い岩石に変わっていたのではないですか？―

〈そうだとしても，どうして，そうなるんでしょう？〉

―この点は悪をあまり見ようとしなかった神への怒りが，柔らかい糞便を硬い破壊的な石に変えたのではないですか？―

〈そう言えば，『変容の象徴』 [90] に出てきていますが，糞便と黄金に密接な関係があるように，この糞便は，神に真理の鉄槌を下す価値ある黄金かもしれませんね？〉

―そう，それと，今度は立派に見える大聖堂も，生きた神体験がなければ，糞便のような柔らかいものでも，崩れ落ちる脆い存在だったのかもしれません。

　あるいは，この糞便は，ふだん取るに足りない石が宝石に変わるように，ラピス（賢者の石）や金剛石を表しているのかもしれません―

**ｃ．二つの人格（人間はもともと二つの気持ちを持つ）**

**① No.1 人格と No.2 人格の始まり**

〈それにしても，ユングはいつもいつも内的対話を行っているというか，重視していますね。これは，今までも繰り返し見られてきましたが〉

―そうなんです。そして，それを示す代表的な例として，自伝では，自分の中に二人の人物（人格 No.1 と人格 No.2）がいると記しています―

〈内省力の強い人，内的対話を行う人ってそうなりやすいんでしょうね。まさにアンソニー・スティーヴンズも言うように，ユングって内省の天才ですね。それでこの二つの人格のことをもう少し詳しく説明してください〉

―いつから，二つの人格を意識したかは，はっきりしませんが，自伝によれば，あのヒステリーという神経症の発作（不登校体験）のあと，別の重要な体験をしたと述べています。自伝では「（登校中の長い道のりの中で）私は濃い雲から出てきたばかりだという抗しがたい強い印象を受けた。……今や，私は私自身なのだ！……この瞬間，私は自身に出くわしたのである。……以前は，これやあれやをするように命じられていたのだったが，今や私は，自分の意志を働かせるようになったのである。この経験は，私には恐ろしく重要でしかも新しく思われた。つまり，私の中に権威者がいたのである」となっています―

〈これは，どういうことなんですか？「私は私自身」と言いながら「私の中に権威者がいた」ということは？〉

―ここのところは，私もよくわからないのですが，ユングは，あのファルロスの夢にしろ，石との対話にせよ，ヒステリー不登校にせよ，何か自分が人と違っていると感じていたと思います。ただ，それが，何であるのかはっきりわからず，自分に自信が持てなかったのかもしれません。しかし，自分の中にもう一人の，しっかりした『権威者』がいるということで，自信を持ち，そのことで『今や，私は，私が自分自身であり，今，私は存在しているのだということを知った』と言えるようになったと思います―

②ボート事件（二つの人格の存在を感じる）

〈何となく，わかります。それで，どうなっていったんですか？〉

―その後，興味深い体験をします。ユングは，友達と無断で，友達の父親のボートを沖まで漕いでしまい，そのことでひどく，友

達の父から怒られます。ユングは，ここで，彼の父の説教が全く正当であるということを認める一方で，侮辱されたという激しい怒りを感じている自分（私）の存在を，自分の中に認めます。そして，「この自分（私）は，単に大人であるばかりでなく，偉そうな権威者であり，公職と威厳を持った人であり，老人であり尊敬と畏怖の対象でもあった」と述べています。でも，現実は，12才の少年ですから，ユングは自分の怒りをとどめます。そして『お前は誰なのか。お前はまるで悪魔のように振る舞っている。しかもお前は相手が全く正しいことを知っている』という疑問が浮かんだとのことです。そして，「その時，とても困ったことには，私が現に，二人のそれぞれ違った人間であるということが心に浮かんだ」とも記しています－

〈まあ，何という生意気で，早熟な少年なのか，という気もしますね〉

－まあ，我々凡人からしたら，そうなるんでしょうが，ユングのような天才人では，自然のことなんでしょうね－

〈まあ，それはいいとして，この二人が，それぞれ，人格 No.1 と人格 No.2 になっていくわけですね？〉

－まあ，そういうことでしょうね－

③ No.1 人格と No.2 人格の具体像

〈それで，No.1 や No.2 の具体像はどんなものなんですか？〉

－自伝から適当に引用して答えます。

　一人（No.1 に相当）は代数がわからなくて自信の持てない生徒で，もう一人（No.2 に相当）は偉そうにした権力者で，友達の父と同じくらい有力で勢力のある男です。

　また先の大聖堂のビジョンでは神への疑念を考えてはいけないと思うほうが No.1 で，考えていこうとする方が No.2 なのでしょう。

また恥ずかしがり屋で，小さいと感じる自分は，No.1 で，権威を揮うのは No.2 ですが，No.1 は，また，No.2 が権威を揮うのを恐れています。

　さらに，学校との関係で言えば，No.1 は両親の息子で，学校へ通い，他の少年と比べて利口でも，注意深くも，勤勉でも，礼儀正しくも，身ぎれいでもありませんが，No.2 は，大人で，疑い深く人を信用せず，人の世からは疎遠ですが，自然すなわち地球，太陽，月，天候，あらゆる生物，なかでも夜，夢，「神」が浸透していくものすべてと近かったのです。そして，そうした神の本性を具現している自然（高い山，川，湖，木，花，動物など）である No.2 は，貧弱さ，虚栄心，虚偽，いとわしい自己中心癖などを持っている No.1 の人格から出ていったとしています。

　それから No.1 が表面しか見ないのに対し，No.2 は，人や物をあるがままに見，トリックを嗅ぎだし，他者との「神秘的関与」が可能となり，「背後の目」となって他者の秘密を感知できるのです。

　後，No.1 が，自分の外面的世界であるのに対し，No.2 は自分の個人的世界を表し，同じく No.1 は自我で，No.2 は非現実的な夢となり，また自然科学は No.1 の人格の必要を満たし，人文科学や歴史研究は No.2 に対して有益な教えを提供していたとなっています—

〈ちょっと，その辺でストップして下さい？ 今の話をまとめると，要するに No.1 は自我で No.2 はセルフ（自己），あるいはそれぞれ，ペルソナ（仮面）対シャドウ（影），意識対無意識，社会的人格対個人的人格ということになるのでしょうか？〉

—いや，そう言える部分もあるし，そんなに簡単に割り切れない部分もあるという気がしますね。いずれにせよ，今のようにまとめてしまう部分とまとめきれない所の両方を押さえておく方がい

いでしょうね－

#### ④数字の神秘さ

〈それと，もう一つ聞きたいのは，No.1，No.2 というよりもう少し魅惑的ではっきりわかりやすい名前をつけることはできなかったんですか？例えば，No.1 には社会的自己，No.2 には元型的自己とかいった形で〉

－いや，とても一つの名前で収まり切れるものではないんですよ。だから，No.1，No.2 としか，名付けようがなかったのではないですか？

　それから，1 とか 2 という呼び名が無味乾燥だとは思いませんよ。例えば，漢和辞典をみると，一というのは「全部をひとまとめにする。いっぱいに詰める」といった形で全体性を表していますし，二は，仲間・隣人という合体の意味と，別れる・別になるという両方の意味を含んでいます。さらに三になると，参加の彡の意味が含まれ，社会的参加の意味合いがあります－

〈何か聞いていると，精神分析でいう，ナルシシズム，プレエディパール，エディパールの段階に相当するみたいですね。それに，そういえば，ピタゴラスなどは，数の神秘性を説いてますよね[91)92)]。どうも，表面だけ見ているといけませんね。それにしても，ユングは，対立・対話ということにすごい親和性を持つんですね〉

#### ⑤対話の天才

－優れた人というのは，たいていそうなるんじゃないんですか？だいたい，対立・対話を通して人間の考えは，より深まり，生産的になっていくんじゃないですか？－

〈そういえば，仏陀は，弟子と多くの対話をすることで，優れた仏典を残してくれていますね。プラトンの対話録[93)94)]もそうだし，近いところでは，メラニー・クラインとアンナ・フロイトの激しい論争も，かなり多くのものを生み出してくれているようで

すね？〉

－そういうことなんです。だから，議論というのは勝ち負けを争うのではなくて，いかに相手から有益な情報をもらうか，如何に相手の刺激を受けてこちらの感性が生き生きしてくるか，相手にわかるように印象付けるように如何に表現するかということを通して，相互に深まり合うことが大事なんです－

〈そう，考えれば，フロイトとユングも相当生産的な対話をやったようですね。克明な逐語録や録音テープがないのは残念ですが？〉

－いや，それは，フロイトとユングの書簡集[95]が残っているし，それに相当する資料・証言もたくさんありますから，それで復元することもできますよ。ひとつの実況中継として，フロイト・ユング対話録でも，作製してみたらどうですか？－

〈からかわないでください。とても，そんな能力は私にないし，第一，そんなことをしてたら，それだけになって，治療や臨床なぞ全くできなくなってしまう恐怖があります。でも，それはそれとして，これだけ内的対話の好きなユングですが，あまり他者との対話録は残ってないんですね。例えば，ユング全集などには，あまり，のせられてないようですが？〉

－いや，そんなことはありません。いろんな所で興味深い対話をしているんです。例えば，1935年のタビストック・クリニックでの講演での対話録[83]や，1936年〜1940年にかけての夢のセミナー（氏原監訳『子どもの夢』[96]）では，相当突っ込んだ議論をしているし，戦後では，久松真一と対談する（辻村『禅の世界』所収[97][98]）し，またエヴァンス[99]を初めとして，いろんなインタビューに答えてますよ。

　ただ，インタビューは，60才を過ぎてからのものが多いし，また先の『分析心理学』のレクチャーも，その講演記録はまずは，

200 人のロンドンの分析心理学会員だけに配られ，公に刊行されたのは，1968 年とのことですし，『子供の夢』に至ってはユング研究所の訓練生でしかも中間試験に受かったものだけが読む鍵をもらえるということで，これが刊行されたのは，何と 1986 年のことです。だから，対話は好きだったかもしれませんが，その発表に関しては，ユングもその後継者も相当慎重な態度をとっていたようですね－

〈それから，対話の相手もかなり特定の人に限られていたんじゃないですか？〉

－うーん。初期にはそれが言えるかもわかりませんが，これは何もユングだけの特徴じゃないと思いますよ。だいたい，対話・対立というのは，同じ方向性を持った中での小さなズレを議論することで生産的になりますが，かなり大きなズレになってくると，それはもう対話というより破壊的な闘争・戦争といったことになってくるようです [100]。ただ，ユングが，狭いサークルの中だけで対話していたと見るのか，開かれていたと見るのかは，今後のあなたとの対話で少しずつ明らかになってくるでしょう－

⑥分裂の意味

〈わかりました。それともう一つ聞きたいのですが，心の中での二つの人格の分裂や対立など誰にでも起こっていることで，別にユングだけのことではないですね〉

－そのとおりですね。だいたいユング自身が「人格 No.1 と No.2 との間の私の全生涯における対抗的な動きは，通常の医学的意味での『分裂』あるいは分離とは何らかかわりがない。それどころか同じことは，あらゆる個人の中で演じられている」と述べているぐらいですから，通常の現象です。だいたい人格というものは，二つどころか幾つにも分裂しているのが普通であって，それをまとめきれない場合に，その統合不全の程度や様態に応じ

て，神経症や境界例や統合失調症というレッテルを貼られるんでしょうね[101]－

〈それは，わかるんですが，ユングの言う「医学的な意味での『分裂』[102]・分離とかかわりがない」という個所は納得のいかないところがあります。私は，統合失調症の方の分裂と私自身の分裂とかなりの程度に共通性を感じるのですが〉

－そうね。すぐに，病者との連続性を感じたがるAさんとしては，そう思うのかもしれませんが，ここでの「医学的意味での分裂」と「ユングのNo.1とNo.2の分裂」の共通性と差異性については，また考えることにしましょう－

⑦二つの人格の治療的意味

〈だいぶ，話をそらしてしまって申し訳ありませんが，ここで「二つの人格」の有する治療的意味をまとめてくれませんか？〉

－繰り返しになりますが，なんといっても，対話によって内的探求，洞察を進めていることです。これは治療の基礎でもあり最終目標でもあります。

　第2は，たくさんある分裂をとりあえず二つの代表者という形にすることで対話や探求の生産性が増したということです[103]。

　第3は，No.1，No.2という形で，生き生きとした実在感を対話に感じさせてくれたことです。

　第4は，こうした対話を通して，人格の分裂が異常なことでも何でもなく，問題は対話ができるかどうか，その分裂をどうまとめていくかであるというように設定することで分裂現象の異常性におののく人に、分裂は普遍的であるという安心感を与えていることです。以上，まだまだあるんでしょうが，このぐらいにしておきます－

d．家庭的問題（葛藤があるほど，深くなり，強くなる）

①父の問題（体験の無さ，弱さ等）

〈ユングが，分裂・対立・内的対話のなかで成長してきたのはわかりましたが，家庭のなかでも対立などがいろいろあったのでしょうね？〉

―そうなんです。前も言いましたように，ユングの父は牧師でありながら，聖書の知識として神を知っていただけで，ユングのように神を体験するという形では神を知っていなかったようです。

　したがって，ここで，父に対して疑念が生じてきたのは当然なんですが，父に対して反抗するというよりは，むしろ哀れみの対象として見られていたようです―

〈何か，かわいそうですね。反抗の対象にもならないなんて〉

―ええ，だから，ユングは，フロイトのような，エディプスコンプレックスをあまりもたなかったようです。

　むしろ，村本[31]が言うように，ユングは弱い父親を持つことで苦悩したとのことです―

②弱い父を乗り越える課題

〈父親が強過ぎたり，偉大過ぎても大変ですが，弱い父親をどう乗り越えるかも大変な課題ですね？〉

―ええ，だから村本は「弱い父親を持つ息子は，父親を弱くしてきたように思われるものから自由にならねばならないと感じる。……そのため，弱い父親の息子の目標は，強い父親の息子の獲得目標に比べてはるかに混沌としたものにならざるを得ない。彼はただ伝統を拒否し続けるか，もしくはまったく新しい伝統を創造することで辛うじて，父を捉えた運命の魔力から逃れられる。ユングの場合はまさにそれである」と述べているのです―

〈その個所は，ユングの一人遊びの所の「親にしてもらえなかったことを，自分が自分にしてあげる」という部分を連想させます。まさに，ユングは父を乗り越えると同時に，父に足りなかったものを，自力で補ったという感じがします。ところで，父親を弱く

してきた伝統ってどんなもんですか？〉

③父の捕らわれていた伝統

－その点に関しては，渡辺[80]が「父は布教活動に心血を注いでいたわけではなく，むしろ世紀末の状況の中で，産業化社会や科学的自然主義などの圧力による世俗化の過程の中で衰退しつつあるキリスト教の象徴体系にしがみつきながらも，結局は，それに十分専心することができなかったのであった。いわば，彼は，衰えつつあった制度的なキリスト教の悲哀と無力さを身をもって体現した人物であった」と述べている通り，衰えつつあるキリスト教倫理とそれに依拠している諸々の社会や古い思想等を指しているのではないですか？－

〈お父さんの事情もわかりますが，こんな中では，ユングが内的体験に向かわざるを得なかったのは無理なかったのかもしれませんね〉

④息詰まる雰囲気と喉頭炎

－そのとおりですね。そしてね，それ以外にユングを苦しめたのは，聖職者の息子ということでした。つまり，いつも大衆や信徒の目が向けられるというか，いつもプレッシャーや無言の圧力を感じていたと思われます。また，学校や村では，ユングを，カール・ユングと呼ぶものはなく，周りから「牧師さんちのカール」と呼ばれていたそうです－

〈大変ですね。そうなるといつも，世間の目を気にしながら，堅いペルソナで身をまとわないといけないわけですから，息が詰まるような感じですね〉

－だから，7才頃，喘息の発作を伴った仮性喉頭炎にかかるんです－

〈これは，そうすると心因性の心身症だったということですね？〉

－ええ，ユングもそのようなことを書いてますね。だから，この

ことからでも，身体の病気の心理的要素を身を持って感じていた
ことになりますね。それに，母も父を尊敬していたとは言えず，
二人の夫婦関係はうまくいってなかったようです－

〈ということは，父の頼りなさ，父への不満，牧師という環境の
プレッシャー，両親の仲が良くないこと等を考えると，ユングの
家庭生活や幼年時代は，あまり幸せでなかったことになります
ね？〉

－まあ，そうなんでしょうけど，だからこそ，内的生活が豊かに
なったり，自然や神に親しんだり，思索が深くなったりという良
い面も出てきたのかもしれません。まあ，万事，塞翁が馬という
ことでしょうか－

**⑤母の影響（母への親和性と母の不安定性）**

〈そういうことなんでしょうけど，ただ父は影が薄くても，母の
影響は大きかったんでしょう？〉

－そうそう，これは，特筆すべきことなんです。まだ，ユングは，
母との間に親和性があったようです。ユングは，母について「私
の母は，私にはとてもよい母であった。ゆたかであたたかく料理
上手で話好きであった。また文学的な趣味や才能を持ち，親切で
よく肥えた女性で客扱いがうまく，ユーモアのセンスがあり，常
識的な意見を有していた」と記していますが，他方で「（そんな
時）突然，彼女の無意識的人格が現れる。それは強力で，権威を
持った堂々とした人物であった。先の人格は無害で人間的である
が，この人格は神秘的で薄気味悪かった」と述べています－

〈何かお母さんも，No.1とNo.2の人格を持っていたようですね〉

－そうなんです。それと関連して，ユングの母は不安定な面も持っ
ていて，前にも触れたように，結婚生活のトラブルによる精神的
な病で入院したことがあるそうです。それによるこの母の長い不
在がユングを深く悲しませ，その結果「愛」という言葉を聞く度に，

いつも不信感を抱いたと言っていたのは，前に述べた通りです－

〈そうすると，親和性のある母が，突然自分の都合でいなくなる。それはかなりユングを傷つけたのではないかと思います。しかし，一方で母に引かれる面も大きいし，人格が二つあるということも同じであるし，また父よりも母のほうの魅力が大きかっただけに，ユングは随分，母に関して複雑な思いを持ったのでしょうね〉

－そうです。林によれば，ユングの母は，極端に善悪両面を持ち，ユングは，それを強く意識させられ，その経験は，後に彼が『太母』（グレートマザー）という概念を作る際に大きな影響を与えたと言える，とのことです－

〈それは，可能性が高いんでしょうね。でも変な話しですが，もし父親の影響が強く，父との親和性が強く，父に両価的感情を抱いたとしたら，グレートファザー（太父）という概念が出来上がるんでしょうか？〉

－さあ，どうでしょう。ただ，今のは，話としては面白いかもしれないので，少し研究してみたらどうですか？－

〈Bさんは，冗談を本当にとるから困りますね。でもほんの少しは考えてみます。いずれにせよ，この家庭的な問題を体験したことで，何が言えそうですか？〉

⑥家庭的葛藤の治療的意義

－まあ，この家庭的葛藤を味わうことで，ユングの人間理解は深まり，体験も広がり，また自分の病的体験を通じて患者の気持ちがわかるようになったり，またこうした問題のある両親にどう接したらいいか等いろんなことを学んだと言えるでしょうね－

〈そうすると，あまり幸せな家庭生活を送るより，ほどほどに不幸な幼少年時代を過ごす方がいいということも言えるんでしょうか？〉

－いや，それは幸せであるに越したことはないですよ。幸せな家

庭にも葛藤は必ずある訳ですから，それはそれで成長にはなりますよ。ただね，ユングの幼少年期が，仮に不幸だったとしても，彼がそこから多くのものを得たわけですから，「小さい頃が不幸だからどうしようもない」と嘆いているクライエントは，ユングのこの態度をほんの少しでも見習ってくれたらとは，思いますがね—

〈でも，そんなことを，クライエントに言ってみても「私とユングは違う。比較するほうがおかしい」と一蹴されそうですが〉

—そうなるでしょうね。だから，全てのクライエントに直接，そういうことを言うより，治療者が，この不幸な家庭状況の全体を見て，この不幸と見える中に生産的なものがなかったかどうか，この不幸をどう反省して前を向くきっかけにしていくかどうかといったことを正しく考える必要がありますね。しかる後に，それを相手の状態に応じて，適度に話し合っていくのが理想なのでしょう—

## ⑦フロイトとユング。父性原理と母性原理

### ア．フロイト理論の背景

〈こう考えてくると，フロイトもユングも，自分の心理学の背景に相当，家庭の特徴や問題点が影響しているんでしょうね？〉

—ええ，それはもう全く当然じゃないですか。

　フロイトの場合で例をとれば，コリン・ウィルソン[32]が『16才のフロイトと一緒に写っている彼の母親の写真は，彼女（当時37才）が依然魅力的で，好ましい女性であることを示している』と述べているように，フロイトの理論が父だけでなく，母の影響も受けているように思われます—

〈フロイトのお母さんって，とっても美人だったし，それにフロイトは，そのお母さんにたっぷり愛されたんでしょう？〉

—そのようですね。だから，ウィルソンが言うように「フロイト

が自分の母親を性的に手に入れようとしたり，母親についてエロチックな空想にふけったことは十分に考えられる」ということになりそうですね—

〈そうすると，当然，ここから，エディプスコンプレックス理論が出てくるということですね？〉

—そういうことなんでしょうが，それだけではなく，アンソニー・ストー[13]も言っているように「フロイトの母は暖かく守ってくれる人である一方，フロイトの父は，疑いもなく家庭の権威者であった。それゆえ，フロイト派の精神分析が，良心と義務と罰の恐れとに非常に重点を置いた，父性的基礎を持つ心理学であることは驚くにたらない。フロイト派の超自我は確かに男性的である」ということも考えられるでしょう—

〈フロイトの場合は，強い父親をどう乗り越えるかで苦労していますからね〉

—ええ，父親との関係でノイローゼになったりもしていますから。そのことでも，競争的要素の強いエディプスコンプレックス理論が出てきたかもしれませんね—

イ．ユング思想の背景のまとめ

〈そうすると，ユングの母親はあまり美人ではなかったから，フロイトとは違った理論になったということですか？〉

—いや，そんな単純なものではないでしょう。私が，勝手に連想するのでは，

①ユングの母親に対する気持ちは，フロイトのそれに比べ，はるかに両価的で（親密さを感じるかと思えば，すぐに不在になる。絶えず気持ちが不安定で一貫性がない）あったから，保護し支えてくれるものと同時に，常に破壊され呑み込まれるのではというのではという母親像を持った（これは繰り返すが，グレートマザーの特徴でもある。だから，ユングの超自我は女性

的要素の強い感がある）。

②母親的愛情をフロイト程十分に満たされなかったので，かえって「母なるもの」への執着は強くなった（ユングのほとんどの著作に，母への言及が見られる。全集の索引[104]を見ると，母に関する個所が少なく見積っても200ケ所以上に渡っている）。

③ユングの母は霊的能力があったので，ユングは随分，その影響を受けた。

④父親が弱かったため，父とのことで，フロイト程悩まなくてすんだ。

⑤フロイト家よりは，両親の不和など家庭的葛藤が大きかったので，孤独の世界に入りやすく，自分で創造する力を身につけた。

というようなことです。もっとも今言ったことは，これまで述べてきたことのまとめみたいなもんですが―

ウ．偏らない認識が大事

〈そうすると，フロイトは，父性原理に基づく深層心理学を建設し，ユングは母性原理を身につけねばならなかったということでしょうか？〉

―ええ，河合隼雄もストーも，それと同じことを言っていますね―

〈結局，河合隼雄も言っているように「深層心理学というのは自分の心理学である」ということでしょうか？〉

―そうなんでしょうが，この自分というのが，実は普遍性を帯びて，全体とつながっているという感覚も大事でしょうね。そして，自分は世界のこの部分を強調するというときに，その人の個性というかその人の心理学が出てくるんでしょうね。

　それと，そんなに単純にフロイト心理学は父性原理，ユング心理学は母性原理であると決められませんよ。フロイトも母性のこ

とを随分述べているし，ユングも『個人の運命における父親の意義』という論文に見られるように父性のことを言っているんです。だからどちらかといえば父性原理的なことをフロイトは多く書いた，という認識にしておく方が安全だという気がします−

e．ファウスト体験（悪の問題）

**①母の勧めとユングの感激**

〈それで，面白いことに，このお母さんの No.2 が，突然，ユングに向かって『お前は，ゲーテのファウストを読まなくちゃいけない』と言ったんでしょう？〉

−そうです。ちょうど，生ける神を追い求めながらも，聖餐式に失敗したり，キリスト教教義の本に失望したりしていましたし，悪の問題[105][106]や神と悪魔との関係について悩んでいた時期なので，母の No.2 の勧めは実にグッドタイミングだったのです。時に 15 才のことです。自伝では「ファウストは，奇跡的な鎮痛剤のように，私の魂に侵み込んできた。ここについに，悪魔を真面目に取り上げ，彼（完全な世界を創ろうとする神の計画の裏をかく力をもっている敵）と血縁関係を結んだ誰かがいる」と，興奮気味に書かれています[107]−

〈ユングは，かなり感激したんですね？〉

**②ユングの不満（ファウストもゲーテも葛藤が足りない）**

−そうなんですが，それだけではなく，割と正直にというか，自分の感覚を大事にして，不満もいくつか述べています。

　まず，ファウスト博士が簡単にだまされ過ぎること[108]-[112]（メフィストフェーレスとの契約のこと）の不満を述べ，この『ファウスト』という戯曲の重みは，むしろメフィストフェーレスの側にあるという印象を持ったと述べています[113]。

　そして，「ファウスト博士は，凡庸で，神秘の奥義を伝えるに価しないということ」「私（ユング）なら，彼を煉獄の火を経験

させたであろうに『この個所は，ファウスト博士が，メフィスト
フェーレスとの約束（ある瞬間に［留まれ，お前はいかにも美し
い］と言ってしまうと，悪魔メフィストフェーレスに魂を与える
という約束）を最後に破り[114]，メフィストフェーレスに敗れた[115]
にもかかわらず，神が簡単にファウストの不死なるものを天国へ
と昇天させた部分を指すと思われる[116]』』と述べ，真の問題は，
メフィストフェーレスの側にあるとユングには思われたと言って
います─

〈ここは，どういうことですか？〉

─いやここはよくわかりません。ただ，自由に推測させてもらう
なら，悪はもっともっと深い内容と普遍性と問題性を持っている
ので，もっと徹底的にメフィストフェーレスは神と対決しなけれ
ばいけなかったと言っているのではないでしょうか[117]？

　ユングは，事実，「メフィストフェーレスの全体像は，私に深
い感銘を与え，私はメフィストフェーレスが，母の神秘さ（ユン
グは，母と悪の神秘的親和性を強く感じており，それらとの対決
が大変重要であると考えているようです。ファウスト博士は，最
愛の美女ヘレネーを捜しに，母の国へ行こうとし，メフィスト
フェーレスから，母の国への鍵をもらいます）とかかわりを持っ
ているように漠然と感じたのであった[118]」と述べています。
そして，「悪やその普遍的な力のわかる人々，人間を暗黒と苦悩
から解放する際に悪が果たす神秘的な役割のわかる人がおり，
ゲーテはある程度それにふさわしいと考えたが，ゲーテが，メフィ
ストフェーレスを簡単に放逐してしまったこと（彼が神に簡単に
負けてしまったこと）は許せない」と述べ，「ゲーテも，また悪
が無害になるあの巧妙な手口にかかってしまっていたのが，私（ユ
ング）を深く悲しませた」[119]と結んでいます─

〈そう言われれば，ファウストは，戯曲の中で，メフィストフェー

レスと簡単に契約してしまっているし，あまり悩んだり葛藤したりしていませんね。だから凡庸と言われてもしょうがないんでしょうね？ [120]〉

ーええ，ユング自身は真面目に葛藤する人でしょう。だから，こういうファウストに不満を持っていたでしょうね。[121]

　そして，その不満はゲーテにも向けられていますよね。もっともっと，メフィストフェーレスを神と，悪の問題を巡って対決させるべきだった，簡単にハッピーエンドに行き過ぎている，という不満はあったでしょうねー

## ③悪黒面を深く含んだ楽天主義者，ユング

〈でもすごいですね。ここまで悪のことを徹底的に考えるなんて。私は今までフロイトが人間の暗黒面を追求したのに対し，ユングはどちらかというと人間の良い面や天上界に憧れたと楽天主義だと思っていました [122] が，そうでもないんですね？〉

ー確かに，そういう面もあるんです。特に治療上では，楽天主義的なところがあって（逆に，とても冷淡としか思えない点もありますが [123]），それは臨床でプラスに作用しているんでしょうね。ただ，ユングの楽天主義はそんなに底の浅いものではなく，非常に深く広大な暗黒面を含んでいるオプティミズムなんです。たからこそ，ユングにとって，悪の問題は，最重要問題の一つですよー

〈今，思ったのですが，私は，まだ治療者としての経験が浅いのでしょう。どうしても，クライエントの良い面良い面を見ようとしてしまうのですが，ユングのように，学童時代から，人間の暗黒面について厳しい目を持っておくというのは大変治療的ですね〉

ーそれは，そうなんですけど，暖かく厳しく見るって，本当に難しいですね。それから，確かにユングは，人間の悪を徹底的に見ていこうとしましたが，それで悪が防げたかどうかは，疑問のと

ころはあるんですよ－

〈Bさんは，シュピールライン [124)-128)] やトニー・ウォルフ [129)-131)] のこと，更にはナチスとの関係 [132)-139)] についてのことを言っているのですか？〉

－いや，そこまで，思っているわけではないですが。でも，そのこともかなり重大なことなので，また後で話し合いましょう－

〈それにしても，ユングは 15 才でファウストを読んで，ここまで考えたというのは，本当に驚嘆すべきことですね。私なんて，高校時代にファウストを少し読んだのですが，チンプンカンプンで，わずかに悪魔と契約したことや，グレートヒェンの悲劇や，神の「人間は努力するかぎり迷う者だ」という言葉が残ったぐらいなんですよ〉

－Aさんは，自分とユングを比較しようとしておられるのですか？それこそ，不敵な試みだと思ってしまいますね。まあ，翻訳で読まねばならなかったというハンディもあるし，「努力するかぎり，迷う者だ」ということで，迷いや葛藤の治療的意義を感じただけでもいいんじゃないですか－

**④村本詔司著『ユングとファウスト』の重要性 [110)]（仲介者としての役割）**

〈からかわないで下さい。何も，私はユングと比較しようなんて思っていませんよ。ただびっくりしただけです。でも，いまだにファウストは読みにくいですが，この点はどうしたらいいんですか？〉

－そんな人のためには，村本詔司の『ユングとファウスト』を横に置きながら，読むとわかりやすいですよ。ファウストの一字一句の背後に横たわる，神話・伝説・錬金術・文学・哲学などが，実に親切に書かれてあるんです。それだけでなく，西洋の精神史がかなり理解できるんです－

〈それはいいですね。私は，「ファウスト」を前にしたら，「よく理解できない→興味を失う→熱心に読まなくなる→ますます理解できない」の悪循環に陥ってましたから〉

－彼の本は，それを見事に良循環（よくわかるし，また大いに興味を刺激され，ますます読むのが楽しくなってくる）に変えてくれているようです。

　それとね，ユングにとって，「ファウスト」の存在は非常に重大で，ユングの著作（特に大著では）にいつもいつも引用されているんです。またファウストやメフィストフェーレスだけでなく，グレートヒェン[140]やヘレネー[141]，パリス[142]，ガラテア[143]，ホムンクルス[144]等々の主要な登場人物もいくつかの個所で引用されていて，ユング理解にとって「ファウスト」は欠かせないという印象を持ちました[145]。

　それから，逆に「ファウスト」を理解するのにもユング心理学を踏まえておくと，かなりわかりやすくなりますね。

　つまり，「ファウスト」とユングの著作だけだとわかりくいのですが，これらを繋ぐ『ユングとファウスト』のような解説書があると両方理解しやすくなるということです－

〈そうですね。ファウスト自身が錬金術師でユングの生涯のテーマが錬金術でしたからね。ユングにとってファウストのことは，常に頭にあったでしょうね。まあそれはそれとして，このファウスト体験の後，ユングはどうなっていくんですか？〉

ｆ．哲学への興味（物事の本質を見ることが，治療につながる）

－ユングは，ファウストを読むことで，ファウスト博士がいいかげんな哲学屋であったにもかかわらず，心理に対する確かな感受性を学び取っていることを発見し，哲学に興味を持ち始めます－

〈どんな哲学者に惹かれたのですか？〉

①ギリシアの哲学者たち

－自伝によれば，まず最初はギリシアの哲学者たち，例えば，ピタゴラス [146)-148)]，ヘラクレイトス，エンペドクレス，プラトンの思想に惹かれたと書いてあります－

〈かれらのどんな点に惹かれたんですか？〉

－ピタゴラスは，ご存じの通り数の神秘を強調した哲学者ですが，ユングもこの点に惹かれたと思います。だいたい，ユング自身，1910 〜 11 年にかけて『数の夢の意味について』[92)] という論文を書いているぐらいですから。

　また，1936 年に書かれた『心理学的類型学』[149)150)] では，「古代ピタゴラス派が，曲直，上下，善悪などの対立概念の発明と分離とを考案した [146)]」と記してあり，この対立という点に惹かれていると思います。

　ヘラクレイトス [147)] は，「万物は流転する」と言ったりし，ピタゴラスと同様，世界は対立だらけだと考えましたが，その底に，世界の現象をコントロールしている「世界の理性（ロゴス）」があると考えていました。ただ，周りの人間は，自己流の理性で生きており，たいていの人間のものの見方は「子供の遊び」だと思っていたようです（ヘラクレイトスの言葉として「時間はお手玉で遊ぶ浜辺の子供。子供の王国」[151)]（中井久夫訳）というのがあります）。それから，ユング心理学でよく出てくるエナンティオドロミア [152)] を言い出したのもヘラクレイトスです。

　彼は，生命の根本に「火」を置き，それが全過程を一貫する変化と運動の相であるとしていました。ここでは，変転やまない万物の中に流れる物がある（ユングは，後年，これを普遍的無意識や元型とするのでしょうか）という点に惹かれているように思います。

　次に，エンペドクレス [147)] は，魂の輪廻転生を説き，根源物質として，地・水・火・風の 4 元素を考えましたが，これも魂の

実在性を信ずるユングが惹かれたところでしょうし，また4元素は4機能[153]へと続いたり完全性を現すと思ったのでしょう。

プラトンに惹かれたのは何と言ってもイデア論[154]ではないでしょうか？ここは，後の元型の考えの原型があるように思われます―

〈今の話を聞いていると，ユング心理学の重要概念は，ほんの小さい頃にすでに出来上がっていた言えるような気もしましたが？〉

―それはそうかもしれません。ただ自伝では，自分の都合のいいように連想してしまいがちなので，何もこれが絶対事実かどうかはわかりませんが，いずれにせよ，芽生えがあったことは確かですね―

②エックハルト

〈では，中世の思想家ではどうなりますか？〉

―それは，エックハルトでしょう。ユングは，「マイスター・エックハルトにおいてのみ，生命の息吹を感じた」と述べています[155]―

〈ここも，説明してください〉

―エックハルト[155)-158]は，中世ドイツのスコラ学者にして思弁的神秘主義の代表者なのですが，後に異端とされます。彼は，魂における神体験を重視していたと思われます。彼の説教集は難解でほとんど理解できないのですが，いくつかの個所（「人間の魂が最高の天使と同じ高みに立つなら，その人間は天使も到達できないほどのはるか高みにまで達することができるであろう」「イエスは魂の内に，はかりしれない知恵を持ってみずからを現す。……この知恵が魂と合一するならば，魂からは疑い・迷い・闇が完全に取り除かれ，神自身である一つの純粋で透明な光のうちに魂は移される」「魂の火花は，いかなる被造物をも拒み，露な神，神自身の内にある神以外には何も求めることはない」）が，私の

94

印象に残っています－

〈これは，ユングが，直接，神体験を求めたことと似ていますね。でも，こういうことが，結局，キリスト教保守派に異端とされてしまうところなんでしょうか？〉

－そうなんでしょうね，というぐらいにしか今は言えません。まあ，タイプ論のところでは，ユングは，エックハルトのことを，「神と人間との相関性と人間の魂とを発見し詳細に定式化したことは，宗教現象の心理学的把握に至る途上における尤も重要な歩みの一つである」としていますから，ユングは，相当，エックハルトに入れ込んだのでしょうね－

③ショーペンハウエル [159)]

〈つづいていよいよ，ショーペンハウエルが来るんですね〉

－ええ，ユングは，自伝で，ショーペンハウエルのことを「我々を取り巻く世界の苦悩と混乱，情熱，悪について最初に語った人」だと述べ，悪を直視する勇気を持った哲学者としています。ただ，ユングは，ショーペンハウエルの暗い世界像には賛成したが，彼の問題の解決の仕方にまで賛成したわけではない，と言っています－

〈ここは，どういうことなんですか？〉

－私の乏しい知識によれば，ショーペンハウエル [159)160)] は，世界の根源を非合理的な意志と考えていたようです。また，この意志とは，欲望のことで，人間は盲目的意志（無意識的欲望）によって動くとされています。世界は，この意志（欲望）の表象にしか過ぎないのです。ただ，現実には意志（欲望）の実現は，現実の制約もあって難しいし，また各人の「生への意志」が交錯しあうので，世界は，「苦の世界」となると考えたわけです－

〈何か，フロイトを先取りした無意識の動きを言っているようだし，仏陀が説いた「欲望への過度の執着（集諦）が，この世を苦

とする（苦諦）」という四諦の教え[161)-163)]に似ていますね。こういったところにも，ユングは惹かれたんでしょうね〉

－ええ，ちゃんと欲望と悪と苦を見据えていますし，それを一番の根底に置いていますからね[164)]。だから，フロイトもユングも，ショーペンハウエルは，無意識の考えを先取りしていたと言っているんです[165)]。それにユングは，自然や人間の悪や暗黒面に特に敏感でしたから，やっと自分の考えと一致した人が出てきたと思って感激したのでしょう－

〈でも，解決の仕方に賛成できないというのは？〉

－要するに，ショーペンハウエルは，そうした苦の世界の解決には，知性でもって，今のようなことを認識すればよいとしか言わなかったようなのです－

〈それは，厭世主義のショーペンハウエルにしては，あまりに楽天的すぎますね。仏陀やその弟子たちは，四諦八正道[166)]を中心として，詳しく救いへの道を探求していったし，フロイトもユングも，その解決としての精神分析療法に一生を捧げたといってもいいですから，これでは余りに不十分だと言えますね？〉

－ええ，ユングは，そこらあたりのことを，自伝で「ショーペンハウエルは，盲目的な意志（本能的・無意識的欲望）を逆転させるには，知性[167)-170)]が，盲目的意志に，そのイメージ（暗い苦に満ちた世界像）を突きつけさえすればいいという彼の理論には，がっかりさせられた。①神の意志は盲目なのにどうやって，そのイメージ（Bild）を見ることができるのか？②たとえ，見えたとしてもイメージは，神の意志が欲しているそのことを，それ（盲目的意志）に示すのだから，どうして神の意志はそれによって自身を逆転するように勧められることなどがあろうか？③それに知性とはいったい何なのか。それは人間の魂の機能なのだろうが，それは鏡というより鏡の小さなかけらにしか過ぎない」と言って

いるのです－

〈要するに，この3つの問いを解決するには，「無意識の探求」や「無意識と意識の調和」といった途方もない営みが必要ということなんでしょうね？〉

－そうなんでしょうね。すなわち，①に関しては，神の意志は盲目なのに神が作り出したBild（像，イメージ，心象など）を簡単には見れない。もっともっと，神の意志やBildの底，すなわち無意識的世界を探求すべきだと言っているように思います。②に関しては，神の意志を簡単に逆転なぞできないよ，と言っていると思います。③について，知性というものは，たしかに魂の機能かもしれないが，世界や人間の深層（真相）を見る鏡にはとうていなれず，鏡のかけらぐらいの働きしかないと言いたいようで，知性優位の傾向に反発を示しているようです。しかし，この当りは私のドイツ語理解力の不足もあってよくわかりません。だから，はっきりとは言えませんが，一応，Aさんの問いに関しては，そんなところかな，という返事しかできません[171]－

### ④カント

〈ところでショーペンハウエルに失望したユングは，その後どうしたんですか？〉

－ユングは，次第にショーペンハウエルとカントの関係に目を向け[172]，カントの『純粋理性批判』を読み始めます－

〈えっ。あの超難解な書から，ユングは何を学んだのですか？[173]〉

－ユングは，この書を研究することで，ショーペンハウエルの基本的欠陥（形而上学的な主張を本質と考え，たんなる物そのものに特別な性質を賦与するという，恐ろしい過ちを犯した）を発見した，と述べています－

〈これはどういうことなんですか？〉

－つまり，カントはこう言っているんです「絶対的に必然的な存

在者という概念は，単なる理念であり，理念の客観的実在性を証明したことにはならない」[169]ということを。これは，概念（ショーペンハウエルの主張に相当）は，客観的実在性を示したことにはならないということです。そして概念や判断は，条件付の関係性の中でのみ現れてくるということです[174]。ここでは，ある主張や物の絶対性が相対化され，条件付で関係の中で物を見る事の大事さを言っているようです。さらには投影のことまでも，ユングは影響を受けたのかもしれません－

〈結局，カントを研究することで，物の見方，判断の仕方の正確さ，柔軟性を学んだということでしょうか？〉

－ここも，そういうことにしておきましょう[175)-178)]－

⑤ニーチェとユング

〈ところで，ユングは，ニーチェにも相当惹かれたんでしょう？〉

－ええ，自伝によれば，まず『反時代的考察』を読み，熱中して我を忘れた後,『ツァラツゥストラ』を読んだことで，これは，ファウスト体験と同じくらい重要な体験だったと言っています－

〈詳しく言うと？〉

－つまり，ツァラツゥストラはニーチェのファウストであり，ニーチェの No.2 であるということ，そしてその当時のユングの No.2 はツァラツゥストラ（彼は超人で「神は死んだ」と宣言しています）に相当していたということです。ただ，ツァラツゥストラは病的であり，ユングに冷や汗をかかせ，自分自身について省みることを余儀なくされたそうです。そして，ニーチェについては，彼が壮年期になって，No.2 に出会ったこと，及び No.2 に振り回されてしまった結果，自分の進むべき道を知らなかったと批判を加えています。結局のところ，ユングが言うには『ファウストが私に対して扉を開いたと同じく，ツァラツゥストラはドアを閉じ，その後，ドアは閉じられたままになったのである』と

のことでした―

〈ここは，どういうことなんですか？〉

―結局，カントに代表される，理性や意識が，ニーチェには欠けており，ニーチェは，自己の No.2 を，No.1 と調和させねばならなかったのにそれを欠き，無意識の世界に飲み込まれ，現実や自分自身を見失ったという意味でしょう。しかし，このツァラツゥストラはかなり魅力的存在であることは確かなので，その後のユングの著作にもちょくちょく登場しますから，また，その時考えましょう[179]―

⑥哲学の持つ治療的意義

〈それでこの哲学へのユングの傾倒についてBさんはどのようにまとめますか？〉

―心の病の治療には，どうしても身体や心理に対する知識，及び世界や関係性の認識という形で，人間存在そのものについての深い智慧が必要とされるのです。その意味では，この哲学というのは，臨床・治療の基礎をなす学問という気がします。世界・人間・事物の本質を見るということ，普通の人が見えないところまで見てしまうという点において，特にそう思います。

　ただ，問題は，それを治療実践にどう生かすかですけどね。そして生かした実践をまた哲学という本質を問う学問の中で，また考え直してみるという絶えざる往復運動が必要なのだと思われます。

　いずれにせよ，ユングは，相当，哲学に惹かれていますね。また，ユングの著作も心理学（フロイトの精神分析も含めて）からの引用より，哲学や神学や神話学などの引用がかなり多いように思われます。

　ただ，ひかれていると同時に，悪の問題といったことに対するゲーテやショーペンハウエルの取り組みには不満が残ったようで

す。

　まあ，この点も含めて，機会があれば，もう一度，ユングと哲学者たちとの関係を探ってみたいですね[180] ―

g．暗闇の中で光を守り抜く夢（意識又は「意識と無意識のバランス」の重要性）

①夢の内容（黒い影入道からカンテラを守る）

〈ユングは，ともすれば，無意識を重視し過ぎると思われているようですが，この哲学の勉強ぶりを見ると，絶えず意識からの補償を考えていたようですね？〉

―その通りなんです。それを示すものとして20才のときに見た「カンテラ（光）を守ろうとする夢」があります―

〈どんな夢なんですか？〉

―自伝を引用すると「この頃，私を驚かしたが，勇気付ける夢を見た。夜，私は強風に抗して前進を続けていたが，手で今にも消えそうな小さな明かりを囲んでいた。すべてはこの小さな明かりを保てるかどうかにかかっていた。大きな黒い人影が追いかけてきたが，恐怖に負けないで，この光だけは何としてでも，夜じゅう，風の中で守らなければならぬということを知っていたのである」と書かれています―

〈それで，ユングの連想は？〉

―黒い人影は「影入道」で，自分の持っていた明かり（カンテラ）で生じた自分自身の影で，この小さな明かりが私の意識であり，私の持っているただ一つの明かりであることもわかったと述べ，さらにこの明かり（つまり，自分についての理解）は，私の持っている唯一の宝物であり，最も偉大なものであると続けています。さらにこのカンテラの光は，暗闇の持っている力に比べると，きわめて小さくかつ力弱いけれども，それはなお明かりであり，私だけの明かりである，と述べています―

〈結局，ここでは，無意識という影がいくら強くても，意識という光を保っていかねばならないということなんですね。そうしないと，ツァラツゥストラに飲み込まれて，意識（No.1 に相当）を失ったニーチェのようになるということでね？〉

―ええ，エゴ・インフレーション（自我肥大）を初めかなり危険な事態を引き起こすということですね。意識がしっかりして，初めて無意識の探求ができるのです―

〈でも，意識が余裕・安定性・広がり・深さ・柔軟性などを持つためには，適当に無意識と交流しなければなりませんよね〉

―そこが，難しいところで，我々は，いつも意識と無意識のバランスを心がけている必要があるんです。このバランスをとることが，まさに治療なのです―

②夢の目的（意識化や社会化の重視）

〈そうなんでしょうけど，そこは本当に難しいところですね。ところでユングは何故 20 才の頃にこんな夢を見たんですか？〉

―自伝では『ともかく，私より賢い何かが，背後で働いているのに違いない。意識の光に照らしてみると，光の内側の領域は巨大な影のように見えるというとっぴな考えは，私がひとりでに思いついたのではなかった』ということで，あまり詳しい原因的説明はありません―

〈20 才になったからそろそろ社会化しなければならないという事でしょうか？〉

―そうかもしれませんが，そんな原因探索って別にしなくていいんじゃないですか？原因はともあれ，この夢によれば，No.2 を否定するのではないが，No.2 を後に残し，自分を No.1 とするということではないんでしょうか？―

〈そうですね。夢の原因よりその意味するところ，目的の方が大事ですからね〉

－それは，症状でも同じことが言えるんですよ。症状発生の原因探求は大事だけれど，その症状の目的や意味を知ることのほうが治療的ですから－

〈だけど，正直いって，いくらユングが，光・意識・No.1 を大切にしなければといっても，ユングの語ることは，影や No.2 に関することが多いので，やっぱり本当は無意識の部分に相当惹かれてたんではないですか？〉

**③ユングにとっての中心的関心は，意識であった？（ユングの言動の矛盾性）**

－それも否定はしません。ただ，無意識への魅力があまりに強く，その力が圧倒的に強大だったので，よけい「意識を大事にしなくては」と言い聞かせていたのかもしれませんね。人間は，自分にとって困難な課題を余計強調したがる傾向がありますから。それとね，先のユングの言と重なりますが，ユングの高弟マイヤー[181]によれば，ユングが「自分が一番関心があったのは意識だった」と言ってるそうですし，コリン・ウィルソンも，ユングが晩年のインタビューで「私は無意識の重要性を強調して，意識を軽視する傾向は決してありませんでした。もし私にこのような傾向があると言われているならそれは一種の錯視のためです。……実際，無意識の内容を知覚する必要条件として，また無意識的可能性の混沌の中の最高の調停者として，意識が重視されます。……自我と自我意識は最高に重要です」[32]と答えていることを引用しています－

〈本当ですか？私から見たら，ユングの著作を読むととにかく無意識の探求ばかりに費やしていて，今の言葉を聞くとびっくりしますが？〉

－そうでしょうね。ユングって，はっきり言って，その時その時で言うことが，かなり変わりますからね。でも変わったからといっ

ていけない訳ではないと思いますよ。人間ってその都度，感じた
ことを率直に言う権利もありますから－

〈でも，読む方からしたら，振り回されますね？〉

－いいんじゃないですか？振り回されてじっくりユングの矛盾的
言動を考えるのも治療の役に立つんではないですか？あなたが振
り回されると感じるのは，ユングに一貫性を期待し過ぎるからな
んですよ。ユングも世界も，実際のところは矛盾に満ちている
のが現実ですよ。とにかく，私の感じるところでは，意識重視になっ
ていて無意識が軽視されているところでは，無意識の重要性を強
調し，今度皆が無意識にのめり込みそうになると意識の重要性を
強調する [182] ということで，さっき言った意識と無意識のバラン
スを取っていたんではないですか？－

〈そういや，無意識一辺倒のように見える『変容の象徴』『アイオー
ン』というような著作もあれば，『タイプ論』のように意識を重
視した大作もあったりしてるから，まあ，両方大事にしたと，取っ
ておきます。それで，その後は？〉

h．霊的関心

**①大学時代の霊的関心への深まり**

ア．宗教では経験こそ大事

－その後でユングは，No.2 は，自律的な人格（化け物であり，
暗闇の世界に抗して自らを保つことのできる霊）であり，この霊
の唯一の明確な特徴は，その歴史的な性格，つまり時間的な拡が
り，あるいはむしろその無時間性であると述べています－

〈ユングはそう言えば霊魂への関心や霊的現象への興味は強かっ
たんですね [183]〉

－ええ，自伝によれば，ユングにとっては「聖霊が神の現れであ
り」，「イエスは，一人の人間か，さもなくば，聖霊の単なる代弁
者だった」と述べ，聖霊の重要さを強調しています－

〈こういう見方は，まわりにいるプロテスタントの神学者たちにはどう思われていたのですか？〉

－ユングが言うには，自分の考えは，正統でなく，神学的見方から懸け離れていたので，当然ひどい無理解に出くわし，この時の失望の念から「宗教では，経験こそ大事」という確信をますます深めたとのことです。自然科学も，心のことについては何も答えてくれなかったようです－

イ．降霊術の本を読む

〈それで，どうなったんですか？〉

－ただ，ユングは，大学の2学期の終わりに「降神術」（降霊術，交霊術，心霊術と呼んでもいいだろう）の始まりに関する本を読み，自分の疑問が即座に晴れた，と言っています－

〈どういうことですか？〉

－つまり，その降霊術の本に乗っている現象が，ユングが小さい頃から聞いてきた物語と同じで，また，それは人間の心の客観的動きと関連している，と思ったのです。その後，降霊術者の観察が気味悪く疑わしいと言いながら，「それが，客観的な心の現象について，私（ユング）の見た最初の記事であった」と述べ，あらゆる心霊術の本を片っ端から読破したのです－

ウ．周囲の恐怖を伴う反発

〈周囲の反応はどうでした？〉

－先の神学者たちの反応とおなじくあざけりと不信と落胆でした。ただ，母のNo.2だけは例外でしたが－

〈それで，ユングはどうしたんですか？〉

－ユングは，彼等の態度の背後に，むしろ彼等自身の恐怖を見た，と述べています－

〈どんな恐怖ですか？〉

－いわゆる，超常現象（予知現象，予知夢，テレパシー，サイコ

キネシス［心が物質の運動に影響を与えるという現象で，ユング
も，23才の頃，テーブルが裂けたり，パンナイフが砕け散るという
ということに出合っている］,ポルターガイスト現象［騒々しい霊が，
活動することで，大きな音を出したり，物体を投げ散らしたりする
こと「心霊現象を知る辞典[184]」で，サイコキネシスとも似て
いる］,偶然の一致現象など），オカルト現象，霊魂の作用といっ
たことを恐れたのでしょう。　ただ，ユングは『これは都会人の
心の狭さの現れであり，むしろこれによって自分の自己評価を高
める』と同時に「この洞察は危険なことがわかった」と述べてい
ます－

〈結局，どうなったんですか？〉

－はっきりしませんが，ユングは，「世間の外側に身を置きたく
なかった」と述べていますから，このことは，自分の中の秘密と
して，取っておこうとしたのではないですか？－

②ユングの多面性（霊・オカルトへの関心と科学的態度）

〈ユングは，よっぽど，霊的なものへの関心が強かったんですね〉

－そうですよ。コリン・ウイルソンに言わせると，「ユングを，
科学者とみなそうとする仕事は絶望的であって，ユングは初めか
らオカルトにとりつかれていた。……ユングの子供時代と10代
は，宗教と不可知論に満ちていた」とのことです－

〈それは今までの話しからも，想像しやすいところですが，でも
科学的な面もかなりあったんでしょう？〉

－もちろんです。ユング自身が「自分の取っている視点は，現代
経験心理学と科学的方法である」（『オカルト現象への序文』全集
18，741P.)[185] と言っているぐらいですから。彼は，無意識と同
様に意識を，夢想と同時に現実を重視したのと同じく，体験だけ
でなく，科学的観点もちゃんと考えているわけです。

　だから，ユングというのは，あまりに多面的で（広く），あま

りに深いということが言えるでしょうね。だから，何かで割り切ろうとすると，必ず矛盾が生ずるわけですよ。私も，到底ユング全体を理解できるとは思っていません。あくまで，「私にとってのユング」を体験するだけですから－

〈だから,その多面性でもって,結構世渡り上手であったというか,狡い面も結構あったんでしょうね？〉

－世渡り上手[186]は決して悪いとは思いませんね，ただし，大事なことを切り捨てたり，他者を傷つけたりしていなければ，という条件付きですが。それに狡いと言われたけど，彼にとってはぎりぎりの現実適応だったのかもしれませんね－

**③降霊術への関心の始まり**

ア．降霊術に引かれる私的・社会的・家族的背景

〈そのことは，またゆっくり話し合いましょう。いずれにせよ，ユングが，霊的なことに関心を持ち始めたのはいつ頃のことなんですか？〉

－それは，古い時期に逆上ると，先述したように，幼年時代からの死体への興味，黒い服の男への恐怖があり，さらには，ファルロスの夢も見ていますから，3，4才の頃からもうすでにそういうことに強くひかれていたのではないかと思われます。

　降霊術にも，多分小さい頃から，関心があったのでしょう。だいたい，ユングに限らず，19世紀末（ユングが1875年生まれであることを想起すること）というのは，降霊術が盛んだったのです。渡辺によれば，19世紀末の西洋社会の時代状況は，①キリスト教の知的権威の凋落，②科学的自然主義の台頭，③心霊主義・心霊研究の興隆という3大要素から考えられるということですから。それに，ユングの母方を中心に，心霊現象に引かれる人達がまわりに沢山いたことや，母のNo.2は，心霊術を勧めていましたから，ユングが，降霊術や交霊会（降霊会とも言う）に関

心を持っても不思議ではないですね－

イ．降霊会とは？

〈ところで，降霊会って何なんですか？〉

－降霊会(交霊会)というのは、要するに、生きている者が死者の霊魂と交流することを目的とした集まりですね。日本でいう、こっくりさん遊びのようなものと考えていいでしょう－

〈そうすると，誰かが祈祷師になったり，お盆がひとりでに動いたり，誰かに霊がついたりとか，そういうことをやる会なんですね。ユングもそういうことに参加した訳ですか？〉

－ええ、種村季弘[187]によれば，ユングは，10才にして，すでに，それまでの降霊会に初めて，テーブル・ターニングを導入したとのことです。このテーブル・ターニングでは，日本のこっくりさんと違って，動きやすいテーブルが選ばれます。そして，何人かが，そこに手を置くと，2〜3分から1時間でテーブルが動き始め，回転したりまたは上下左右に動き出すのです。ついで，その人に霊がとりつき，テーブルを動かしていると考えられ，そこから霊媒（すなわち，死者の霊の気持ちを伝える媒介者）となった人が，死者の霊になりかわって，様々な霊的現象（例えば，昔の死者そっくりに話したりする等）を，起こすということです。そして，やはり種村によれば，ユングは12才のとき，ユングの母方の従姉妹ヘレーネ・プライスベルクに霊的能力があるのを発見したと，されています。そして，ユングはしばしば降霊会に参加すると共に，ヘレーネの霊媒現象を事細かに記述し，なんと，27才には，学位論文としてそうした現象を発表するんです－

ウ．「心霊（オカルト）現象の心理と病理」[188]の発表

〈それが，かの有名な，「心霊（オカルト）現象の心理と病理」なんですね。ユングは，科学的であるだけではなく，抜け目がないんですね？〉

－あまり，その言い方は好きではありません。一方で，精神医学の進歩，とりわけ患者理解と治療の発展を願っていたとも思いますから。だって，その論文の末尾に，『このような心霊現象と，医学・心理学領域の多くの問題にかなり多様な関連性があることを知ってもらいたい』と書いてありますから－

#### ④霊魂と治療

##### ア．霊や魂の辞典的意味と語源

〈そりゃ，そのぐらいは誰だって書きますよ。それはそうとして，どうして霊的現象が治療の役に立つんですか？〉

－それに答えるために，霊や魂（この二つはもちろん，違っているのだろうが，ほとんどどこでも同義語として使われている）が何を意味しているか，考えてみます。

　霊や魂は，ドイツ語では Seele，英語では soul，フランス語では ame と表現されています。もちろん，ユングは霊魂のことを言う時，Seele と表現しています。さて，この Seele, soul, ame（ちなみにギリシア語では psyche，ラテン語では anima となります）は，ほぼ共通して①心②霊，魂③心の持ち主④中核，中心人物，核心，精髄，人としての精神的原理，道徳⑤気迫，情熱⑥権化，化身⑦思考の基本，意識状態や精神機能の総体，といったものを表しています。それと，もう一つおもしろいことに，ドイツ語では精神医学のことを Psychiatrie 以外に，Seelenheilkunde（霊魂の癒しの学問）とも言うと，辞典に載っているのです－

〈へえ，意外ですね。そうするとやっぱり，霊のことを考えるのは，治療的なところがあるんですね〉

－そうなんですよ。霊魂というと，俗っぽいオカルトとして誤解されやすいんですが，元を正せば，かなり深い意味が含まれているんです。

　ついでに言うと，漢和辞典によれば，霊は，『雨と３つの水滴

と巫女の会意文字』で，雨乞いをして神の言葉を聞く巫女の意味があるんです－

〈いや，そうすると，雨というのは人間にとって命のようなものですから，それを神が贈ってくれるので，まさにこれは癒しですね。しかもそれをするのが巫女ですから，まさにユングの言うアニマは，ぴったりですね〉

－そういうことなんです。ちなみに，魂の方は，雲と鬼の会意文字です。そして鬼というのは，大きなまるい顔をして足もとの定かでない亡霊を描いた象形文字であり，従って魂とは，まるくもやもやした火の玉のことを言うようです。哲学・思想辞典によれば「死者の身体から立ち上ってくる雲気のようなもの」を表すとのことです。また，霊は，再び漢和辞典を引くと，冷たく澄み切った無形のたましいを指すとのことですから，霊魂だと，「火のような煩悩（魂のこと）」を，「冷たく冷ましてくれる働き（霊のこと）」という連想も湧いてきます－

イ．霊魂の4つの治療的意義と二つの事例

〈いや，語源を考えると随分治療的だと考えられますが，実際の臨床ではどんなものなんですか？〉

－まあ，霊魂のことは，あるないの証明は難しいですが，私のように想像力のあまり働かない人間にとっては，あると考える方が，治療的であるような気がします。というのは，心の病の治療では，目に見えない心の働きを生き生きと感じる必要があるし，また表面上だけ，見ているのではなくて，心の奥深い所まで見る必要があるわけですから，どうしても霊魂の存在を仮定しておくほうがいろんな可能性を考えられやすいということです（ただ，心のひだに敏感で，底の底まで見える人にとっては，わざわざ霊魂のことなど口に出さなくてもいいかもしれないような気もしますが）。

第2に，心の背後に霊魂を仮定しておくことで，心や心を持っ

たクライエントを尊重と畏敬の念を持って扱いやすいという面があるということです。

　第3は，心の病の症状も，単に異常扱いするのではなくて，霊魂の一つの現れということで，人間としての連続性を持ちやすくなるということです。

　第4も，同じことですが，従来，霊がついたというと，憑依現象という形で異常視されてきましたが，霊的現象を一つの成長や貴重な人生体験というような視点で見ることによって，そうした現象に出会った人に治療的な働きかけができるということです。

　具体的な例として，私が『癒しの森』[189]で提示したある事例を再び，紹介します。クライエントは，神が自分にメッセージをくれたと取り，すごく騒ぎ立てたり，錯乱状態になり，まわりから異常扱いされますが，私は彼女の言動は霊魂の貴重なお告げ，尊重すべき宗教現象として扱いました。その結果，彼女は落ち着き「宗教は決して，人に押しつけるものではなくて，自分で静かに実践するもの」というように悟り，静かに仕事とボランティア活動に励みました。これは，霊魂の働きを正しい方向へ向けたといっていいでしょう。

　塚崎の紹介している霊能者の例[190]（「あるシャーマンの成巫過程」より）ですが，その方（Aさん）は，不幸の中で，突然「仏さん」という声が聞こえ，以後「仏さん」が話しかけてくれるようになります。そして，「仏さん」の言うとおりに従うのですが，むしろ生活は困窮していきます。しかし，それでも「仏さん」を信じ続けることで，「仏さん」がいろんなことを教えてくれるようになったのです。そのこともあってか，Aさんが予知能力があるということが，周りに知られるようになり，次第に相談者（治療者と言ってもいいのでは）としての活動をするようになり，そ

こで本当の落ち着きを得ました。ちなみに，Ａさんの治療力を示すものとして，10代の頃から治らなかった全身の疣が65才になった時に，Ａさんの勧めによる「神水」を塗ったところ，それまで取れなかった疣が取れ，性格も明るくなったという65才の女性の例があります。塚崎は，Ａさんの例を引きつつ，「近代医学がシャーマニズムを扱う場合，そのシャーマン活動の困難から転げ落ちたケースばかりを扱っているのかもしれない」（こういう人が病的と見做されやすいのです）と述べ，続いて「（霊と交流する）シャーマンが終わりなき成巫過程（一般人では成長過程に相当するのだろうか）にあるものと考えた時，近代医学技術の担い手でもある，われわれ治療者にも示唆されるものがある」と結んでいます－

ウ．心の病の治療は公式通りには行かない（多面的視点の必要性）
〈今の話を聞いて思ったのですが心の病の治療の場合数学の公式通りにはいきませんよね。そこには自然科学で包含できない何かがあるんですよね。霊魂のような〉

－ええ，その通りですね。もう一つ言うと，身体的病いの治療でもそんな気がします。単純な例ですが，抗生物質を出した時，治る人と治らない人がどうしてもでてくるでしょ。だから身体の治療でも公式通りには行かないような気がしますよ－

〈そうすると，治療は，近代の科学的医療と古代医療（霊魂を扱うシャーマンが活躍した）の統合が必要になってくるということかもしれませんね？〉

－いや，それだけではなく，人間関係や社会構造など，いろんな多面的な要素を考慮することも重要でしょうね。だから，ユングのように多面的な人物が，脚光を浴びるようになってきている訳です－

エ．霊魂を無理に話題にする必要はない

〈でも，まだ納得いかないんですが，何も霊魂を話題にしなくても，ちゃんと治療している人がいくらでもいるように思いますが？〉

—その通りですよ。先に述べたことと関連しますが，霊魂・宗教のことなぞあまり関心のない治療者でも，目に見えない心の動きを敏感に感じ取り，慈悲の心を持っている場合は，そんなことをまくしたてている人に比べ，はるかに治療的ですよ。

　身近な例で言うと，わが師，辻先生なぞは，霊魂のことなぞほとんど話題にしないのに，その治療者としての迫力たるやものすごく，存在しているだけで霊性を感じさせられる場合があります。大事なことは，霊魂について読んだり，書いたり，おしゃべりしたりすることよりも，霊魂にも人間にも共通する物の道理を，治療の場でいかに実践するかということだと考えられます。

　もうひとつ，追加しておくと，仏陀は，十分な霊力がありながら，毒矢の喩えにも見るように，霊魂のことを話題にはしません[191)192)]。また，孔子も，易経の作者とされていながら「不語怪，力，乱，神」[193)]といって，霊魂などに関する話題を避け，常に当り前のこと（即ち，物の道理）を説いています。

　それから考えると，治療についても霊魂についても自信のある人は，わざわざ霊魂のことなぞ語る必要を感じていないのかもしれません—

〈そうすると，ユングは，まだ治療的にも未成熟で，霊的体験もそう深いものではなかったので，いっぱい，霊魂に関する論文を書きまくったのでしょうか？〉

—いや，それは，ユングを正しく理解していないと思いますよ。西洋人の中では，群を抜いて霊的体験が深かったと思いますよ。それに，霊や魂のことを沢山書いたのは，西洋合理主義の行き過ぎに警鐘を鳴らさねばという使命感や，その合理主義のゆえに苦しみ続けている患者の治療にも益することを願ったのでは，と思

います－

### ⑤大学時代の霊的関心と心理学に関する講演

〈まあ，それは一応そういうことにして置きます。だいぶ，話が
それましたが，もう一度話を元にもどします。一番最初に話され
た，大学時代のユング自身の霊的関心はどうなっていったんです
か？〉

－渡辺によれば，20才に，バーゼル大学に入学した後，ツォーフィ
ンギアという学生友愛団体に入り，その会の主導権を握り，また
数回の講演を行っています。この時代，もちろん，その霊的興味
も含めて心理学や科学論や宗教論などに関心を向けています－

〈自伝では，あまり人から理解されず，孤独だったというのに随
分矛盾ですね？〉

－いや，先にも言ったように自伝は，そういうどころだらけです
よ。だから，80才代のユングが振り返った時の自分の一生だから，
客観的事実に合わなくてもいいんじゃないですか。それに，これ
も繰り返しになりますが「私の物語が本当かどうかは問題ではな
い，私の話しているのが私の神話，私の真実であるかどうかだけ
が問題なのである」と述べているところを思い出して欲しいです
ね－

〈何となく，引っ掛かるものがありますが，それは置いておくと
して，ユングは，学生時代，どんな講演をしたんですか？〉

－渡辺によれば『心理学に関する若干の考察』(22才の時の講演)
の中に，ユングの思想的基盤があったとされています。それは，
序論，合理心理学，経験心理学，結論から成っていて，ユングは，
合理心理学と経験心理学という形で，そこに超心理学や心霊研究
の内容（魂は実在し，それは生命原理であり，空間と時間から独
立した知性であり，魂は目的を持っているといった主張と，魂の
遠隔作用としてのテレキネシス現象とテレパシー現象について述

べている）が，盛られています－

## ⑥霊媒，ヘレーネの運命。霊的関心と治療の危険性

ア．ユングの霊媒誘導

〈すでに，ユング心理学を聴いているような感じですね。ところで，また，もう一度話を戻しますが，ユングの心霊研究に多大の貢献をしたヘレーネは，どうなったんですか？〉

－その前に，自伝では，自然に15才半の少女を霊媒とするグループに参加し，ほぼ2年の間観察したと述べていますが，先述したように種村に言わせると，すでにヘレーネが5才の時に（ユングは12才）彼女の霊的能力を見て取り，またユングは10才から始まった子供たちだけの降霊会にすべて立ち会っており，またその年にすでに，ユングはヘレーネにいろんな心霊実験書を読ませて巧みに霊媒誘導を図ったとされています－

〈何か巧みに，ヒステリーや霊媒に仕立てているようですね？〉

－種村は，そういう書き方をしていますね。どちらが正しいのか真偽のほどはわかりませんが？－

イ．『心霊現象の心理と病理』の内容

〈いずれにせよ，ヘレーネを題材にした「心霊現象の心理と病理」の学位論文には，何がどう書かれているんですか？〉

－最初に緒言として，重症ヒステリーや「第2状態（同一人物の中に出現した，通常の人格とは全く異なる状態のこと）」についての記載がありますが，本書の中核をなすのは「遺伝負因のある女性夢遊症患者の例－心霊現象の霊媒－」と題されているもので，その中のS．W．嬢（これがヘレーネのこと）の症例報告です。

　その要約をすると，

[事例報告部分]

①降霊会での夢遊症の発作のあり様

②降霊会に参加している人達とヘレーネの霊媒（祖父だと名乗る

夢遊症性人物 ) との対話

③霊媒は多数でてきたが，難しい質問は，イブネスという霊媒が答え始める

④イブネスは，秘密にしていた「自己の再生の全体系」を打ち明ける

⑤自然科学上の問題に関しても，斥力・引力，エネルギーなどについて詳しく語る

⑥この後は，新しいものが生み出されず，ユングは，彼女がわざとあざむいているのではと思い，この降霊会から脱会する

[事例と心霊現象の解説部分]

①事例のヒステリー性格について

②半夢遊症と呼ばれる前憑依状態（本来の発作の前後の状態）

③半夢遊症の特徴（自動症［机の自動的運動，自動的書字，幻覚］と性格変化)

④霊媒の発作とヒステリー発作・ヒステリー性意識分離の類似

⑤その後のヘレーネはかなり性格が安定したものとなり，外国へいったままとなる

⑥降霊会における無意識能力の増進について

といったものです－

ウ．科学者ユングはヘレーネを利用したのか？

〈今の論文の話を聴いていると，霊魂の存在や自律性を信じているユングと違って，心霊現象を科学的に記述すると共に，それらのヒステリーとの類似性や無意識の自律性を強調した心理学的科学的なユングの一面が伺えますね〉

－ええ，これはブロイラーの勧めによる，医学論文ですから，そういう体裁をとらざるを得なかったのかもしれません－

〈そうすると，やっぱり，自分の学問研究，学術発表という野心や名誉欲のために，ヘレーネを利用したとしか思えません〉

ーええ，種村も似たようなことを言っていますね。降霊会が頻繁だった 1898 年頃，ヘレーネが，降霊会の後，極度に疲労して帰ってくることから，ヘレーネの母は，降霊会の中止を再三呼びかけています。

　さらに，1902 年に，論文が刊行され，その中でヘレーネがヒステリー患者として描かれているだけでなく，教養の程度が低く，知性も凡庸であると記載されているのを見て，プライスベルク家の人は激怒したと，されていますー

〈彼女は，自分から，降霊会参加を止めようとは思わなかったんですか？〉

ー結局，ユングのことが好きだったのでしょうね。だから，自らの意志で止めるなんて，とんでもないことだったのでしょうー

〈彼女は，ユングのために仕方無しに霊媒やヒステリー患者を演じていたということですか？〉

ーさあ，そこまでは何ともいいかねますね。そういう疑いもあるということぐらいにして置きましょうー

エ．ヘレーネの運命とユングの問題点

〈それで，結局，ヘレーネはどうなったのですか〉

ー結局，1899 年，ユングが降霊会に参加しなくなった後，ユングに捨てられた格好になります。そして，1900 年には，ある音楽家と婚約するのですが，彼は突然心を翻して，ヘレーネの姉と結婚してしまい，またしても傷を負います。傷心の彼女は，お針子としてパリに出てきて，その後バーゼルで，洋装店を開きますが，結局 1909 年に結核にかかり，1911 年，わずか 29 才で，此の世を去るのです。　親友でもあるヘレーネの義妹は『ヘレーネは肺病で死んだのじゃないわ。傷心のために死んだの』と言っているのです。傷心という精神的ショックは，免疫力を低下させますから，このような心の傷が結核を悪化させたと十分に考えら

れます—

〈何とまあ，哀れというか，無残というか，言葉を知りませんね。しかし，ユングもユングですね。実験台としてさんざん利用したあげく，霊的現象の多くを知ったら，もう関係を断って，自分だけ現実生活で適応するなんて許せないですね〉

—ただ，ユングは，決して強制している訳ではありませんよね。それと，氏原も言っていることとも関連しますが，彼女がヒステリーにかかりやすい状態だったのは確かなようなので，ユングとの交友関係が，そうした異常な世界から救い上げることに役だっていた気もしますが—

〈でも，それは，ユングが誘惑しているからですよ。何か，これを聴いていると，性的虐待をする親と子供の関係，性的関係を持った治療者と患者の関係を思い出しますね。親や治療者は，子供や患者の自由意志があったと主張するのでしょうが，圧倒的に強者と弱者の関係ですから自由意志も何もないですよ。

　それに，もし，自伝を書いた頃の81才のユングに，このヘレーネのことについて，「再び，あの時に戻ったとしてヘレーネに同じことをしますか」と聞いたら，ユングは何と答えるつもりなんでしょうか？ユングは，彼女の自立や自己実現の手助けをする，彼女の心の安らぎに寄与するといったつもりで付き合っていたのでしょうか？そんなことまで求めるのは無理としても，彼女を傷つけないよう配慮していたんでしょうか？〉

オ．治療者とその影（加害者になる可能性）

—わかりませんとしか言いようがありませんが，Ａさんの問いは重大ですね。我々治療者は，常にクライエントを，治療という名の元に，興味・関心，研究欲や名誉欲，親密欲求（性的欲求も入る），金銭欲求，自己評価上昇欲求，欲求不満解消欲求といった，様々な欲求の対象にしやすく，それで，クライエントを傷付ける

かもしれないので，本当に気を付けねばなりませんね。援助者って時として加害者になる危険性がありますから。

　ただ，今の話は，種村により紹介されている，1975年発行の『C・G・ユングの霊媒』（シュテファニー・ツムシュタイン＝プライスベルク著[194]）という本からの話なので，100％事実かどうかは別ですが，真偽のほどはともかく，治療者が常に気を付けなければならないことを示してくれているようですね－

〈いずれにせよ，ユングは，シュピールラインといい，トニー・ウォルフといい，ナチスとの関係といい影が多い人物ですね？これについてBさんはどう考えているんですか？〉

－何もユングだけが，特に多いという訳ではないですが，いずれにしても，ユングは治療者の鏡であると私は思っていますので，この問いは真剣に考えます。もう少し，時間を下さい－

〈ただ，Bさんだけに考えろとは言っていませんよ。私のような若輩は一層考えねばならないことですから。でもいずれにしろ思ったのは，治療も霊魂も有益な面と恐くて有害な面が同居しているんですよね〉

－本当にその通りですね。貴重なものはすべて，そうかもわかりません－


## 4．ユングの学生時代（1895～1900）

### a．医学部へ進む決心

#### ①神学に行かない決心

〈ところで，話をギムナジウムから大学進学の頃へ戻しますが，ユングが医学部を選んだ理由についてはどう考えますか？ユングの今までの話しから考えたら，哲学や神学の方に進むのが自然なような気がしますが？〉

－まず神学に進むことについては父が反対します。自伝によれば

「父は，神学者以外なら好きなものになっていいんだ，と断固と
したふうで言った」となっています－

〈父親はもともと牧師の生活にそう意義を感じたわけではないの
で，そういうのも自然ですね。それと，自分のような惨めな人生
を味わせたくないという気持ちだったんでしょうか。ユングの父
はこの点，正直というか，息子思いですね〉

－ええ，その点はそうなんでしょうね。弱いとか無力とか，信仰の
真の体験が無いとかひどいことを言われていますが，こういう正直
な点や息子を思いやる点はお父さんのいいところでしょうね－

〈それで，ユングはどうしたんですか？〉

－ユングは，いままで述べてきたように，形式的な教会活動に背
を向けていたし，聖餐式（イエスの肉と血とを象徴するパンと葡
萄酒を信徒に分かつキリスト教の儀式。ユングは学童時代にこの
式に出席する）での嫌な思い出（この儀式が何の意味もないと感
じたこと）もあったということで，父に，「神学者になろうとは
少しも思っていない」と言って，父を安心させます－

〈それは，わかります。ただ，ユングはこんな血の通ってないキ
リスト教に新風を吹き込んでやろうと考えて，逆に神学の勉強を
してやろうとは思わなかったんでしょうか？〉

－どうなんでしょうかね。それまでに，真のキリスト教体験がな
かったことや，その時代の神学への絶望もあって，そこまで，考
えられなかったんでしょう－

②自然科学と人文科学との間での迷い

〈でも，哲学を初めとする人文科学には興味があったから，この
方面には進みたかったのではないですか？〉

－そうなんですが，ギムナジウム時代から自然科学に興味があっ
たんです。自伝には「私は，事実に基づいた真理ゆえに，自然科
学に強い関心を寄せ，人文科学では，考古学に惹かれていた。ま

た自然科学では，動物学，古生物学，地質学に惹かれていた」と述べています。そういう流れから「(神学者にならないとしても)私は自然科学と人文科学との間でためらい続けた」と言っているのです―

〈そう言えばユングは化石や鉱石，昆虫，マンモスの骨などを集めたりしていたので，自然科学にも惹かれていたんですよね〉

―だから，大学へ行き，自然科学を勉強するつもりだったのですが，この決心の後すぐ疑念が湧いてきて，自分は歴史・哲学に向いているのでは，できれば考古学者になりたいとも思ったとのことです。ところがバーゼルには，その学科の先生がいず，この計画は立ち消えになります。父は「この子（ユング）は，あらゆることに興味を持つが，何をしたらいいのかわからないのだ」と言っています―

〈でも，自分の本当にしたいことを見つけるって結構難しいですよね。映画『good will hunting』の天才青年は何でも難問が解けるのに，「君の一番したいことは何だね」という精神分析家の質問には答えられていませんからね。ユングが迷うのは当然ですね？〉

―そうですね。患者さんも，多くの人は自分が何をしたいのかわからないので，心の治療者の所へ来ている方が多いですから [195] ―

③迷っているユングの治療的資質

〈ただ，このユングの迷いは，彼の No.1 と No.2 の分裂をまた連想させますね。

　それにしても，自然科学と人文科学の両方に興味があるというのは全体性への志向を連想させますし，いろいろに迷うというのも葛藤の深さを感じさせます。それに，治療って結局，精神の考古学みたいなもの（フロイトも似たようなことを言っている）ですから，こうした３つの点（両方への興味，葛藤の深さ，考古学

への関心〉は，治療者としての資質の素晴らしさをまた感じさせ
てくれますね〉

－その通りですね。それにしても，Ａさんは，ユングを非難した
かと思うと賞賛したりいろいろ忙しいですね－

〈非難はしていません。批判と疑問を投げかけただけです。それ
にそれだけ，私はユングに期待しているから，そうしているんで
す〉

－失礼しました。これについては一言もありません－

**④迷いの時の夢**

ア．二つの夢の内容

〈それはそうと，この迷いはどうなったんですか？〉

－こういう迷っている時，夢が出てくるんですね－

〈「迷いの時の夢の出現」というのは殆ど「ユングやユング派の定
番」ですね？〉

－まあユングだけに限らないと思いますが，ユングは，そこに注
目しやすいですね－

〈それで，どんな夢なんですか？〉

－二つあって，一つは暗い森の中の墓地のある丘で，先史時代の
動物の骨を掘り当てる夢で，ユングは「この夢により，自然や我々
の住んでいる世界を実感した」と述べています。二つ目は，同じ
く森の中の池で，半分水に浸っている不思議な生き物（丸くて，
乳白色に輝き，無数の細胞・触手からなる直径１メートルの放散
虫）を見て，それが秘密の場所の澄んだ深い水の中に横たわって
いるのは，いい尽くせないほど不思議に思えた，という夢です。

　そして，ユングが言うには，「これら二つの夢が私（ユング）
を圧倒的に科学の方に決めさせ，あらゆる疑念を拭い去った」と
いうことです－

〈へーえ。何かとても神秘性を感じさせる夢ですね。Ｂさんなら，

これをどう解釈しますか？〉

イ．夢の感想（自然科学の美しさ，普遍的無意識，アニマ，動物への親和性）

－自由に感想を述べると，今あなたが言ったように，とても神秘的な美しさを感じますね。自然は美しいし，それを探求する自然科学は，芸術と同じくらい，美的で素晴らしい学問であり技でもあるという印象ですね。ともすれば，自然科学が，専門化する余り，無味乾燥になりがちですが，こういう夢に接すると，本当に自然や自然科学の魅力を大いに感じさせられます。

それからもう一つの連想は，どちらも古生物なんです。私は小さいときから，三葉虫，アンモナイト，恐竜，マンモスといった古い時代の生物にとても興味があり，化石まで集めたぐらいですから，とても親近感を感じます。いずれにせよ，古生物からは，我々の祖先の探求（結局は普遍的無意識や元型に行き着く），発掘からは前に述べた精神の考古学，ということが連想され，自然科学の興味と同時に，精神分析や精神治療への興味もあるように感じます。

あと一つは，暗い森からは女性，丘からは乳房，水からは羊水といったことが連想され，アニマ（または女性的なるもの）の探求願望も，この自然科学への興味の背後に隠れているのかなという感じがしました。

それから，ユングの動物好きですね。彼の象徴研究の中には，多くの動物が出てきて，とても興味深く読めるのですが，これも彼の動物への親和性を示しているんでしょうね－

ウ．自然の光，物質の復活，マンダラ

〈他者の見解はどうですか？〉

－フォン・フランツ[12]は，第2の夢に関して，この放散虫は，パラケルスス[196][197]が，自然の光[198][199]と呼んだものに相当して

いると言っています。そして，これは「自然の暗部に存するある秩序を示している。……ユングは『自然のひかり』が自分の問題なのだと感じ，自分を経験的自然科学の徒であると見做し続けた。……筆箱の中の小人はユングの生涯を支配すべきあの『神』のいわば暗黒状態の表現でこの『神』のニグレド（黒化）は疑惑・抑うつ・不確実として映っていたが，この放散虫は『孔雀の尾羽』または華やかな色どりであり，錬金術士の見方によれば，物質の『復活』の最初の兆候であり，感情の生動化を意味している」と述べています－

〈これについては，どう思いますか？〉

－ここは，すっと入ってくるし，とくに，「物質の復活」という点に共感できますね。あらゆる物質に魂が出現してくるという印象を持ちます。

　それから，放散虫は，マンダラをも連想させますし，事実，「ユング，そのイメージとことば」に載っている，放散虫の絵は，マンダラそのもののようです[200]－

〈いずれにせよ，こんな気持ちをいつも秘めながら，自然科学を研究できるといいですね。それで，実際には，この夢の後，ユングはどうしたんですか？〉

⑤医学部への進学はもともと決められていた

－次が面白いんです。ユングは，このように自然科学に興味を示しながら，なお迷い続けます。

　そして，自伝によれば「こういう袋小路の中で，しようと思えば医学を勉強できるのだというインスピレーションが不意に湧いてきた。不思議なことに父方の祖父は医者で，彼については沢山聞かされていたのに，この考えはかつて一度も生じてきたことはなかったのである。真似してはいけないというのが私のモットーだったから，医師という職業に抵抗を持っていた」と書いてあり

ますが，結局は医学を選びます－

〈何か，これだけでは，ここからどうして医学を選んだかという
理由がよくわかりませんね〉

－その通りですね。自伝はこういうように理解できないところに
よく出会いますね。ただ，エランベルジェの『無意識の発見』に
紹介されている，アルバート・エーリ（ユングの終生の友）によ
れば『ユングは随分幼い頃から医者になろうと決めていた』とい
うことですから，このインスピレーションだけではないかも知れ
ませんね－

〈きっと，エーリの方が正しいですよ。こんなに祖父に同一化し
ており，自然科学にも人文科学にも興味を持ち，霊的体験や病気
の経験もしている訳ですから，医学ということが浮かんでこない
訳がないですよ？〉

－まあ。真偽はどちらでもいいんじゃないですか。それにしても，
81才のユングが，若い頃の自分をして「真似をしてはいけない
のが自分のモットーである」といって，自己の独自性を打ち出し
ているところは，何かほほえましいですね－

〈Bさんはどうしてユングが医学を選んだと思いますか？〉

－その点はよくわかりませんが，ユングは医師に向いていると思
いますよ。あなたも言われたように，自然科学と人文科学，実践
経験と理論探求の両方を包含して，沢山の学問のクロスポイント
に当っているのが医学ですから，ちょうどユングの性にあってい
たと思いますよ－

〈私の感じだと，これは全くの推測ですが，経済的事情も背景に
あったのではないでしょうか。ユングは貧乏に大分苦しめられた
ようですから，医師になって経済的に安定したかったということ
も影響しているんではないですかね〉

－それは，私にはよくわかりません。でも，ユングが医師，しか

も精神科医になってくれたおかげで，患者さんはもとより，人類は随分恩恵をこうむったのではないでしょうかね。自分の哲学的，自然科学的興味に，臨床実践が加わり，魂の探求は随分進んだし，その結果，癒された患者さんもかなり多いんじゃないですか？

　だから，あまり動機を探っても生産的ではないように思いますが？—

〈あまり，納得は行きませんが，とりあえず，その問題は置いておきます〉

ｂ．学生時代の経済的苦労

①父の死と母の経済観念の無さ

〈ところで，医学部に進んだのはいいとしても，学費は大変だったのではないですか？〉

—ええ，そうです。自伝においても「当面の困難な問題は，どこからお金を手に入れて来るかということだった。父はほんの一部を工面できるに過ぎなかった」と述べているぐらいです。そのうえその父が，大学入学後すぐ癌で死亡するんです—

〈ユングは困ったでしょうね？〉

—ええ，バーバラ・ハナの『評伝ユング』によれば，「父は金銭に関して何の才覚もなく，家族に絶望的なほどに不十分な収入しか残さずに死んだのである」と書いてあり，母方親族の多くは，医学の勉強をやめて働くように忠告したとのことです。

　それにさらに困ったことには「ユングの母は，全く経済を支えることはできず，お金について未熟であった」ということで，ユングが経済面を全部仕切らざるを得なくなったということなんです—

②ユングの経験の拡大（商才感覚の発達等）

〈ユングはどうしたんですか？〉

—ある程度，親戚から援助してもらったり，また年少の助手とし

て働いたりもしています。評伝によれば，伯母の代わりに，骨董品を売りさばいたりして手数料を得たりしていたとのことですー
〈へーえ。ユングってそんな苦労もしているんですね？〉
ーええ，でも，ハナに言わせると「父になかった商業的な才能を発達させることになった」と言っています。私も，その意見には，賛成ですね。それに治療にはある程度，商売の才覚，かけ引きが必要ですよ。特に開業などしていると一番それを感じさせられますからね。それと，ユングの現実感覚が育ったことには間違いなく，それも治療者としての一つの才能になったんではないでしょうか。

　ハナは別の点で「この時の体験の全てが，後のユングの患者には助けとなった。……幸福というものが収入によるものではないということ，金持ちがしばしば不幸であり，また貧しい人が十分に人生を楽しんでいるということを知ったのもこの時であった」と述べ，また診療の助手のアルバイトもして，スイスの田舎をかけめぐり，田舎での開業医としての仕事がやりがいのあるものだと感じていた，という点まで紹介していますー

### ③精神的安定はまず物質的安定から

〈この体験は，将来，開業するときに役だったかもしれませんね？〉
ーそれは，どうか，わかりませんが，エランベルジェによると，ユングは片方に鋭い現実認知があり，また，「ある一定程度の物質的安定がなければ個人というものは発展し得ない。家屋や庭園を所有することの精神健康上の価値もまたそこにある」という主張も持っていたということですー
〈そうですね，まず，患者さんの治療・成長といっても，まず今どんな生活をしているのか知ることが大事ですからね？〉
ーええ，だから，私は，予診の時，たいてい患者さんの１日の生活を聞いておくよう，スタッフに指示をだしているんですー

〈それはそれとして，ユングはこの貧乏な時代のことについてどう言っているんですか？〉

－自伝では「私はこの窮乏時代のことを決して忘れないだろう」と述べ，何でもない物を大切にすることを学んだことと，その例として，1箱の煙草を1年かけて吸ったということも紹介されています－

〈やはり，治療も人生も，まずは物質的安定からですね？〉

－それは，そうでしょうけど，それだけにこだわらない方がいいでしょうね。ただ，ユングの一言は重く響きますよ－

### ｃ．精神医学へ進む決心

### ①クラフトエビングの精神医学教科書の啓示（精神病は人格の病）

〈まあ，ユングは，このように貧乏で苦労したんでしょうけど，結構学生生活を楽しんだのでしょう？〉

－それは，もうよく遊びよく学び，よく友達と付き合い，学生生活を満喫していたようです。猛烈ぶりは勉強にも現れ，医学部の課程を5年間で終えてしまうんです－

〈その点に関しては，ユングの優秀さをよく示していますが，今度は精神医学を選んだ事情について話してください〉

－自伝によれば，ユングは大学病院の先輩（ユングはその先輩に惹きつけられていた）に内科の助手を勧められたらしいのです[201]。

　ところが，クラフトエビングの精神医学の教科書を読み，「精神病は人格の病い」という記載を見て，一種啓示のような閃きを受けたとのことです。そして，クラフトエビングが「人格の病」に対して全人格を持って立ち向かうという点[202]にも共感し，ユングは精神医学の魅力にすっかり取りつかれてしまったとのことです（ユングは，その後の『統合失調症の心理[203]』で，精神医学は，病める心と医者の心との間の対話であると主張し，また妄想や幻覚が人間的な意味を持っていることを示そうとした，と述べてい

ます）。このことは，よほど，ユングを感激させたらしく，80才の誕生日のBBCのインタビューでも，「人格の病ということばで核心に触れたと感じた。そして精神医学の中に，私の哲学的興味と，自然科学と医学とを統合する可能性を見いだした [204)205)]」と述べています－

②精神医学に進んだのも自然の流れか？

〈本当に，その教科書だけで運命が決まったんですか？〉

－エランベルジェによりますとその前から精神医学は彼にとって親しい存在ではなかったかと疑問を述べています。祖父のカール・グスタフ・ユングは精神薄弱児に深い関心を寄せていたし，父もある精神病院の礼拝堂の牧師だったということです－

〈そうでしょう。だから，前から，精神医学には関心があったんですよ。それにこんなに夢や霊魂や心理学・哲学などに関心を持っていたら，精神医学以外に考えられないんじゃないですか？だから，このクラフトエビングの教科書の啓示体験も，ユング流に大げさに神秘めかして述べられているだけで，この教科書との出会いがなくても精神医学へ行ったのではないんですか？〉

－ただね。その当時の精神医学は，症状と病名の羅列みたいなもので，必ずしも面白いものではなかったし，またかなり医学の中では亜流だったのです。内科に行くほうがよっぽど出世街道を上れたらしいので，この二つの点でユングは悩んではいたような気がします。そんな時クラフトエビングの教科書が彼の決断を助けた [206)] と思われますので，やはりこの啓示体験は，ユングの真実の声であり，感動的なものであったように思いますが－

〈まあ，そこの点の真偽を追求してもあまり生産的ではないですね。ただ，いずれにせよ，ユングが，精神医学に来てくれたおかげで，これだけの魂の探求が可能になったのですから，我々にとってはよかったことですよね [207)208)]〉

－そうですね。いずれ，誰かが探求していたかもしれませんが，
ユングが内科に進んでいて，統合失調症の患者と会う機会が余り
なければ，精神世界の研究や治療は違った展開になったかもしれ
ませんね－

## 参考文献

1) H. エレンベルガー「無意識の発見、上・下」木村敏・中井久夫監訳，弘文堂，1980。ユングの部分は，山中康裕の訳で下巻に収められている。

2) このユングの系系については，主に文献 1) を参考にした。

3) ギムナジウムとは，ドイツの伝統的な中等学校に当り，元来は古典語・古典的教養を重視し，大学に接続するための学校である。

4) ユングの幼少年時代から治療者として活動するところまでは，主として以下の文献を参考にした（文献 5 から文献 36 まで）。

5) C.G.Jung:Erinnerungen.Traume.Gedankenvon C.G.Jung,Aufgezeichnet und herausgegeben von Aniela Jaffe,Walter 版，1999。この書は「思い出，夢，夢想」と訳されている，ユング自伝のドイツ語原典である。

6) Memories,Dreams,Reflexions,by C.G.Jung. Recorded and Edited by Aniela Jaffe,Vintage Books Edition,April 1989
筆者の所有しているこの英語版自伝は，もともと Random House の子会社の Pantheon Books が 1961 年に初めて出版したものである。

7) ユング「ユング自伝」ヤッフェ編，河合隼雄・藤縄昭・出井淑子訳，みすず書房，1978

8) このユング自伝にはいろんなエピソードがある。以下，村本詔司とリチャード・ノルの助けを借りて（文献 9 と文献 34 による）それを明らかにする。
①ユング自身が，内的真実を大事にして，外的に事実かどうかを軽視するところがあったので，初めから，ユング自伝は主観的な要素が強い。
②ノルによればユングは女弟子ヤッフェを相手にし，自分の思い出を口述筆記させた。その時，ユングはトニー・ウォルフのことなど，いろんな私的なことも語ったはずなのに，ヤッフェが勝手に削除したりして，自分流に編集した（文献 34 より）。
③その時の「Memories,Dreams,Reflexions」は，Random House 版としてまず英語で出版された（1961 年）（これが，Pantheon Books である）。
④ 1962 年に，ドイツ語版が，Rascher-Verlag 社から出版された。文献 29 によれば，ドイツ語版の方が，原典に当るとされている。
⑤日本の「ユング自伝」の翻訳は，③に基づいて翻訳された。もっとも，この訳は④を参照しながら行われたとのことであるが，村本の文献 9 を読めば，英語版はドイツ語版に比べ省略されたりしているところが多く，日本語の訳もその英語版の限界をひきずっているとのことであった（このことがわかったのは，わざわざ文献 9 を送って頂いた村本さんのおかげである。深く感謝したい）。
実際，文献 5 には載っているのに，文献 7 で省略されてあるところが何ヶ所かある。例えば，学生時代のアルバート・エーリとの友情や，学生遊愛団体ツォーフィンギアに加わった個所などが，文献 7 の「ユング自伝」では抜けて

いる。また、それだけでなく，文献 7 の「ユング自伝」は理解しにくいところが何個所かあった。一例をあげると，ギムナジウム時代の哲学史を勉強していた個所であるが，英語版の「The Schoolmen left me cold」（ドイツ語原典では「Die Christliche Scholastik lie mich kalt」である）が，文献 7 では「学校の教師たちは私を冷淡に放置し」と訳されている。ここは，ユングが，生命の息吹を感じたマイスター・エックハルトに比較して，体験の伴わない中世キリスト教神学を述べているところなので，ここは「スコラ神学者たち（スコラ哲学者たち）は私には冷たく感じられた」と訳す方が自然ではないだろうか。さらに英語の schoolman は，確かに小文字であれば，教師でいいのだが，大文字の Schoolman は，スコラ哲学者を意味する。こういう幾つかの事情もあったのか，筆者はユング自伝でわかりにくい所が多く苦労していた。そのほとんどは筆者の理解不足によるものだと思うが，ただ，伝え聞いたところでは訳者の一人である河合隼雄自身が，何年も前から,「ユング自伝」の改訂の必要性を言っていたらしい。早く実現することを願う。この第 1 部「治療者ユング」は，随分，自伝の邦訳からの引用が多くなるが，引用に際しては，そのまま使わせてもらったり，要約したり，筆者の主観が入ったり，他の伝記作者の訳を借りたり，ドイツ語版（文献 5)や英語版(文献 6)から直接訳したりと多様な形の引用であることを断っておく。ただ，いくら邦訳がわかりにくいとはいえ，それでもかなり参考にさせて頂いたので，訳者の方々には感謝したい。

9) SHOJI MURAMOTO : COMPLETING THE MEMOIRS,Spring,1987

10) 河合隼雄「ユングの生涯」レグルス文庫， 1978
   自伝の中の主要な部分を簡潔にまとめ,著者自身の解説もあり，ユング自伝を読みやすくしてくれている。

11) バーバラ・ハナー「評伝ユング I , II」後藤佳珠・鳥山平三訳,人文書院, 1987 。ユングに密着していた彼女の「評伝」は，相当詳しくユングの生涯や行動を追っており，自伝を補ってくれる。

12) M‐L・フォン・フランツ「ユング−現代の神話」高橋巖訳，紀伊国屋書店,1978 。フォン・フランツの「ユング」は伝記というより，ユングに起きた現象（ファルロスの夢，大聖堂破壊のビジョン，石とのエピソード等）の一つ一つに焦点を当て，彼女なりに神話，錬金術，グノーシス，神秘学などの記述に多くを当てている。何か，ユングの体験を基に，能動的想像法や拡充法を試みているように見える。

13) アンソニー・ストー「ユング」河合隼雄訳，岩波現代選書， 1978 。ユングにおける孤独の価値を強調している点は注目に値するものである。事実，ストーは，心の病の治療で外的適応や人間関係の達成が重視されるのに対し，孤独の価値を重視した著書を書いている（文献 14)。

14) アンソニー・ストー「孤独」森省二訳，創元社， 1994

15) E. A. ベネット「ユングの世界」萩尾重樹訳，川島書店， 1980

ユングの親友で親友でなければ書けないようなユングの人柄の紹介，ユングがナチスのブラックリストに載せられていたこと，フロイトが実は，心の非個人的要素（即ち，普遍的無意識の要素）を知っていたこと，等が記されている。

16) E. A. ベネット「ユングが本当に言ったこと」鈴木晶・入江良平訳，思索社，1985。ユングの主要な思想を，誰にでも理解できる語り口で紹介している。

17) G. ヴェーア「ユング伝」村本詔司訳，創元社，1994。筆者が知るかぎり，一番大部のユング伝でユングの深層心理学を，神秘主義，キリスト教的グノーシス，中世の錬金術，といった関連から見ていこうとしている。

18) アンソニー・スティーヴンズ「ユング、その生涯と心理学」佐山菫子訳，新曜社，1993。彼はイギリスのユング派分析家で，本書は「ユングの生い立ちを児童期から段階を追って辿りながら，それを分析家としての著者が分析し，そこからいかにユング心理学の全体系が出来上がっていったかを跡づけている点で，大変ダイナミックでユニークな書物となっている」と評されている。

19) アンソニー・スティーヴンズ「ユング」鈴木晶訳，講談社，1995
ユングの治療実践の本質的部分（弁証法的対話，治療者と患者の対等性，普遍的真実の探求，物語の重要性，創造行為としての病，患者の発達課題の探求，傷ついた医者の治療力，患者は個性化の候補者という見解，元型の欲求不満を正し対立物の間の新たな均衡を探求すること等）が書いてあり，治療上，役に立つ。

20) 河合俊雄「ユング，魂の現実性」現代思想の冒険者たち 03，講談社，1998。ユングの神秘主義は「魂の現実性」に忠実であるからとし，又，魂を実体化せず魂は関係性の機能であるとしている。又，心理学は，避けられない実体化とそれを見通していくことを繰り返して行く運動なのであるとし，元型は単なる構成概念や説明概念ではなく，それがイメージのリアリティー，魂の現実性を表しているとしている。錬金術では物質の中に閉じ込められている精神の救済が課題になるとし，物質やそのイメージの個性化・自己実現の重要性を指摘している。本書は，重要な事象を深く考察していこうという態度で貫かれている好著である。ユングの治療に関しては，治療的な現実性に正直でいようとしたこと，またユングの事例報告が簡潔すぎる理由として，プライバシーの配慮の他に，事例の本質により注目したこと，患者の人間というレベルではなく，イメージや象徴といった魂の次元でかかわろうとしていること，患者個人よりその中の魂の出来事に関心を持ったためであるということを挙げている。

21) 総特集「ユング」現代思想 4，青土社，1979。この中に，小林秀雄がすでに1961 年にユングの重要さを認め「ユングの分析は，賢者のような詩人のような一種言い難いニュアンスを帯びている。…それは，心理学は，もういっぺん初めから心理という対象をつかまえ直さねばならないという彼の考えに基づいている。…ユングはフロイトが未だ拘泥している科学者の自負をきっぱり捨てて見せる。もし人の心が，内省によってでしか近付けない，何物かであり，経

験的悟性を拒絶した存在であることを徹底的に承認し直すならば，心理学者は所謂科学的方法という因習に気付くだろう。そうなれば，心理学と哲学が切っても切れぬ縁があることを，容認するのに何の気兼ねもいらないはずである。いや，両者が協力しなければ，事は決して運ばない。そう，彼は考えている。それは心理学説ではない。学説を提げて，人生に望む態度である」と述べている点である（高橋英夫「ゼーレ雑感」より）。

22) 「特集 =C.G. ユング，元型の神話学」エピステーメー，朝日出版社，1977，5。フロイトの追悼文である「ジグムンド・フロイト」(1939) や「フロイトとユングの対立」(1929) が収録されている。

23) 鈴木晶「無意識の世界，フロイトとユング，上・下」NHK 文化セミナー・心の探求，日本放送出版協会，1997，1998。フロイト，アードラー，ユングの考えがわかりやすくまとめられている。

24) 林道義「図説ユング，自己実現と救いの心理学」河出書房新社，1998。これは，スイスの景色や，ユング関係の図版や写真などが詰まっており，見ているたけで，夢幻の世界に誘ってくれる楽しい本である。

25) A. ヤッフェ編「ユング，そのイメージとことば」氏原寛訳，誠信書房,1995。マンダラや錬金術等に関する図版が多数載っている。

26) 山中康裕「臨床ユング心理学入門」PHP 研究所，1996。著者自身の臨床経験が記されているのが貴重あるので，実際にユング心理学がどのように治療に応用されるのかが理解できる。

27) 氏原寛「ユングを読む」ミネルヴァ書房，1999。ユングを読むときの便利な手がかりになる。

28) ユング心理学資料集刊行委員会編「ユング心理学資料集」山王出版，1990 年度版 ( ユングの著作と業績の整理に便利。川戸圓の，ユング研究所留学費用の文も参考になる。)

29) 大住誠，田島薫美「ユング」FOR BEGINNERS シリーズ，現代書館，1993。これは，イラストと漫画の多く入ったユングの生涯と思想の紹介である。

30) マギー・ハイド，マイケル・マクギネス「ユング」村本詔司訳（知的常識シリーズ①）心交社，1993

31) 村本詔司「ユングとゲーテ，深層心理学の源流」人文書院，1992。ユング心理学の思想的原理の歴史的解明が主である。

32) コリン・ウィルソン「ユング-地下の大王」安田一郎訳，河出書房新社,1985。ユングが典型的なロマンティストであったという視点で貫かれている。

33) 懸田克躬「ユングとフロム」( 世界の名著「ユング，フロム」所収，中央公論社，1979) 「ユングの神話は冷たい科学者の目にはフィクションとして映るかもしれないが，フィクションが時に事実よりも深い真実を伝えることを我々は知らねばならない」と述べられている。

34) リチャード・ノル「ユングという名の〈神〉，秘められた教義と生」老松克博

訳，新曜社，1999。本書は，ユングの影を余すところなく描いている。ユングの男性恐怖の原因として，18才の時に50才男性から性的な関係を迫られたこと，フロイトと同じくらい影響を与えた人物として，オットー・グロス（精神分析医でユングの患者），シュピールライン（1904年にユングの患者になり，のち彼との愛と離別を体験し，彼女はフロイトのグループに加わって精神分析活動を続ける），トニー・ウォルフ（ユングの弟子・愛人でユング家で永く住んだ）とユングとの関係が詳しく記載されていること，トニーやザビーナ以外に，ルース・ベイリー（アフリカの旅の途中で知り合い，関係を持つ）やマリア・モルツァー（オランダ人看護師で，1910年にユングのサークルに参加し，英語圏の患者の分析に当たったとのこと）の5人と性関係を持っていたこと，又，聖なるボーリンゲンの塔は，トニー・ウォルフとの享楽の場所であったということ，太陽ファルロスの元型説の根拠になった患者シュヴィーツアーに関する捏造，短期間ながらもナチズムの可能性を信じていたこと，ユングの弟子の何人かがナチス党員になったことなどが書かれている。ただ，この本は単なる暴露趣味のものではなく，ユングの実像にいくらかでも迫り，ユング理解を深めたいという気持ちで書かれている感じが伝わってくる。その証拠に「(この時期の)(1910年代頃)ユングの治療哲学で最も賞賛に値することのひとつは，患者に対する知的教育の重要性を説いた点であった」とユングの治療上の最重要点の一つを押さえることを忘れてはいない。そして，本書は，単に隠されていた多数の情報を明るみに出したという以外に，一つの理念（ユングはユダヤ・キリスト教文明に対して，アーリア・ゲルマン系の文明の価値を強調したかった）をユングは主張したかった，と言っているようである（だいたい，本諸の原題が「APYAN CHRIST」というぐらいである）。また，このような一見アンチ・ユング的な書を，わかりやすい訳文で紹介してくれたユング派分析家の老松氏の誠実さと勇気に感謝したいと思う。これがユング派から訳されたということは，相当ユング派が自由に討論できる幅広い許容度を持っているということなのか，それとも老松氏の人柄のせいか，どちらかわからないが，ともかくも，この訳が出たことを嬉しく思う。今後のユング研究は，氏も言うように，このような貴重な資料で一杯の本書抜きでは考えにくいだろう。これは「リアル・ユングの書」といった方が正確なのかもしれない。ただ，かなり，執念深そうに見えるノルも，「太陽ファルロスの男」シュヴィーツアーのその後の運命，治療経過については事実を追ってくれていない。私としては，シュヴィーツアーの入院理由，それまでの歴史，どのような治療がなされたのか，その結果はどうだったのか，彼の運命はどうなっていったのか？太陽のファルロスは彼にとってどんな意味を持っていたのか，彼の意識にそれを統合し彼の治療に役立たせることはできなかったのだろうか？ホーネッガーやユングのことを，彼はどう見ていたのだろうか？逆にユングやホーネッガーは，彼の治療や処遇をどう考えていたのだろうか？ここは治療者ユングより，研究者ユングが先行し

ているのだろうか？といったいろんな疑問が湧いてくる。いずれ，この疑問も明るみに出るときが来るだろう。

35) マギー・ハイド「ユングと占星術」鏡リュウジ訳，青土社，1999

36) Shamdasani,S，1990，「A Woman Called Frank」in Spring Journal.

37) 文献 10, 11 によれば，ジョイスは，スイスのことを「精神（霊魂）の自然公園」と呼んだとのことである。だから，世界に対する基本的信頼感とスイスで生まれ育ったということは無関係ではないだろう。

38) E.H. エリクソン「幼年期と社会，1，2」仁科弥生訳，みすず書房，1977

39) R. スピッツ「母―子関係の成り立ち」古賀義行訳，同文書院，1965

40) 平井孝男「境界例の治療ポイント」(創元社，2001 年) に，筆者の体験した例を載せてある。

41) アニマとは主要元型の一つで，「男性の中の内なる女性像」のことである。

42) アーヴィン・D・ヤーロム「ニーチェが泣くとき」金沢泰子訳，西村書店，1998

43) 河合隼雄「明恵，夢を生きる」京都松柏社，1984

44) フロイトは確かにこういう連想をしたかも知れないが，これ以外にもっと他の連想もするし，性だけにこだわったようには思えない。

45) 鈴木も文献 23 で同じことを述べている。

46) 特別な能力や敏感さが，症状となるか，創造的なものとして生産的になるかは大変重大なポイントで，ここに治療の重点が置かれることになる。「症状の治療的利用」というのは，目標としてはいいけれど簡単なことではない。

47) ユング「ミサにおける転換象徴」(1942) 村本詔司訳（ユング『心理学と宗教』所収，村本訳，人文書院，1989）(全集 11 巻)。

48) 文献 25 に，アッティスの名を刻んだ，男根形の石柱（今は里程標になっている）の写真が載っている。アッティスからは，死と再生，ファルロスに見る豊饒さ・エネルギーと悲劇性を感じさせられる。

49) 必ずしもそうでなかったことが，後の事例を見ればわかってくる。ユングはもちろん，他の治療者と比べて治療に熱心だったとは思うが，常時忍耐強く接するというのは人間業ではない。

50) これは，必ずしもユングに盲従していたことを指すのではない。文献 51 によると「絶えず成長・発展していくユングの思想に対する彼女の冷ややかな態度が非難された」と書いてあるから，ユングに対しては両価的な気持ちを持っていたのだろう。

51) マギー・アンソニー「ユングをめぐる女性たち」宮島磨訳，青土社，1995

52) ユングは患者と私的関係どころか，性的関係を持っている。「臨床心理士倫理綱領」では「臨床心理士は，来談者または関係者との間に私的関係を持たないこと」となっているから，表面だけ見れば，ユングは多くの倫理違反をしているように見える。しかし，倫理に違反する行為というのは，本来「人を傷つけ

る行為」のことを指す。ユングは私的関係になっても，あまり，女性たちを傷付けなかったのではないか？（シュピールラインの場合はかなり微妙だが），あるいは傷付けたときがあったとしても，それに対する責任をとろうとしたのではないだろうか？文献51は，ユングと接した女性の中で，長寿を保った人物｛例えば，フォン・フランツは85才，ヨランデ・ヤコービは83才，エスター・ハーディング（イギリス生まれの女医で，ユングと共に仕事をした後，ニューヨークで最初の分析心理学クラブを開設した。主著「女性の神秘」は，精神面における女性解放運動の基本書の一つである）は83才，バーバラ・ハナーに至っては95才である｝を挙げ，「彼女たちの生の秘密は，もしかするとユング自身と彼女たちとの関わりの中にあるに違いないという結論に達しざるを得なかった」「何れの場合でも，彼女たちはユングとの関係によって，きわめて深いレベルで自らの生を営むことができたのであり，初めて自分たちを重要なものとして扱ってくれたその男（ユング）の死後も，彼女たちの夢や幻像が彼女たちを支えてくれたのである」としている。これだけから，考えると，ユングはクライエントと私的関係になることによって，むしろ彼女たちを生き生きさせていったとも言える。これから見れば，倫理違反どころか，倫理に則った行為だとも言える。また性的関係にしても，妻以外の女性と関係を持つことを，常識では「不倫関係」と呼ぶわけだ が，倫理の基本が「人を思いやり，人を傷付けない」ということであるとしたら，ユングの性行為は，変な表現だが「有倫関係」と言えるかもしれない。もちろん，これには反論もあるだろう。例えば，シュピールラインの場合や他の女性の場合でひどく傷つけた例はあるのでは？とか，トニー・ウォルフのことでエンマ・ユングは真実の気持ちを語ったのか？とかいろいろ出てくるだろうが，それはまた別の機会にゆっくり考察したいと思う。ただ，クライエントとの関係で私的関係を持たないようにと，倫理綱領が言っているのは，多くの場合，私的関係が治療者・患者関係を破壊し，患者を傷つける可能性が高いからである。文献53によれば，「（治療者との関係で）性的被害にあった患者の90%が深刻な後遺症に悩んでいる」（米国の場合）とのことである。この議論は，今後も続けなければいけないが，とりあえず，筆者は，倫理違反とは，「私的関係，性的関係を持った」という表面的なものではなく，「不必要に相手を傷つけた」行為のことを指す，と考えている。ただ，この場合も，傷とは何か？，ユングが私的な関係を持った時，それは治療中であったのか？治療が終わっていて，治療者の責任性が無くなっていて，むしろ仲間や指導者としての責任を果たさなければと考えていたのか？クライエントと元クライエントというのはどこで線が引けるのか？私的関係といっても，いろいろで，例えば性的関係のような私的関係をどう考えるか？といった問題がただちに生じてきて簡単に行くものではない。

53) 村本詔司「心理臨床と倫理」朱鷺書房，1998
54) Jungfrau とは，ご存じの様に，スイスの有名な山（標高4158メートル）で，

もともとの意味は，処女ということである。ここではもちろん，ユングと女性（Frau）たちのことを指すのだが，ただ，この語を「ユングの女」「ユングの愛人」「ユングの妻」と取るか「ユングと接することにより生き生きとした自己実現を成し遂げた女性たち」と取るかは，人それぞれであろう。ただ，筆者は，個人的には，この言い方はあまり好きではない。

55) この④のファルロスの記述は，主に文献 11 の第 1 章「地下の神」からの引用に頼っている。

56) ただ，問題となるのは，いつもいつも難事例を引き受けられるのかどうかということである。大事なことは「安請け合い」もいけないが，「絶対難事例は引き受けない」という頑固な姿勢も，治療者として伸びる道を塞ぐということである。

57) 秘密は，確かに宝物として治療的であることが多いが，逆に秘密が重荷になる時もある。例えば，患者が自分の（病的）体験を，否定的で罪悪のように感じている場合が，それである。こんな時，治療者が秘密を共有し，その体験が人間にとって普遍的なもので，又貴重な体験であったというようにとらえ返せれると，再び，その秘密は，重要人物（例えば治療者）に見守られながら，宝物として甦るのである。

58) 土居健郎「統合失調症と秘密」「統合失調症の精神病理 1」東大出版会、1972

59) 第 1 章文献 5 参照

60) 宇宙論のこと。このコスモロジーにユングの魅力と危険性があるように思える。

61) 普通、主体の逆転というと，治療者という主体が，対象である患者の立場に立って見るということで考えられることが多いし，これはこれで治療上，意味があるのは，間違いない。 ただ，この時，対象が人間ではなく，物であってもいいと思う。例えば，服薬についてだが，「薬」を主体にして考えてみると，「薬は，服用により，我々に，恩恵をもたらす」という発想もできる。そして，さらに連想を広げ，薬が主体としての魂を持っているとするなら，「薬は，自分の魂が服薬によって生かされることを，願っている」とも展開できる。そうすると，当然，薬の魂を生かす薬の使い方が必要になり，それは引いては治療関係の信頼性や，患者の正しいものの見方（薬を恐がり過ぎもせず，過大な幻想をもたず，作用・副作用を適切に評価する）といったものが，要請されてくるのである。これは正に治療に通ずる。ただ，主体の逆転という時，逆転以外にどちらも主体という事態も生ずる。そして，このように，自由に主体というものを移動させたりする力は，もちろん治療的な芽生えとなるのだが，どこにいま主体があり，対象との関係はどうなっているか，といったことに常に気付いている第 3 の存在（仏眼のような存在だが，これも主体か？）が，真の治療には必要である。この気付きがないと妄想に振り回され，自分が神になったかのような言動を不必要に繰り返すことにより，自我肥大のようになり患者としてのレッテルを貼られてしまう。逆に気付いていると，自己の中で妄想を活力源，

あるいは警戒信号として利用できるのである。

62) ユングは「赤の書」（文献 63 参照）で，インドの創造神を描いているし（文献 24,25 にそのきれいな図版が載っている），また 1938 年には，実際にインドを訪れ，その時の感動を文献 64 に記している。「赤の書」は 2010 年，創元社より河合俊雄，他の訳で出版されている。

63) ユング「赤の書」（私家版）より。文献 24 によれば，フロイトとの別れの後の引きこもりの時期に，ユングは多くの内的対話をしたが，この時の夢や空想やイメージを「黒の書」というノートに書き留め，そのイメージの絵を「赤の書」と名付けたノートに描いたとのことである。赤の書にはユング自身のマンダラも多く描かれている。その後，内的対話の相手であるフィレモンによって述べられたことを「死者のへの 7 つの語らい」という形で発表しており，それは自伝の付録についている。また「赤の書」に対する補遺は，ドイツ語版の文献 5 に収録されている。又，老松克博「アクティヴ・イマジネーション」誠信書房，2000，によれば，ユングは自分のイマジネーションの記録ノートであった「黒の書」を，自分のアナリザンドに見せ，同じような記録ノートを作るように強く勧めたとのことである。

64) ユング「インドの夢見る世界」（「ユングの文明論」所収，松代洋一編訳，思索社，1979）（全集 第 10 巻所収）

65) D.W.Winnicott「情緒発達の精神分析理論」牛島定信訳，岩崎学術出版社，1977

66) 辻先生からの私信

67) N．シュワルツ・サラント「境界例と想像力」織田尚生監訳，金剛出版，1997

68) D.W.Winnicott「遊ぶことと現実」橋本雅雄訳，岩崎学術出版社，1978

69) 壮子「内篇，斎物論」（諸橋轍次「中国古典名言集⑥」講談社学術文庫所収），1976

70) 大正新脩大蔵経第 9 巻「華厳部上」高楠順次郎編，大蔵出版，1978。この後の部分のおおよその意味は，「一つ一つの微塵のような極小の物の中に，広大な全部の仏の世界が安住しているということ」であり，「一つの物や現象は，あらゆる多くのそれらと同じであり，また多くの事物・現象は一つに帰する」ということであろう。この中に，世界のあらゆるものは目に見えない縁で結ばれているというのを強く感じ，一つ一つの区別は大事だが，その区別を超え，一つのものは決して一つだけではなく多くのものに支えられているということを思う。

71) ラピスに関してはいろんな解釈があるが，一つとして自己実現と個性化のことや治療目標や対立物の結合と考えてもいいだろう。

72) 最近，久しぶりに飛鳥を訪れ，これらの石を見て，以前とは違った味わいを持てた。文献 73 によれば，飛鳥のこれらの謎の石は，イランのゾロアスター教の影響を受けているということで改めてユングに親近感を抱いた。というの

は，ゾロアスターは，ユングが深く研究したツァラツゥストラのことで，「ツァラツゥストラ」は，普遍的無意識の宝庫と言われているからである。また文献74は，ゾロアスター教とグノーシスの影響の濃いマニ教について，紹介してくれている。

73) 松本清張「ペセポリスから飛鳥へ」日本放送出版協会，1979

74) 山本由美子「マニ教とゾロアスター教」山川出版社，1998
ユングが一時研究に没頭したグノーシス思想の一つとしてマニ教があげられる。文献74によれば，マニ教の開祖マーニーは，父母のゾロアスター的伝統を継ぎながらユダヤ教とグノーシス主義的教養をあわせもち，仏教やヒンドゥー教の教えもとりこんだとされている。ここでも，ゾロアスター教とグノーシスのマニ教とを介して，飛鳥の石とユングのつながりを感じた。

75) 結局ユングはこのギムナジウムに9年間（11才から20才頃まで）いたことになる。

76) 大沼忠弘「数の深層，マリアの公式を巡って」，「夢と象徴の深層」有斐閣，1984

77) 第1章文献30を参照のこと。その「癒し」の項によれば「患者が自己治癒力を分析家に投影するとしても，後に投影を引き戻すようになることが理想的である。分析家は自身の傷ついた経験を患者に投影し，情動的に患者を知ろうとする」となっており，深い共感のためには，治療者（分析家）自身の傷つきが必要であるとしているようである。事実，その項では，文献78の「傷ついた治療者があらゆる治療の専門家に必要であり，このような仕事に携わるうえでの資格でさえあるという可能性は，ますます確実になってきている」という部分を引用している。

78) Ford,C(1983)The Somatizing Disorders;Illness as a Way of Life,Elsevier,New York.

79) 河合俊雄は，文献20で，この点に関し，「神経症の特徴は，あるファンタジーを創造しておきながら，それがファンタジーであることを忘れ，ファンタジーであったはずのものを『現実』として固定してしまう所にある」とし「父の言葉を、(ユングの) 魂は神経症から治るために利用した」と続けている。これは，全く正しいのだが，ユングのように「神経症になったり，神経症を夢想のために利用したり，神経症から自力で脱したりできる人」と，「自分の作り出したファンタジーに固定化され，それに気付けず，いつまでも神経症に釘付けにされている人」との差は，かなり大きいのである。だから，この差の解明と，それを埋める作業，あるいはその差を気付かせる作業といったような営みが要求されてくるのであるが，それが実際は大変困難なことなのである。

80) 渡辺学「ユングにおける心と体験世界」春秋社，1991 参照のこと。
ここを見ると，父の弱さが，父自身のパーソナリティだけでなく，その時期の時代的背景を背負っていたことが理解できる。

81) ユング「ヨブへの答え」林道義訳，みすず書房，1988（全集第11巻）

82) 第1章文献30参照

83) タビストック・レクチャーのことである。これが，本としてまとめられたのが，文献84である。

84) ユング「分析心理学」小川捷之訳，みすず書房，1976。これは，ユング心理学のポイントを知る上での大変便利な好著で，事例が沢山載っているのも良い。

85) ユング自身の能動的想像については，自伝の中の「無意識との対決」に詳しく載っている。また，能動的想像法に関してユングはいくつかの個所でそれに触れているが，纏まって詳しく述べているわけではなさそうである。この能動的想像法について，さらに詳しく知りたい人は，文献85と文献86を参照するといいだろう。また，老松の「アクティヴ・イマジネーション」も，わかりやすくその方法を紹介しているので，とても便利である。老松によれば，この技法は「ユング心理学最強の道具」（フォン・フランツの言）であり，ユングの分析心理学の根幹とされながら，今まで，日本ではあまり紹介されたり，研究されたりすることがなかったという。またイメージというとどうしても無意識重視の受け身型になりがちだか，彼はアクティヴという言葉に見られるように自我の関与のあり方を重視したいと述べている。ともすれば，合い反する自我とイメージの統合や，双方が共に強化・深化されることを，筆者は願うものである。さらに本書では，最近訳された「ヴィジョン・セミナーⅠ，Ⅱ」（老松，氏原監訳，創元社）などが紹介されていて，これも興味深い。

86) J.M. シュピーゲルマン「能動的想像法―内なる魂との対話」河合隼雄，町沢静夫，森文彦訳，創元社，1994

87) バーバラ・ハナー「アクティヴ・イマジネーションの世界，内なるたましいとの出会い」老松克博，角野善宏訳，創元社，2000。この書は，現代と古代・中世の6事例をとりあげ，相当詳しく，能動的想像法について言及している。また，解説で老松が「性とお金で妄想をたくましくするのは，実に大切なことで，この種のイマジネーションを雑念などと称しては，ほんとうにもったいない」と言ってくれているのは，煩悩多き俗人の私などには大変有り難い。

88) ここの個所は，文献31からの引用であるが，正確には，村本は「精神分析が教えるように，糞は，子供の最初の創造物であり，…」というように記述している。

89) しかし，この「症状を生かす」というのは大変困難なことでもあるし，いたずらに症状を長引かして，患者に不必要な苦しみを与えるのも，また問題ではある。

90) 第1章文献5参照

91) 文献22の中の大沼だけではなく，フォン・フランツもユング自身（文献91参照のこと）も数の神秘性を研究している。

92) ユング「数の夢の意味について」（1910）（全集第4巻所収）で，ある男性患者の妻の興味ある分析を行っている。

93) ここには，ソクラテスが，相手から受けた質問をそのまま答えるのではなく，相手に考えさせることで，より高度な認識を深めさせている個所が示されている。ソクラテスの産婆術と呼ばれるものだが，仏陀の応機説法と同じである。なお，ソクラテスの問答法の特徴がよく現れているところは，文献 94 に見られる。

94) 田中美知太郎編「プラトン I」（世界の名著，中央公論社，1978）に所収されている「ゴルギアス」を参照のこと。

95) Ｗ. マグァイア編「フロイト, ユング往復書簡集上, 下」平田靖武訳，誠信書房，1978

96) ユング「子どもの夢，I，II」氏原寛監訳，人文書院，1992

97) 辻村公一編「禅の世界」理想社，1981

98) ジェフ・ショア「禅における自己のあり方－ユングと久松真一の問答を解く」高橋信道訳（季刊仏教，No.48，法蔵館，1999，10，所収）。この文献 98 では，前の文献 97 についての論述である。その中で，久松は，精神分析治療の悪無限性を指摘し「真の徹底した治療は一切の病の根を断つことでなければならない」と述べ，「それは，一度に一切を断ち切る頓断によらねばならない」と続けている。また「（ユング教授が）究極解脱の涅槃を肯定し，ことにわれわれは，集合的無意識からさえも解放されることができる，と言われたことは，精神分析者として重大な発言と言わねばならぬ」と述べ，精神分析から禅への道が開け，先の悪無限性の克服が可能となり，精神分析が一歩前進することになる，と言っている。

99) C.G. ユングとの対話（R.I. エヴァンス「現代心理学入門（下）」所収），犬田充訳，講談社学術文庫，1983

100) 孔子は，論語の「衛霊公」の所で，「道不同，不相為謀」（道同じからざれば，相為めに謀らず）と述べているが，これは，目指す道がだいたいにおいて一致していないと，相談すること（謀ること）はできない，という意味だと思われる。

101) 文献 34 で，ノルは「患者を含む誰もが，種々のコンプレックスを抱いており，交代する諸々のコンプレックスと自我の相互作用が，各個人の人格をダイナミックかつユニークなものにするという訳である」と述べた後，「この広く行き渡っている正常者のこころのモデルは，私たち皆が深層においては高度に統合された多重人格だという考えに基づいているのかもしれない」と言っている。

102) だから, ここでいう「医学的な意味での分裂」は，統合性の無さを指すのである。

103) これは，能動的想像法につながっていくのだろう。

104) 全集 20 巻は「総索引の巻」である。

105) 悪の問題は，ユングにとっては，一貫して重大な問題であった。それはファルロスの夢でも大聖堂の破壊のビジョンを，見てもわかるだろう。

106) 悪の意味は多様である。例えば，良くないこと（悪疫，悪徳，罪悪），醜いこ

と。不快なこと（醜悪，俗悪），劣ること（粗悪），たけだけしく強いこと（悪僧，悪源太）など様々である。以上から，私が感じた連想は悪は相当根源的で深いものを有しているということであるが，総じて悪からは，闇と影と無意識の感じを多く受ける。これから，考えた時，悪は人間の生活に必ず含まれているもので，悪の根絶という不可能な幻影を目標にするのではなく，この悪と如何につきあい，如何に折り合いをつけ，如何にこの悪を生かしていくか（悪には変革へのエネルギーも含まれている）といったことが，生きる上でも治療上でも大事なことだと思った。

107) 実際，「ファウスト」は，ファウストと悪魔（メフィストフェーレス）の対話録と呼んでもいいような感じを受ける。そして，この対話はかなり深く，ユングが言うように，これほど真剣に悪魔（即ち悪）をテーマにしたのがゲーテであったと，考えても不思議ではない。

108) だまされるとは，もちろん，ファウストがメフィストフェーレスと簡単に契約を結んだこと（あるいは賭けをしたこと）を意味する。この契約（賭け）は，以下のようになっている。以下は，文献108と109を引用したり参考にして，契約の状況を要約してみた。

　①まず「天上の序曲」で，主（神）が，メフィストフェーレスに向かって「あれ（ファウストのこと）は，今のところは混沌たる気持ちでわしに仕えているが，やがて澄明の境（おそらく，純粋で澄みきった「神への信仰の境地」を指すのだろう）へと導いてやろうと思っている」と告げる。

　②これに対してメフィストフェーレスは，そんなことはできない（あるいはそんなことをさせるものか）と考えたのだろう，主に対して「さあ，何をお賭けになります。もし旦那様（神）が，あの男（ファウスト）を私の道（悪魔の道）の方へ連れ込むことをお許しくださるなら，あれ（ファウスト）を旦那様から奪い取ってごらんに入れますが」と対抗する。

　③それで，神は「あれが地上に生きている間は，それ（神信仰をファウストから奪い取り，悪魔の道へと引き入れること）も，別に差止めはしない。人間は努力する限り迷うものだ」と述べ，続いて「よろしい。では，お前（メフィストフェーレス）にまかせておこう」と言って，悪魔メフィストフェーレスとの賭けに応じる（私の勝手な感想だが，ここはヨブ記を連想させる。どちらにしても，そうだが，神はこういう賭けに応じるとき，いともたやすく悪魔に応じている。どうして葛藤しないのだろうか不思議になってくる。もっとも，「ヨブへの答え」[文献81]では，その辺りの問題性がかなり論じられてはいる）。

　④こうして，メフィストフェーレス（文献110によれば，このメフィストフェーレスという名は「光の友でないもの」「ファウストの友にあらざる者」「破壊者・嘘つき」といった意味があると考えられるが，確かなことはわからないとのことである）は，ファウストに近づく。当時ファウストは中年を

142

越して老年に入った頃（遊んで暮らすには年を取り過ぎたし，何の望みも起こさないでいるには，まだ若すぎる）で，うつ状態と葛藤に悩んでいた。前者に関連した所を拾うと「これまで学問をしたのに，ちっとも利口になっていない」「あらゆる歓びを奪われている」「自信も財産も金も名誉もない」「書物は骸骨に取り囲まれている」「官能は塞がり，心情は死せるなり」「胸の奥に憂愁が巣くう」「福音は聞こえるが，自分には信仰がない」といった点である。一方後者の葛藤に関しては「おれの胸には二つの魂が住んでいて，それが互いに離れたがっている。一方の奴は逞しい愛欲に燃え，絡み着く官能を持って現世に執着する。他のものは無理にも塵の世を離れて，崇高な先人の霊界へ昇ってゆく」といった次第である。だから，完全にうつ状態に圧倒されている訳ではない。しかし，一種の中年の危機を思わせる。

⑤こういうファウストに対し，メフィストフェーレスは「この世では，あなたに仕え，僕となるが，あの世では反対に，自分の僕になってもらう」という契約を出す。ファウストは「あの世なんか，私にはどうでもかまわない」といって，契約に一応応じているようである。

⑥ただ，ファウストは，ここで，契約だけでなく，メフィストフェーレスにある賭けを提示する。これは「私（ファウスト）が，ある瞬間 (der Augenblick) に対して，留まれ，お前はいかにも美しい，と言ったら，もう君（メフィストフェーレス）は私を縛り上げてもよい，もう私は悦んで滅びよう。……私の一生は終わりを告げる」といった賭けである（文献109も述べているように，「瞬間」は，ゲーテにとっても，ファウストにとっても重大な概念である。私なら，華厳経に見る「一瞬は永遠」を連想するが，いずれにせよ，ファウストは，「美しい偉大な瞬間」を渇望しながら，そんなものは来るはずがない，と決め込んでいるようである。だから，こういう言葉が吐けたのだろう。つまり，もし，この「美しい瞬間」が来たら，メフィストフェーレスに負けて自分は滅んだことになるが，この渇望していた「瞬間」を得られたのだから，勝利でもあるというわけである）。（また，これも文献109を参照して欲しいが，⑤では，契約となりながら，⑥では賭けというように変化している。契約は，当事者同士が，契約に示された条件を守っていくということに主眼が置かれるが，賭けとなると，賭けに含まれるルールもあるだろうが，勝負の色彩が濃くなる。だから，ファウストとメフィストフェーレスの契約には，賭けや闘いの要素も入っているのである。ここから，連想することだが，治療契約もそういう要素があるということである。つまり，治療契約をしながら，そこに「治療者対クライエント」「クライエントの意識対無意識」「治療者の意識対無意識」「人間の健康面対弱点」といったことの多くの要素の勝負が含まれていると言える。逆に言えば，治療は，そういう争いの面が多いからこそ，契約やルールが必要となってくるのかもしれない）。

⑦ファウストのこの賭けの提案に，メフィストフェーレスも応じるが，この悪魔は，しつこいというか念入りというか，ファウストの血で持って契約書にサインをさせ，ここに契約は完了する（この口約束だけでなく，契約書を作ることの詳しい意味は文献109に詳しいが，治療契約に際しても，口頭だけの場合と契約書を作る場合がある。後者の場合はより重症の患者が多いのだが，契約書に意味があるのかどうか，あるとすればどんな意味なのか，といったことの考察は後日に委ねたい）。

以上が，ファウストとメフィストフェーレスの契約成立までの概要である。一つの契約といっても，かなり，複雑なものを含んでいる印象を受けた。

109) ゲーテ「ファウスト，第1部，第2部」相良守峯訳，岩波文庫，1996

110) 村本詔司「ユングとファウスト」人文書院。本書は，大変貴重なもので，私はファウストを読むときに常に横に置いて，助けてもらった。この書なくしてファウスト理解はできなかった，と感じる。また，本書は「西洋精神史と無意識」を副題として挙げているが，まさにその通りで，西洋の表の精神の流れに対して，その影の歴史を詳しく勉強できる。

111) ユングは「ファウストが簡単にだまされ過ぎた」と不満を述べているが，確かに，ファウストは，契約に応ずるまで，それほど激しく葛藤したり，悩んだりはしていない。確かに，④のように二つの気持ちで葛藤しているところはあるが，それはメフィストフェーレスが登場する前の気持ちで，悪魔・メフィストフェーレスが契約を持ちかけた時，ためらったりはしていない。むしろ，ファウストの方が，メフィストフェーレスの登場を待っているようである（ファウストが「悪魔を手に入れた以上，めったに放すもんじゃない。そう簡単に二度とは捉まらんからな」と言っている点等は，それを指しているようである）。しかし，だからといって，簡単にだまされたと言えるかどうかというと，これも疑問である。というのは，契約の際，ファウストは「私は軽はずみな冒険をやった訳ではない。停滞したら最後，私は奴隷の身だ」とか「私が，この契約を破りゃしないかという心配は無用だ。私が全力を挙げて努力しいることは，まさにこの約束と一致しているのだ」という形で決意そのものは断固たるものであるからである。ただ，私が，もう一つわからないのは「来世で，悪魔の僕になるということ」の意味である。これは，「来世で，悪魔に魂を売り渡す」ということだろうか？そして，来世と現世を連続的なものだと考えると，現世でも「悪魔に魂を売り渡した」ことになるのだろうか？実際は，現世において，ファウストは超能力者であるメフィストフェーレスを奴隷のように使えるのだが，より深く考えた真実の視点で見ると，立ち場は逆転しているのかもしれない。ここは，西洋人であるゲーテにとって「悪魔の僕」というのが，どれほど大変な意味を持つのか，また「来世の意義」を，どれくらい深く考えているのか，もう少し勉強しないとわからない。また，日本人の私自身も，その意味を深く考察する必要がある。

112) この契約を巡っては，もう一つ，臨床家としての私のファンタジーも述べておく。ファウストは，自分のうつ状態や葛藤の解決の助けをメフィストフェーレスに委ねたようだが，もしファウストが，そういったことをせずに「心の病の治療者」に援助を求めたらどうなるだろうかということである。これは，かなり，荒唐無稽な話かもしれないので，この連想はあまり生産的でないかもしれないが，一応，頭に浮かんだことを述べておく。おそらく私のイメージする治療者は次のようなことを考えるのではないだろうか。

　①ファウストは，どこまで真剣に治療を望んでいるか？

　②治療にどんなことを望んでいるか？

　③もし，ファウストの望みが，心の整理や今後の方針の明確化ということであれば，治療目標に合致するので，ファウストの今までの歴史や物語を，再構成する形で聞いていくだろう。当然，ファウストの両親のことは，話題になるだろう。父のことは少し出ているが，母についてはほとんど記されていない。この点の記載が皆無なのは，ファウスト第2部で「母たちの国」ということが重要になることを考えると，とても面白いが，ファウストはどこまで答えてくれるのだろうか？

　④もちろん，ファウストの成育史や性格形成に至る事情，そしてファウストの性格はどのようなものだったのか？またその性格や人生態度は一定だったのか？かなり変遷があったのかも興味深い。

　⑤そして，最大の問題点，ファウストのうつ状態の始まりはいつ頃だったのか？若いときにもそういう体験がなかったのかどうか？最近だとしたら，急にうつ状態になったのか？徐々にそうなってきたのか？

　⑥うつ状態の背景，原因などについてはどう考えていたのか？

　⑦ファウストは「瞬間」をとても大事にしているが，以前に「瞬間」を美しいと感じた時は，あったのかどうか？美しいとまではいかなくても，日々生きている瞬間を貴重だと思えた時があったのかどうか？（うつ状態にある人は，現在の瞬間を肯定できない人である）

　⑧いずれにしても，ファウストは，今，「瞬間」を美しいと思えていないわけであるが，こういう事態はどうして引き起こされたのか？

　⑨今後，自分のうつ状態や，葛藤や，瞬間を美しいと見れない事態にどうしていこうと思うのか？

　⑩年齢に関してだが，今の年を，「これからゆっくり遊んでいこう。望みは死ぬまで続くから，今の年齢に相応しい望みは何だろうか？」と考えたりしなかったのか？

　⑪ファウストは，こうした心情（うつ状態のような）を相談できる友人達を持っていなかったのだろうか？そうだとしたら，今までのファウストの人間関係のありようはどんなものだったのか？

といったことを焦点にしながら，過去の「ファウスト物語」を作り，未来の「ファ

ウスト物語」へとつなげていくのではないかと思われる。

113) 実際，このメフィストフェーレスは，本当に不思議な人物である。メフィスト
フェーレスの語源的な推測については，すでに述べたが，いずれにせよとても
一言でまとめきれるようなものではない。メフィストフェーレスの不思議さに
ついて，勝手な連想を述べると「うつ状態のファウストを若返らせ，美と愛と
性に目覚めさせるかと思えば，グレートヒェンのような悲劇に追いやる」（こ
こは善を欲して悪を成すという表現になるだろうか）「しかし，ファウストが
突っ走ろうとすれば，理性的に止めようとする」「また，皮肉やからかいをしょっ
ちゅうするかと思えば，励ましたりもする」「ファウストを評価すると思えば
鋭く弱点を突いてくる」「ファウストが打ち萎れたり，困惑状態になると，魔
法で助けたりする」「ファウストは，メフィストフェーレスに依存的になったり，
対立したりする」「いずれにせよ，第2部後半になると，それまでメフィスト
フェーレス抜きでは考えられなかったファウストが自立しだし，自分でヘレ
ネーを探し出したりする」「いままで，自分の快楽だけにしか興味のなかった
ファウストが，人類のための大工事を成し遂げるまでに至る（しかし，バチウス，
フィレモンという善良な老夫婦を犠牲にしてしまう）」「メフィストフェーレス
はファウストを自分に依存させながら，最後はファウストの自立を助けている
ようにみえる」「ファウストに個人的快楽を勧めながら，最後は善行をなすよ
うにしている」「ファウストの誘惑者でありながら，教育者，指導者でもあり，
良きライバルでもある」「ファウストのメフィストフェーレスに対する好悪の
感情は，ころころ変化する」といった点である。また，メフィストフェーレス
は，明らかに人間とは違って，超越者（神のような）の側に属す者なのに，妙
に人間臭い。例えば，人間並みに葛藤したり，悩んだり，努力したり，失敗し
たり，憂鬱になったり，（神に対して）嫉妬したり，すねてみたり，煩悩に弱かっ
たり，我々と変わらない感じがするのは微笑ましい。しかし，さすがにメフィ
ストフェーレスがすごいと感じさせられるのは，一言一句が深い真理性を現し
ていることである。例えば「一切の生じ来るものは，滅びるだけの値打ちのも
のである」「光は物体に付いて離れない」「煩悶をもてあそぶことはやめなさい。
それは命を食い減らす」「神は自分だけは永遠の光の中に暮らして，悪魔をば
暗闇の中へ追い込んだ」「時は過ぎ去りやすい。だが，順序を立てると時間は
利用できる」「生きたものを認識し，記述しようとする連中は，まずその精神
をその中から追い出してしまおうとする。そこで部分部分は手に入るが，情け
無いかな，精神的な脈絡が欠けたことになる」といった具合である。いずれも，
真理であり，治療上役に立つ言葉ばかりである。一度機会があれば，ファウス
トの中に出てくるメフィストフェーレスの言葉を集めて，「メフィストフェー
レス語録集」を作りたいぐらいである。
ただ，メフィストフェーレスの言葉は，非常に深淵で鋭い真理を有しているが，
何か一貫性に欠け，思いつきだけであったり，人間を迷わせるだけに過ぎない

ようにも思える。これは，やはり，悪魔という限界性の現れかもしれないが，それにしても，鋭さ・深さという点では，到底並みの人間が立ち打ちできるものではない。しかし，思いつき，其の場限り，何にでも対立するという点は，悪魔と無意識の類縁性を感じる。そして，ヨブ記の「神は無意識である」を引き合いに出すと，神と悪魔は無意識という点で兄弟なのかもしれない。となると，ユングが，ファウストという戯曲は，メフィストフェーレスの側に重みがあると言うのは最もなことのように思えるし，「ファウスト」の主人公は，メフィストフェーレスかもしれない。ちょうど「罪と罰」の真の主人公が，ラスコーリニコフというより，スヴィドリガイロフと言われているのと同じ事情かもしれない。

ここで，もう一度，メフィストフェーレスの複雑さを考えてみると，メフィストフェーレスが計算高い合理主義者で，ユングは，外向性思考型の典型と見做しているようである（文献 109 による）。そういう面もある程度は認められるにしても，鋭い直観や内面での葛藤もあるので，そんなに簡単にその類型に当てはめられないだろう。私にとって，メフィストフェーレスは，最大の哲学者にして最大の現実主義者，最高に人を迷わせると同時に深く真理の面を考えさせる人物，誘惑者でありながら危険を警告する人，現実の裏の裏まで見抜きながら同時に魔術で人間の目をくらますもの，人を怒らせながら冷静にさせる人物，依存させながら自立も促進させる人物，他者を評価しながら鋭い皮肉で他者をおとしめる人，といった，矛盾の典型である。ユングの言葉を借りれば，一切の「対立物」の具現化で，この「対立物の結合」や調整が，一つの人生の目標になるのだろう。こうしたことを考えると，メフィストフェーレスは，最高の治療者であると同時に，最高に危険な治療者（破滅に導く人物）という気がしてくる。それから，よくメフィストフェーレスは，ファウストの影という言い方がされるが，ファウストこそ，メフィストフェーレスの影であるという言い方も許されるし，メフィストフェーレスはあまりにすごい存在なので，ファウスト博士以外に，いろんな人物が影になってもいいだろう。まとめの気持ちとして，浮かんでくるのは，メフィストフェーレスは，何に対しても反対の隠された面を引き起こす，無意識そのもの，しかも非常に巧妙な無意識という気がした。

114) この個所は，先にも述べたように，ファウストが人類の役に立つための堤防事業に着手する中で「自由も生活も，日毎にそれを闘い取ってこそ，これを享受するに価する人間と言える…俺（ファウスト）もそのような群集を眺め，自由な土地に自由な民と共に住みたい。そうなったら，瞬間に向かってこう呼びかけてもよかろう，留まれ，お前はいかにも美しいと。此の世における俺の生涯は幾千代を経ても滅びはすまい。このような高い幸福を予感しながら，俺は今最高の瞬間を味わうのだ」と，口にしてしまい，メフィストフェーレスとの約束を破った，というか，賭けに負けた処を指す。この後，ファウストは倒れて

しまう。

115) 事実，メフィストフェーレスは，この時「俺（メフィストフェーレス）にはて
ごわく逆らった男だが，時には勝てない。おいぼれ（ファウスト）は砂の中に
倒れている。時計は留まった」と勝利宣言をしているようである。そして「永
遠の創造（先のファウストの『幾千代を経ても滅びはすまい』を指す）とは一
体，なんの意味だ。……俺はむしろ永遠の虚無の方が好きだな」とうそぶく。

116) メフィストフェーレスは「勝った」と思ったが，事態は逆に進み，天使たちは，
ファウストの不死なるものを運びながら「霊界の気高い人間（ファウスト）が，
悪から救われました。『絶えず努め励むものをわれらは救うことができる』そ
れにこの人には，天上の愛が加わっているのです」と言って，ファウストの魂
を，天国にあげてしまう。そして，前，ファウストによって悲劇に陥らされた
グレートヒェンですら「むかし恋したった方で，今はもう濁りのない方（ファ
ウスト），あの方が，（天国に）帰ってまいりました」と言うし，最後の神秘の
合唱では「永遠なる女性は，我等（ファウストを含む人間だけでなく，天使た
ちまでも含むように思われる）を引きて，（天上に）昇らしむ」とまで歌われ
るのである。ユングは，明らかに，こういう解決は安易で不満な訳である。

117) この点は，いままで，本文や注で述べたように悪はかなり根源的で自律的なも
のであるというユングの考えが，よく出ている。確かに，メフィストフェーレ
ス（一応は悪の代表）と神（一応は善の代表）が，徹底的に対決・討論すると
面白いかもしれない。

118) トロイア戦争を引き起こしたヘレネーを，捜しに行こうとするファウストは，
メフィストフェーレスから，ヘレネーが「母たちの国」にいると知らされる。
母たちの国とは，不思議な国で，その住処へゆくのはずっと深く潜り込まねば
ならず，また道もなく，通りようの無い所で，達しようのない所で，深遠な虚
無の場所とのことである。しかしファウストは「虚無の中に一切を見出すつも
りだ」という決心を，メフィストフェーレスに示したので，メフィストフェー
レスはファウストに母たちの国への鍵（何かファルロスの象徴のような感じで
ある）を渡し，ファウストは，ヘレネーとパリスを連れてくる。しかし，ヘレネー
を我が物にしようとしたファウストは，ヘレネーに跳びかかってしまい，ヘレ
ネーは消え，冥界に行ってしまう。そして，再びファウストは治療を受けた後，
ヘレネーを連れ戻し，彼女と結婚することになる。以上は，文献 108 と文献
109 を参照・引用しての要約だが，「母たちの国」が，何を意味するのか正直
よくわからない。広大な無意識や，一切の生命を生み出す偉大な子宮，仏教の
空（それも充実した空），宇宙の根源など，いろんな連想が湧いてくる。また，
ファウストが，「母たちの国」に行かねばならないとうことから，近親相姦や，
死と再生の連想も湧いてくる。これも，研究課題の一つであるが，たしかに摩
訶不思議な点では「メフィストフェーレス」と「母たちの国」は共通するだろう。

119) この個所は，文献 115 やその他の処で見られるように，ゲーテの解決を安易

148

に過ぎるとユングは見ているのである。

120) 対話者Aが言うようにファウストがあまり悩まなかったと即断していいかどうかは，問題だが，悪の問題を深く考えていたユングにとっては、そう見えたのだろう。

121) ユングがファウストを書くとしたら，どのようなものになるだろうか？

122) フロイトは「精神分析運動史」(1914) 野田倬訳，フロイト著作集 10，所収，人文書院，1983，の中で「好意を得ようとという目論見の上に立つユング理論は，人類の，文化の，知識の発達が連綿と途切れることのない線となってなされてきたかのような，余りに楽天主義的な前提に基づいている」と述べている。

123) 本文中にある後の事例のL，Q，S，Uのような例では，そのような印象を受けた。

124) 彼女については，既に少し言及しているが，今一度説明しておく。主に文献34，124，125を参照しての要約である。ザビーナ・シュピールラインは，1885年にロシアの裕福なユダヤ人家庭に生まれ，豊かな想像力に恵まれていたが，内向的な所があり，少女の頃から，精神面で変調を来しており，幻覚妄想や泣き笑い発作があったという。ブルクヘルツリ病院で，ユングの治療を受けるようになり（1904年からで，診断は統合失調症）病状は改善するが，ユングとシュピールラインは恋仲になった。1910.9.11.の日記には，シュピールラインは「愛に我を忘れて，彼（ユング）の唇に執着した」と書き，ユングの子供（彼女はそれをジークフリートと名づける）を熱望している個所がある。ただ，この恋愛関係は秘密にしておくのは無理で，おそらくはエンマ・ユングと思われるが，誰かが，シュピールラインの母親に，この関係を知らせ，この関係を終わらせるよう懇願する手紙を書く。母親は，娘を救ってくれたことは感謝するが，「娘を堕落させないで欲しい。友情の限界を越えないで欲しい」という手紙を送る。ユングの母親に対する返事は「私は彼女の医師から友人になりました。報酬を一切受け取ってない以上，医師としての義務はない」とのことで，これは，かなりシュピールラインの母親や，シュピールライン自身を傷付けたようで，ベッテルハイムは，文献125で，「このユングの言明は許しがたいものがある」と述べている。そして，どういう理由かは定かではないが（家庭を壊したくない，エンマの方を愛している，シュピールラインの独占欲，ユングの名誉心・保身欲求等々），ユングはシュピールラインから徐々に遠ざかっていく。シュピールラインもフロイト宛に「私の最大の願いは，彼（ユング）を愛しつつ，彼と別れることです」と書き送っている（1909.6.9）。シュピールラインは，学才にも恵まれていて，1911年に，チューリッヒ大学で博士の学位を取得し（「統合失調症の一症例の心理学的意味内容」という論文で），その後はフロイトのグループに属して精神分析医として活動する。そして，1912年には外科医であるパウル・シュテフェルと結婚し，その後，革

命後の祖国ロシアに戻った。そこでは、ある程度、医師として活躍したが、スターリンにより強制収容所に送られたか、あるいは侵入してきたドイツ軍に殺されたとのことである。このシュピールラインを巡ってのユングの行為が悪かどうかは別として、多くの傷つきと、逆に多くの生産的なことがあったと思われる。何よりも、シュピールラインは治癒してその後、苦しみながらも活躍しているのである。このことの詳細とその意味とそこから学ぶことは何か？ということは後日に譲りたい。なお、シュピールラインは「生成の原因としての破壊」（文献128）という素晴らしい論文を書いている。一部には、精神分析やユング心理学を作ったのは、彼女によることが多いと言われているぐらいである。

125) A. カロテヌート「秘密のシンメトリー」入江、村本、小川 訳、みすず書房、1991

126) K. アルネス「ザビーナ：ユングとフロイトの運命を変えた女」藤本優子訳、NHK出版、1999。小説風に書かれてあり、非常に魅力的で感動的な物語で、涙なくしては読めないほどの感銘を受けた。ユングとの愛憎やフロイトとの出会いなども非常に興味深く書かれているが、それよりも、彼女がユダヤ人として迫害を受けながらも敢然とそして生き生きと立ち向かって生き続ける姿が、読者を引きつけてやまないと思われる。

127) 小川捷之訳「ベッテルハイムのコメント」（文献125に所収）

128) S. シュピールライン「生成の原因としての破壊」（Die Destruktion als Ursachedes Werdens, : Jahrbuch fur psychoanalytische und psychopathlogische Forshungen, 4：465 〜 503.)1912, 村本詔司訳 ( 文献124所収 )。この論文は、文献125によれば、1911.11. 29.にフロイト派の研究会で「生命の本源泉における破壊衝動」という研究発表を元にして、執筆されたと思われる。この論文で興味を引かれたのは、

　①「性欲には、不安・嘔吐という否定的感情がふくまれていること」「リビドーの和解させる力と破壊する力」「エロス的行為に潜む未知の危険」

　②「生殖と創造には没落が伴うこと」「性行為においては、両性に再形成 ( 破壊と再構築 ) が起きること」

　③「無意識は、現在と過去と未来に同時に、それ故、時間の外に生きていること」

　④「我々の心の深みに自己損傷を欲している何かがあること」

　⑤「フロイトの考えでは、早発性痴呆の本質はリビドー撤収とリビドー備給の戦いとなるが、私の考えでは種族心と自我心という二つの対立する流れの間の戦いが本質である。種族心は自我観念を非個人的で類型的な観念にしようとするが、自我心はこの解消に対して抵抗しようとする。……そして病気が進行すると共に無関心が現れ、患者はもはや個人的には何も受け取ろうとしなくなる。…つまり、典型的に太古の種族観念に変容するのである」

　⑥「忍耐願望と並んで、変容願望が、私たちの中に存在している」「わたし

たちが，直接，芸術作品の形で委ねる観念は，いずれも原体験の分化した結果であり，この原体験からこそ，私たちの魂は成り立っているのである」

⑦「この分化は意識的な加工をすると共に，これによりその表象は無意識的な加工も受ける…これらの構成要素が，神話的形象に作り変えられる」

⑧「言葉は象徴であり，個人的なものを人間一般のものにさせ，個人的なものから個人的刻印を奪い取ることなのである」「それゆえ，ニーチェのような強い自我意識を持った人間は，『言葉は自分と他人を混乱させるためにある』というのである」

⑨「しかし，自我にとって危険なこの生殖（変容）欲動の段階には悦びの感情が伴っている。なぜなら，『自分に似た愛する人』（愛）の中での（危険またはコンプレックスの）解消が生じるのである」「あるコンプレックスが実現しても，心的生活の全体が停止するということはない。コンプレックスは，原体験から出てくる小さい部分なので，本来の出来事は，分化の所産（時に除反応や芸術作品など）を生み出す」

⑩「本質的なことは，生命が生じるためには，死が必要であり，キリスト教信仰に従えば，死んでいるものは死によって命が与えられるのである。埋葬は，神話的表象においては受精に等しい」

⑪「さまざまな形の自慰における破壊観念と心的自己愛について，ニーチェから教えられることは，リビドー全体が彼自身の人格に向けられてしまい，孤独により，彼は理念上の友であるツァラツゥストラを創造し同一化した。…ニーチェにとって，愛は深い海を太陽のように自分のうちに呑み込むことを意味しているが，認識も同様の意味を持っている。…認識への憧れは，母への憧れで，母との合一は自己愛的で，自己自身との合一と考えられる」「生殖行為自身が破壊行為である。ツァラツゥストラ（ニーチェ）は『人間は超えられねばならない何かである』と言うとき，それは『お前は自分自身を克服（破壊）することを学ばねばならない』ということを意味している」

⑫「冬の眠りにあるブリュンヒルデ（大地）は，ジークフリート（太陽）の勝利の光によって救われる」

といった点である。これで見られるように，この論文には①性が既に両価的であること②生成と破壊は表裏一体であること③無意識と，ニーチェの「永劫回帰」の一致性④フロイトの「死の本能」の先取り⑥⑦原体験と芸術・神話⑨ニーチェにおける自己愛⑩愛と犠牲の重要性⑫ユングの思い出の 強さなどが伺え，大変興味深い。何か，シュピールラインが，フロイト理論（特に死の本能論）や，ユングの「変容の象徴」の先取りをしているような気がする。

129) トニー・ウォルフについても，もうすでに述べてあるので繰り返さないが，やはりエンマ・ユングがシュピールラインのことと同様，トニーのことで大変傷つき苦しんだことは間違いないだろう（フロイトにも手紙で相談しているぐらいである）。ただ，このトニー・ウォルフはかなり魅力的な人物であり，少な

いが素晴らしい論文 ( 文献 129) を残している。トニー・ウォルフについては，断片的にどの著作についても書かれているが，特に詳しいのは，文献 34，51，130 であろう。

130) Toni Wolff：STRUCTURAL FORMS of the FEMININE PSYCHE：ここでは，男性のアニマとして，「母」対「ヘタイラ」( 魅力的で知性がある特権的な高級娼婦 )，「平均的女性」対「アマゾン」を比較している。女性の男性に対して与える影響についてよくまとめられている。

131) F. イエンゼン，S. マレン共編「回想のユング」(ユングをめぐる二人の女性) 藤瀬恭子訳，ユング心理学選書 14，創元社，1988。原題は，ユング，エンマ・ユング，トニー・ウォルフとなっており，40 名以上の人が，それぞれ 3 人の思い出を語っている。トニー・ウォルフは，「ユングより，分析が上手であった」とか，「霊能者」や「ヘタイラ」のタイプであるとか，「一貫して人の良さと自己犠牲の力が流れていた」とか，「トニー・ウォルフの人の出来事について見せる人間的深さに敬意を感じる」といったような思い出でつまっている。

132) ユングとナチスとの関係についての意見は大きく二つに分れるようである。つまり，ユング擁護派と，ユング批判派という流れである。前者の方が圧倒的に多いが，その代表を挙げると，文献 10 (「ユングはナチスに加担したというのは，不当なものである。…実際に彼は多くのドイツ系ユダヤ人を助けたのである」の個所がある)，文献 11 (11 の注を参照のこと)，文献 14 (注参照)，文献 18 などがある。他にそれと関連するものとして，林道義の意見 (「ユングは，ナチスに対する自分の態度を，患者に対する医師のそれと同じだと述べている。…ユングはヒットラーをヒステリー患者と診断した」) がある。林は，またドイツ人の心の中に潜む「ウォータン元型」と「秩序元型」に注目し，そこに，ナチスが，ドイツ国民の心を捕らえた秘密の一つがあると，述べている (文献 132 参照)。一方，ユング批判派の方は，前に挙げたノルの文献 34 が挙げられるが，それ以外に，トーマス・マンは「ユングは (ナチスに対して曖昧に過ぎ) もっと旗幟を鮮明にすべきだ」(1934.3.14)( 文献 133) とか「ユングは，ナチズムとその『神経症』の賛美のために思考し語っている。…彼は時流に逆らわないのだ。彼は賢明ではあるが尊敬に価しない。今日なお『魂』の中で，うつつをぬかしている人間は，精神的・倫理的に反動的である」(1935.3.16) と批判している (文献 134)。また，マンが「フロイトと未来」という講演 (フロイト 80 才の誕生日記念講演) の中で，ユングのことを「利口ではあるが，いささか恩知らずのプチブル」と述べているとのことである。なお，面白いことに，ナチスからの亡命時代に，ユングと同じキュスナハトに一時住んでいたことがあるらしい。また小俣和一郎は，文献 135 で，ユングとナチスの関係を，ユング批判の側から詳しく説いている。今は，それの印象に残った所だけを列挙する。

　① 1924.R. ゾンマーは「一般医学精神療法学会」(AAGP) を設立するが，精神

分析療法に対しては一定の距離を保っていた（この学会は，精神分析に批判的であったドイツ精神医学界の中で，精神療法を見直そうとして作られた）。
② AAGP は，1929 年「国際一般医学精神療法学会」(IAAGP) に発展し，この時の副会長にユングが指名されている。
③会長クレッチマーの辞任に伴い，ナチスの指導者ゲーリングの従兄弟に当る精神科医マチアス・ハインリヒ・ゲーリングは，ナチ・シンパの精神分析医 ｛そこには，ヨハンネス・ハインリヒ・シュルツ（自律訓練法の創始者）と共に，３人のユング派分析家，ハンス・フォン・ハッティングベルク，オットー・クルティウス（ユングの妻の精神分析を担当していた），グスタフ・リヒャルト・ハイヤー（ルドルフ・ヘスの主治医）が含まれていた｝を集め，新組織「ドイツ一般医学精神療法学会」(DAAGP) を作り，会長に M.H. ゲーリング，副会長にはユングが就任した（その会は，それまでのユダヤ的精神分析から峻別し，新生ナチ国家にふさわしい「アーリア的」精神分析として確立すること，をその活動の主要目的に掲げた）。
④この会の発足と同時に，その海外組織 (IAAGP) も，「海外一般医学精神療法学会」(UAAGP)（これが，国際精神療法学会と呼ばれるものだろう）として新たに組織されたが，その会長にはユング自らが名乗り出て就任した。戦後ユングは，その就任理由を「海外ユダヤ人を保護するため」と弁明しているが，彼が会長就任に対して実際に表明した「不満」とは，その組織の本部がチューリッヒに置かれていない，ということだけだった（学会事務局長キンバル宛の，M.H. ゲーリングの報告。1933.10.29. 日付）。
⑤フロイトとの別れの後の心理的危機の時代（ユングの引きこもり時代）に，ドイツの敵国であるイギリスやフランスの捕虜収容所での軍務時代の時の写真は，引きこもりとは逆の生き生きした表情を伝える写真がある（自伝や多くの評伝には，ユングは第１次大戦終了までは，引きこもりの生活を送っていたと，書いてあると，小俣氏は主張する）。
⑥ 1933.2. （ヒトラー政権誕生直後），ユングは「大衆と指導者との関係」についての講演を行い，この中で，ユングは「個人の心の中にも新しい指導者が生まれるべき」との〈新指導者待望論〉という持論を披瀝する。それに答えて，5.14 の「ベルリン経済新聞」は，「ユダヤ人であるフロイトやアードラーの汚らわしい精神分析に対抗して，ドイツ系スイス人ユングは新しい深層心理学を樹立した」という論説を載せる。ユングの方も，6.26 に「民族の心の中へと向かう大移動が起こりつつある今日，偉大な指導者が望まれる」という，暗にヒトラーを称えるような，講話をドイツのラジオ番組で述べた。9.3 の，キンバル宛のＭ.Ｈ.ゲーリング報告は「ユングは，ナチスについて相当詳しく研究しており，ナチスの考え方の全てに賛同しています」となっている。
⑦小俣は「ユングの集合無意識，元型，心理学的類型は，それぞれ，ユング

心理学の基本に根差す，全体性，民族性，差別性とつながっており，この3つは，少なくともナチズムに共感したユング個人の心情を理解する上で不可欠の要素であることに間違いはあるまい」，としている。

⑧ 1934.1.12. に，ユングは「精神分析中央雑誌」に，無意識を「アーリア的」と「ユダヤ的」に区分し，「アーリア的無意識は，ユダヤ的無意識より，ポテンシャルが高い」と述べた。これに対し，同じスイス人の精神科医バリーは「ユングがナチス的理念」を発表したことを非難し，ユングも反論した（この反論だが，そこには「ドイツ人やユダヤ人の心理学の違いを総合的に見ることは，科学の役に立つし，これがユダヤ人の心理学の価値低下を意味するものではないことを強調したい」と記されてある。また全文が林道義訳の「ナチズムと心理療法」（「心理療法論」みすず書房，1989，所収）で紹介されている。そして，その反論に対する不快感を，トーマス・マンが，同じ年の 3.14 の日記で明らかにしているのが，既に引用した文献 133 である。つまり「もっとナチスに対する態度をはっきりすべきである」と，マンは言っているのである。なお，小此木啓吾も文献 136 で，このユングの「精神分析中央雑誌」の論文に対して，高調子なナチス礼賛と記している）。

⑨ 1938.10，M.H. ゲーリングは，ユングがスイス国内で親ナチ的発言のために非難を受けていることに対して，断固ユング支持を表明する。

⑩ユングは，1939 年に，精神療法学会の会長を辞任するが，その後，M.H. ゲーリングは，ユング宛に「この6年間に渡って，この国際組織をさまざまの政治的困難（反ユダヤ主義のため，各国から批判され，孤立無援に瀕していたドイツ精神療法学会の困難を指す）から守り抜くための努力をしてくれたこと」を内容とした礼状を書く (1940.9.11)。

⑪ナチ高官の中には精神科治療の対象になる人物が少なからずいた，ということで，その主治医の多くは，ユング派分析医であった。

⑫戦後 (1947) に，チューリッヒを訪れたユダヤ人神学者（ラビ）のレオ・ベックに対して「確かに私は足を滑らしました（過ちを犯しました）」と弁明している（このことは，文献 17 を初め，いくつかの処で紹介されている）が，それ以後，ナチ時代の自分の行動に関して，一切沈黙を保っている。

以上が，小俣の文献 136 から，得た部分である。

133) 林道義「ユング思想の真髄」朝日新聞社，1998

134)「トーマス・マン日記」(1934.35) 森川俊郎訳，紀伊國屋書店

135)「トーマス・マン日記」(1936.37) 森川俊郎訳，紀伊國屋書店

136) 小俣和一郎「精神医学ナチズム、裁かれるユング・ハイデッガー」講談社現代新書，1997

137) 小此木啓吾「フロイト－その自我の軌跡」日本放送協会出版，1973

138) 以上の，ユングとナチスの関係について挙げた文献や引用個所は，ごくわずかである。紙数やエネルギーや力量の限界もあってこのぐらいで置いておきたい

が，私が知りたいのは次の部分である。

　①ユングとナチスの関係の歴史の概観。

　②それらの基礎資料となる文献とその正確度。

　③それらの文献やその解釈は，諸家によって，ずれが多い。このずれの発生理由。

　④ユングは，最初，ナチスをどう見ていたのか？どのような期待や恐れを抱いていたのか？

　⑤ナチスの変化に対して，ユングはどう感じ，どう行動しようとしたのか？

　⑥研究者ユングは，政治や国家と自分の関係をどのように考えていたのか？

　⑦ユングは多くのドイツ系ユダヤ人医師を救ったとされているが，具体的にはどの程度でどのようなものだったのか？「ユングが，がんばってくれたおかげで，私は救われた」といった類の，ユダヤ人の証言・記録はどのくらい残されているのか？ユングの努力にもかかわらず，多くのユダヤ人精神分析家が自力で亡命したり，収容所に送られたりしているが，このことをユングはどう考えているのか？

　⑧ユングは「過ちを犯した」と言っているが，ユングは，自分がどんな過ちを犯したと思っているのか。自分の考えについてなのか，行動面なのか？発言に対してなのか？見通しの甘さに対してなのか？ユング心理学に含まれる危険な要素については何か考えていたのか？もし過ちだと言えるのなら，過ちだとした根拠は何なのか？

　⑨戦後，ナチス問題に関して，果たして沈黙していたのか？沈黙していたとしたら，その理由と意味はどんなものか？

　⑩今のところ，マンの言うように，ユングの態度は曖昧な感じがする。ユング自身は，自分を曖昧だと思っていたのかどうか？もし曖昧だと思っているとしたら，その曖昧さをどう考えていたのか？曖昧さが体制側に利用されることは容易に理解されうるだろう。

　⑪ユング擁護派とユング批判派に分れてしまう大きい原因は何だろう？

一応，すぐ頭に浮かんだことはこれぐらいだが，まだまだ，ユングとナチスのことに関しては知りたいこと考えたいことは多い。それらは，何もユングを批判したりするものではなく，嵐の時代に翻弄されたユングの生きざまからいろんなことを学びたいからである。また，「ユングはナチスに加担していた」「いや逆に反対していた」「傍観していただけだ」「反対の意思はあったにせよ流された」といったいろいろな意見のどれが正しいか？といった結論をつけるためのものでもない。ユングの歩みを通じて，（例えば国家権力に対する）加担とは？抵抗とは？傍観とは？流されるとは？どういうことなのか？それら一つ一つの意味を探っていきたいのが本意である。われわれ日本人の前世代は，太平洋戦争という大変な悲劇を引き起こしてしまった。今また，そうしたものを引き起こすかもしれない。現に今の日本にいると反動の波の恐怖を感じるし，ドイツ

でもネオ・ナチの動きが急速に伸びているとのことである。ナチス問題はすぐれて現在的なものである。だから，われわれ自身の反省と今後のありようについても，「ユングから学びたい」のである。 いずれ「ユングとナチス」の問題は取り上げねばならないが，それを深く研究しようとすると，多分大変なことになるだろう。なにしろ，ヒトラーに関する本だけでも，3000 冊はあるとのことであるから（文献 139 より）。

139) 阿部良男編「ヒトラーを読む 3000 冊」刀水書房，1995
本書はヒトラーだけでなく，ドイツや当時の世界に関連する多くの書が集められている。

140) ファウストがメフィストフェーレスの魔術で若返った後の恋の相手。本名は，マルガレーテで，グレートヒェンは，その愛称。村本は，グレートヒェンのことを，当時の歴史的・社会的制約の中で，つまずきながらも必死に一個の人格として生きる女性と，とらえているようである。そして，メフィストフェーレスの本態を見抜く素晴らしい直観力を持ったグレートヒェンとの恋が，結局，悲劇に終わった要因の一つとして，「シスターフッドの不在」（女性同士の連帯の希薄さ）を，村本は挙げている。

141) トロイア戦争まで引き起こした絶世の美女ヘレネーは，ゲーテにおいては，彼独自の美という形而上学的原理のアレゴリーへと高められていると村本は述べている。

142) 言うまでもなく，ヘレネーの恋の相手であるが，ファウストは，パリスに取って変わろうとしたため，爆発と共に，ヘレネーもパリスも消えてしまう。

143) ガラテアは，海神ネーロイスの 50 人の娘（ネレイーデンのこと）の内，最も美しい姫君。ホムンクルスと結ばれるが村本は「ホムンクルスの完成は自然哲学的には，彼の自然の光，つまり理性を象徴する火と，最高に美しい海のニンフのガラテアに具現される水との結合，あるいは結婚として起こるのである」と述べている。

144) パラケルススによれば，精子をレトルトに入れておくと，それが生気を得て動くのが見えるということで，これがホムンクルス（小人間）ということである（文献 108 の注参照）。ホムンクルスは，ガラテアとの結婚により，完成したとのことだが，ホムンクルスの意義の詳しい研究は，文献 109 参照のこと。

145) まさに，このファウスト（特に第 2 部）は，ツァラツゥストラと並んで，普遍的無意識の宝庫と言えるだろう。

146) ユングはピタゴラスから，①宇宙世界（マクロコスモス）と人間世界（ミクロコスモス）の調和，②数の神秘性と重大性，③霊魂の不滅と輪廻転生といった考えの影響を受けたと思われる。ピタゴラスについては，文献 147 と文献 148 が便利である。

147) ディオゲネス・ラエルティオス「ギリシア哲学者列伝」（下），加来彰俊訳，岩波文庫，1994

148) エピステーメー、1979.1 月号「ピタゴラス」、朝日出版社

149) ユング「心理学的類型学」(「南ドイツ月刊雑誌」1936.2)「心理学的類型 I. II」( 高橋義孝，森川俊夫，佐藤正樹訳，人文書院，1987. 所収)（全集第 6 巻）

150) 文献 148 の訳は，1 章文献 6 でもなされており，それによれば「偶数と奇数，上と下・善と悪といった二項対立の発見は，実は古代ピタゴラス派の業績である」というようになっている。

151) ジャック・ラカリエール編・写真「古代ギリシアの言葉」中井久夫訳，紀伊国屋書店，1996

152) 第 1 章文献 30 によれば，本来の意味は「反対方向に向かうこと」で，どのようなものごとも早晩その対極へと向かい始めるということを意味する心理学的法則とのことである。ユング心理学の基本概念。

153) ユングは，1 章文献 6 で，4 つの原液（血液，粘液，黄胆汁，黒胆汁）を唱えたヒポクラテスを引用している。4 はユングにとって完全を意味する。

154) プラトン「国家」( 田中美知太郎編「プラトン II」世界の名著 7，中央公論，1978 所収)より。イデア（実相，エイドス）とは，時空を超えた，非物体的な，永遠の実在であり，真の実在とされる。元型についてもユングは同じようなことを言っており，元型的なものの考え方は古代からあったと考えられる。

155) マイスター・エックハルトに対するユングの共感は，マイスター・エックハルトが，教義よりも「神との実体験」を重んじたことにあると思われる。これと対照的なのは，スコラ哲学（キリスト教の教義を理性的に弁証する学問）の代表者と言われる，トマス・アクィナスで，ユングは自伝で「スコラ哲学は，暖かみのない冷たい学問と感じ，トマス・アクィナスのアリストテレス哲学の主知主義は，私には砂漠のように無味乾燥に思われた」と述べている。エックハルトについては，文献 156 と文献 157 が便利である。

156) 「エックハルト説教集」田島照久編訳，岩波文庫，1990
この表紙のカバーには「ユングはエックハルトを評して『自由な精神の木に咲く最も美わしき花だ』といった」と記されてある。

157) G. ヴェーア「評伝マイスター・エックハルト」徳岡知和子訳，新評論,1999
この本の末には，ユングの『アイオーン』( 文献 158) 中の言葉「世界を抱きかかえるエックハルトの霊性は,インド的な,そしてグノーシス的な原体験を知っている。知らないうちに知っていて，エックハルト自身最も美しい自由精神という木の花なのである」が，記されてある。

158) ユング『アイオーン』野田倬訳，人文書院，1990（全集 9 の II）

159) ユングは，ファウスト体験の時と同様，悪の問題を情熱的に語った哲学者として，ショーペンハウエルに感激したのだろう。確かに文献 160 を読むと，世界は表象に過ぎず，その根本原理は生の盲目的意志であり，人間生活においては意志は絶えず他の意志によって阻まれ，生は同時に苦を意味する，ということを強調していることがわかる。なお，面白いことに，ユングがショーペンハ

ウエルに引かれた理由の一つとして，「極端なペシミズムと女性蔑視に彩られたショーペンハウエルの哲学とユングの関係は，少年ユングの自尊心を傷付けてきた母親との関係を抜きにしては理解できず，ショーペンハウエルへの共感は，哲学の形をとった個人的告白と言えないことはない」ということを，村本は，フロム＝ライヒマンを借りながら，述べている（文献 31 より）。

160) ショーペンハウエル「意志と表象としての世界」，西尾幹二編「ショーペンハウアー」（中公バックス・世界の名著 45）中央公論社，1980 所収

161) 四諦の教えとは，仏陀の説いた基本的な教えの一つである。四諦とは，別名，四聖諦とも言い，それは，苦諦，集諦，滅諦，道諦の 4 つの真理（諦とは真実，真理のことでサンスクリット語で satya と言う）を指す。一応，苦諦とは「この世や一切は苦であるという真理」，集諦とは「苦の背後には，欲望への過度の執着があるという真理」（欲望は必要だが，満たされないことも多いから過度に執着すると苦しくなるのは自然である），滅諦とは「欲望をほどほどにコントロールすることで，苦を減らせるという真理」（滅を意味する nirodha は、消滅というより，コントロールする，制御するという色彩が強いようである。よく考えてみても，欲望を滅するなど不可能に近い），道諦とは「滅諦に至る正しい道や生活のこと」というように，私は理解している。四諦，即ち，苦集滅道は，文献 162 や文献 163 を初め，殆どの仏教書に出ている。

162) 森章司編「仏教比喩例話辞典」東京堂出版，1977

163) 長尾雅人編「バラモン教典，原始仏典」（世界の名著 1，中央公論社，1969）

164) ショーペンハウエルは，文献 160 の第 16 節で，「苦痛は，ものを持ちたい希望がありながら，しかも，持っていない状態から生じる。だから，この持ちたいという気持ち（欲望）こそ，苦痛を生み出させる唯一の必然的な条件なのである」と，集諦と似たような考え方を述べている。事実，ショーペンハウエルは仏教にもかなりの関心を寄せ，文献 160 の数ケ所で，仏教について触れている。

165) フロイト「自己を語る」懸田克躬訳（フロイト著作集 4，人文書院，1970，所収）本書でフロイトは，ショーペンハウエルは，ニーチェと共に，精神分析学の源流を成していたと言ったことを記している。

166) 八正道とは，道諦の詳しい内容のことを指すのであろう。つまり，八種の正しい修行徳目とうことで，具体的には，正見，正思，正語，正業，正命，正精進，正念，正定（正しい禅定）を言う。

167) 「自伝」(文献 5) によれば，知性は Intellekt（知性，知能，思考能力）と記されてある。知性と関連するものとして理性や悟性があるが，その違いを少し述べておく。知性は，辞典（文献 168）によれば，知的な直観・思考・判断・発見の能力を言う。理性が概して概説的論弁的に推論を積み重ねる形で働き，事象の洞察に漸次的に近づくのにくらべて，知性は一息に事象の内側に分け入り洞察を獲得する，とされている。悟性 (Verstand) は，カントによれば，感性に与えられたものに基づいて，対象を構成する概念作用の能力を指すとされる。

また，彼は，文献 168 で「悟性は，非感性的な認識能力である」とも言っている。理性 (Vernunft) は，別の辞典（文献 169）によれば，

　①概念的思考能力，思慮に基づいて行動する能力

　②真偽，善悪を識別，判断する能力

　③超自然的な啓示に対して人間の自然な認識（自然の光）

　④実在，絶対者を直観的に認識する能力

　⑤ア・プリオリな原理の総称（先天的認識の根本条件である思考能力の総称であろう）

となっている。カントは，文献 168 で，「我々の一切の認識は，感性に始まって悟性に進み，ついに理性に終わる」と記している。ただ，ショーペンハウエルは「悟性の機能は，因果関係の直接の認識であり，理性の機能は概念の形成，唯一つである」とか「理性は有徳の行いの泉ではなく，理性の機能は一段下位に当る」とか「理性は善とも悪とも結び付く。……それは理性の女性的・受け身的・保存的で，自らは何も生み出し得ない本性によるところであろう」と，理性に対して，そう重きを置いていないようである（文献 160）。こうしたことも参考に入れて考えると，人間の認識の深さは，感性→悟性→理性→知性の順になるのかなという，勝手なファンタジーが湧いてくる。

168) 岩波哲学思想辞典，岩波書店，1998

169) カント「純粋理性批判」，上・中・下 篠田英雄訳，岩波文庫，1962

170) 岩波小辞典「哲学」，1958

171) この辺りのユングの，3つの問いは，正直言って，私にはよくわからない。だから，ユングの問いに対しても，もちろん正確には答えられない。ただ，勝手な連想を付け加えて置くなら，①に関しては，ショーペンハウエルは，多くのところで，盲目的な意志がどのように表象してくるかを，記述している。この表象そのもの，あるいはその表象の集まりがイメージだと思うのだが，その点のことをユングはどう考えているのだろうか？ショーペンハウエルが記述しているだけでは不十分なのか？ユングの考えているイメージとは違うのだろうか？②については，ショーペンハウエルは確かに盲目的意志がもたらす悪や世界の悲惨について語っているだけでなく，その救済や解決策について語っている。それは，「生の意志」（過度の欲望のこと）の否定であり，意欲の沈静であり，禁欲による救済や解脱についてであり，それを成し遂げたものとして，インドの聖者，仏教徒，ある種のキリスト者（例えばマイスター・エックハルトのような）を，挙げている。そして，「すでに意志を否定し，意志を転換し終えている人々にとっては，我々の世界が，『無』なのである」と述べている。そしてこの『無』が，最高の悟りの境地である般若波羅蜜多であると，注に記している。また，私が文献 160 を見たところでは，「意志の逆転」という言葉を見つけることはできなかった。多分，ユングの言う，「意志の逆転」とは，ショーペンハウエルの言う，「意志の否定」なのだろう。ただ，この「意志」の逆転

や否定が簡単でないことは，言うまでもない。ショーペンハウエルもそんなに簡単にできるとは言ってはいないと思う。ただ，ユングは，ショーペンハウエルが「意志の逆転・否定」を，簡単に言い過ぎていると取ってしまったので，彼に対する不満が出たのだろうか？③ここは，知性は，世界全体を正確に大きく写す「大鏡」ではなくて，単に太陽（これも世界か真実という意味か？）に目をくらまされるぐらいが関の山程度の機能しかないとでも，ユングは言いたいのだろうか？

172) いくらショーペンハウエルに不満を持ったからといって，この世界の根底には悪（盲目的な生の意志）が，横たわっているということを示してくれたわけだから，ショーペンハウエルには，興味を持ち続けたのであろう。しかし，悪の解決には，もう少し，緻密な研究が必要と思い，カントの方に研究の重点が移ったのだろう。

173) 文献 169 の「純粋理性批判」から，ユングが何を学んだかの一部は，少し本文中に書いてある。私は，今「純粋理性批判」を学ぶ入口に立っているので何も言う資格はないが，匂いだけは感じるので，それらを記しておく。

　　①人間は何を，どこまで，どんな風に知り得ることができるか？理性の可能性と限界は？といったことについて教えてくれるように思う。

　　②人間の精神的営みに関わる殆どの概念（悟性，理性，感覚，主観と客観，真理，カテゴリー，時間，空間，存在，証明，理念等々）を徹底的に批判分析してあるようで，精神作用の百科辞典として利用できそうである。

　　③どんな物でも「物それ自体」を完璧に知ることはできないが，「われわれにとって物がどう現れてくるか」を知ることはできる。

といったようなことである。また匂いだけでも，治療上，有益だったと思ったのは，クライエント・患者の多くは，分からないところにこだわり，分かっていて実践すべき大事なことを忘れることが多いので，分からないものは，分からなくていいということを伝えることの重要性である。また考え方の順序が無秩序であることが多く，さらに，患者の使っている概念そのものがかなり歪んでいることがあるので，それを話題にするとき，基礎となる百科辞典があると便利であるということである。それから，③からは，やはり，カントは関係性の中で物を見てくれていて，絶対化というところに陥っていなかったのを知ってよかったなと思ったことである。絶対化ぐらい治療を妨害するものはないというのが，私の正直な感想である。

174) 幻影，理念を現実と混同すると，人間と世界に対する認識に多くの過ちが生ずるということか？

175) ユングが，カントから何を学んだかやはり正確に言うことはできないが，文献 176 でクラークは，ユングとカントの関係の歴史を述べている。それを要約してみる。

　　①ユングの出発点はカントと似通ったところがある。つまり，精神を越えた

世界ではなく精神そのものが直接の認識対象であり，われわれが認識と思っているものはすべて精神に由来しているという信念が出発点であった。ユングは「直接的な経験というのは，精神的なもの以外にはないように思われる。何事も，精神によって媒介され，翻訳され，濾過され，比喩化され歪められ，さらには偽装されさえする」という形で，精神そのものが認識対象であると同時に，認識手段でもあるというのが，双方の出発点である。

②ただ，そうはいっても我々が精神の内奥に近付くという訳ではない。この点で，ユングはカントと同じく不可知論を保持した。

③ユングにとって，主観的想像はに対立する客観的認識は，経験可能な領域であり，この点でユングとカントは一致していた。カントの場合，この認識は，普遍的・形式的・構造的概念であるカテゴリーによって統合されるということである。ユングも，個人的経験は，人類に共通の構造の中に，したがって，客観性の基準ともなる構造の中に組み入れられると主張した。そして「生きた現実性は，客観的な作用の産物と観念の産物の，生きた心理的過程における両者の結合の産物である」（第 1 章文献 6）と主張した。ただ，ユングの場合は，カントの抽象的カテゴリーに対して，もっと豊かな心的生活の綴れ折りと言えるもの，即ち元型が加わる。

④ユングはカントを踏まえながら，カントから踏み出した。例えば，カントの観念は本質的に非歴史的であったが，ユングにとっては，人間の悟性は歴史的観点から理解されるべきものであった。

⑤ユングは，後期になると，カントの理論の根幹に挑戦して，ニュートン物理学における時間・空間・因果律の概念は，カントの考えているア・プリオリな原理ではなく，歴史と共に変化し進化する人間の意識の産物であると主張した（文献 177）。

といったものであるが，ショーペンハウエルと同じく，もっともっとカントの研究は必要である。林が，文献 132 を初め，多くの個所で述べているように，ユングの方法論の基礎にかなりカントの影響が濃いように思われるからである。

176) J.J. クラーク「ユングを求めて，歴史的・哲学的探求」若山浩訳，富士書店，1994

177) ユング「精神と生命」江野専次郎訳，ユング著作集 2，日本教文社，1970（全集 8）

178) ユング「共時性：非因果的連関の原理」河合隼雄訳（ユング，パウリ共著「自然現象と心の構造」所収，海鳴社，1976）（全集 8）

179) ということで，ニーチェとユングについては，神経症の所で述べる予定である。

180) 自伝では，哲学研究によって，ユングが自信を得たという個所があるが，その点に関して，村本は，文献 31 で，哲学研究がユング自身に治療効果をもたらした理由として「No.2 人格が漠然と考えていたものが，哲学者により，明瞭な言葉で語られているのを聞いて，No.1 人格としての自分も一緒になって語

り，哲学者らの言語を共有することになったこと」や「それらが，二つの人格の統合となったこと」「自分の経験と信じていたことに対する共鳴や知的分化が得られたこと」といった統合や「内的経験の増幅」を挙げている。 ここから，私は，治療精神医学（第1章文献17）に見る，「人間としての連続性の回復・獲得」「自己検討・心の整理」といった治療的営みを連想した。ただ，課題は，具体的な患者のだかかえる諸問題と，抽象化された哲学的概念を如何に有用に交流させるかということになるだろう。例えて言うなら「純粋理性批判」をどう患者に役立たせるよう「治療的翻訳」を行うかである。

181) C.A. マイヤー「意識」氏原寛訳 ( ユング心理学概説 3，創元社，1996 所収)

182) 文献 87 によれば，ユングは，不快なシャドウ（影）の夢を見たハナーに向かって「今，君の意識は明るさは減ったけれど，ずっと広いものになっている。…君は本当にすばらしいものを手に入れたんだよ」と言ったとのことである。ハナーはそれを承けて，「意識の拡大の一歩一歩こそ，私たちの獲得し得る最も偉大なものだ。…人生における問題のほとんどは，私たちの意識がその問題を理解するにはあまりに狭すぎることから起こってくる」と記している。

183) 何もユングだけが，霊的現象に興味を持っていたわけではない。ユングの思春期に当る 19 世紀末の時代は，キリスト教の知的権威の凋落や科学的自然主義の台頭以外に心霊主義，心霊研究の興隆という 3 つの要素があったようである。たから，全体的に心霊ブームがあったのかもしれない。

184) 春山栖仙編「心霊現象を知る事典」東京堂出版，1993

185) ユング「オカルトの心理学」（島津・松田編訳，サイマル出版会，1989）に所収の「『観念』の心理学的解釈－『オカルト現象』序文」参照のこと

186) ユングに商才感覚があったことは，学生時代の経済的苦労の所で述べる予定である。

187) 種村季弘「影の女ヘレーネ」（文献 21 に所収）。本文でのヘレーネの記述は，かなりの部分を，この論文に負っている。

188) ユング「心霊 ( オカルト ) 現象の心理と病理」宇野・岩堀・山本訳、法政大学出版局，1982（全集第 1 巻）

189) 第 1 章文献 12 参照

190) 塚崎直樹「あるシャーマンの成巫過程」：臨床精神医学，特集「信仰・民俗」精神障害，1992 年 11 月特大号

191) 仏陀はある僧侶に「宇宙は永遠であるかどうか，有限か無限か」「霊魂は肉体と同一か」「如来が死後も存在するかどうか」と，問われたところ，それについては返事をせず，代わりに，毒矢に刺された男の話をし，「この矢を射たのは誰か？矢や弓の種類はどんなものか？」といったことがわかるまでは，矢を抜かないとしたらその男は死んでしまう」と言って，同時にそんな回答不能の問題にばかりかかずらわっていると，かんじんの仏道修行がおろそかになる，と戒めたと言う。その後，この僧侶はそのことを深く恥じて修行に励んだと言

う。この実践重視の話は有名で「箭喩経」から、来ているらしい。また、これは文献 162 や文献 192 を初めとして、多くの仏教書で取り上げられている。

192) M. エリアーデ「世界宗教史 II」島田裕己、柴田史子訳，築摩書房，1991

193) 諸橋轍次「中国古典名言集」（一）（論語），講談社学術文庫，1976
　　ここには、「孔子は奇怪なこと、力をたのむこと、世の乱れや人の道を乱すこと、神怪なことなどは、口にし、説明はしない。常にあたりまえのことを説いた」という個所がある。

194) この著者は、ヘレーネの姪にあたる女流ゲルマニストで、彼女は、叔母ヘレーネと若きユングとの関係を「C．G．ユングの霊媒」という著作にまとめたとのこと。ただ、残念なことに、この本の原題や出版名はわからない。

195) 私の臨床経験からしても、困ってやってきた患者に「どういうことを、治療者に望んでおられるか、言えますか」と聞いた時、わからない、と言う人が結構多い。その意味で言えば、何を望んでいるかがはっきりするだけでも一つの治療効果と言えるのかもしれない。

196) パラケルススは、ご存じのように、ルネサンス期のスイスの医学者、自然科学者、哲学者で、それまでのガレノスや中世アラビア医学を批判し、水銀、硫黄、塩を 3 要素とする独自の自然観を展開し、金属化合物を医薬として用いただけでなく、精神医学の進歩にも貢献している。ユングは、文献 197 で「パラケルススは多面的ではあったが、根本では、錬金術哲学者ではなかったか？…この『錬金術哲学』には、現代になって明確になりかけてきた哲学・心理学・宗教上の諸問題を解く手がかりが横たわっている」と述べている。

197) ユング「パラケルスス論」榎木真吉訳，みすず書房，1992
　　本書の解説で、ユングは、現代心理学や精神療法の先駆者としてのパラケルスス像を描いており、この書が『心理学と錬金術』への格好の入門書になるのではないか、といったことが記されてある。

198) 「自然の光」とは、パラケルススの主要概念の一つで、文献 199 によれば「自然の光とは、啓示の知とは反対に、自然の経験から直観的に獲得される人間の認識知であり、同時にあらゆる存在物から隠されている。宇宙論的にいえば、自然の隠された力の放射であり、これが自然の秘密の認識を可能にする。人間学的には、人間の活動的知能能力（理性）であり、直観によって導かれ、経験によって習得される意識性である。…（これは）聖霊とは不可分に結び付いてはいるものの、自然の光は啓示に対して独立の認識源を持っている」と述べられている。

199) J. ヤコービ編「パラケルスス，自然の光」大橋博司訳，人文書院，1984
　　「医学のルター」とも呼ばれる、パラケルススの選集である。この中の「人間と身体の章」には、医学上の貴重な見解が満載されている。

200) ノルは文献 34 で、「放散虫は、顕微鏡学的な生物で、裸眼で見ることはできないし，ユングの夢に出てくるような巨大な放散虫などいない」「ユングは，ヘッ

ケルが描いた放散虫のイラストを見たことがよくわかる」「何でもない自然現象を壮大な，此の世のものとも思われぬ光景に膨らませるのが，ユング流の描き方である」と，ややこの夢の記述に対して，批判的・揶揄的に述べている。ヘッケルはドイツの動物学者・思想家で，個体発生は，系統発生を繰り返すという反復説を唱えたが，ノルによれば，ユングはヘッケルに魅了されており，「リビドーの変容と象徴」も，その反復説に基づいているとしている。またノルは，ヘッケルが「一元論者同盟」という青少年組織を率いており，このグループのルーデンドルフ将軍は，ヒトラーの反乱の共謀者となったり，キリスト教を根絶してアーリア民俗の信仰に変えてしまいたいと思っていた，とも記している。ヘッケルが，どれくらいユングやナチスに影響を与えたかは，また後で考えるとして，夢そのものは，確かに雑誌由来かもしれないが，それが，この夢の美や意味を減ずるものではないと私は考える。だいたい，夢というのは，普通はありえないと思えるようなことを見て，そこからいろいろと意味ある連想を引き出し，人生の役に立たせるように利用するのが，夢の一つの目的でもあるからである。

201) 精神医学は，その頃，症状学や病名の分類ばかりということで，魂のある学問ではなかったようである。また精神病院が，収容所的であるという感じは，現代よりもひどかったと思われるし，これもユングを精神医学に引きつけなかったのではないだろうか？事実ユングは，自伝で「精神医学の講義や臨床実習は何の感銘も与えなかった」「精神病院の管理者は，患者と共に閉じ込められていた」「精神病は絶望的で宿命的なもので，精神医学者は当時まだ変わり者であった」と記している。

202) 自伝によれば「こんなことは，大学病院の先生から一度も聞いたことがなかった」とのことである。

203) ユング「統合失調症（精神分裂症）の心理」安田一郎訳，青土社，1979
これは「精神病の内容」「心理学的了解について」「早発性痴呆（統合失調症の前の呼称である精神分裂症の更に前の呼称である）の心理」の3つからなっているが，統合失調症（早発性痴呆）の心理がよく記述されているので，このような題になったと思われる。

204) だいたい「心の治療」（身体疾患の治療も一部そうだが）そのものが，身体の生理・病理学といった自然科学と，心理学・哲学・宗教・神話学といった人文科学，さらには社会学の総合学なのである。だから，常に「全体性」を目指すユングと共感しあえたのであろう。少しでも，臨床をしたことのある人なら，病気や治癒が，その患者の生き方と如何にかかわっているかを，感じると思われる。例えば「早く治るのも，ゆっくり治っていくのも，そのまま治らないままの状態でいるのも，いずれもプラスとマイナスがあり，それをどう選んでいくかは，本人の生き方や決断が大きなウエイトを占める」といったことである。西園は，「神経症は，psycho-socio-physiological な病態である」と言っている

らしいが ( 文献 205 による )，神経症であろうと精神病であろうと，人間そのものが，精神的・社会的・身体的存在なのである。

205) 神田橋條治「精神療法，1，神経症」（異常心理学講座IX，みすず書房，1989 所収）

206) だから，いくら，精神医学へ進む流れになっていたとしても，その決断の最後の助けになったのは，やはり，クラフトエビングの精神医学教科書との出会いだったのだろう。ユングは，自伝の別の個所で「ここにこそ（クラフトエビングが言うような精神医学にこそ），私がどこにも見出しえなかった生物学的および精神的事実に共通な経験の場があったのである。自然と精神 (Geist) の衝突が一つの現実となる場が見つかった」と述べている。ただ，ここで，私は，ノルが文献 199 で述べているような，あまりに劇的な書き方をし過ぎている感じがする。多分，彼はクラフトエビングに出会わなくても精神医学を選んだと思われるが，このようにドラマチックに超常的に書くのがユング流なのかもしれない。もちろん，彼の感激・感動は否定しないが。

207) この事で，精神医学は，治療としての，患者に役立つものとしての「本来の精神医学」へと生き返る道を進み出したのではないだろうか。ユングは精神医学を再生したとも言える。

208) 私の勝手な推測だが，仮にユングが内科を選んでも，最終的には，精神医学，もしくは，内科の中でも「魂の治療者」の方向をとり，「魂の研究」の方へ行ったと思われる。

# 第3章：治療者ユング（初期の）

## 1．ユングと初期の精神医療活動
### a．ブルクヘルツリでの出発（理解できない苦しみ）
〈ユングの祖先，ユング自身の夢・夢想・ビジョン体験，自然との交流，内的世界へのこもりと外的適応性，神経症体験，家庭内葛藤とその克服，神との対決，悪の問題の徹底追求，二つの人格の対話，霊魂への関心，哲学と自然科学への興味，すごい勉強と博学，適当な商才といったこと等を考えると，やっぱり影が多いと言いながら，もうすでに治療者としての非凡な資質を有していると思います。それで，確かユングは 25 才のとき，つまり，1900 年にチューリッヒのブルクヘルツリ精神病院に勤務し始め，精神科医としてのスタートを切ったのですね？〉

－そうです，当時は院長のブロイラー［統合失調症（精神分裂病）の命名者[1]］を初めとして，そうそうたるメンバーが，そろっていたのです－

〈ところで，最初の精神科医としての活動はどんな具合だったのですか？〉

－初めは，個々の患者（多くは統合失調症者）に対して，いかに扱えばいいかという実質的な精神医学的知識がなくて苦労したようです。もっとも，まだ研修医みたいなものだから，ある程度は仕方がないでしょうね。

　自伝によれば「ブルクヘルツリでの数年間は，私（ユング）の修行時代だった」と述べています。そして，そのころのユングの関心は「いったい精神病患者の内面に何が起こっているのか」といったことでしたが，これもすぐには理解できず，悩んでいたようです。ユングにとっては，理解できないことの責め苦が唯一の耐えられない責め苦であったように思われますから，とても大変

だったんじゃないですか－

b．ユングと同僚・上司の比較（患者理解に関して）

**①同僚・上司の無理解と患者理解の道の開拓（対話，フロイトの夢判断，連想実験）**

〈同僚や上司たちはどうだったのですか？〉

－ユングによれば，患者が心底で言いたいことには関心を払わず，診断や症状の記述や統計にばかりに関心が向かい，患者の心理は全く問題にされていなかったということです－

〈それでユングはどうしたのですか？〉

－彼は，これは自分の無知から来ていると考え『精神医学総合雑誌』50巻全てを読んだり，1902～1903年にかけてパリのジャネの元に留学したりしています－

〈道は開けて来たのでしょうか？〉

－ええ，徐々に患者の心理が理解でき，治療も進んでいったようです－

〈そうしたことに力を与えたのは何が一番大きかったのでしょうか？〉

－まずは，何よりも患者の表現には意味があるということを発見し，患者個人の人格や個性が重要であると考えたということです。それ故，自然と，患者と熱心に対話を重ねることになると思いますが，この対話の中で一層患者の表現には意味があるということを確信していったのでしょうね。何回も繰り返しますが，彼は「見えないところが見え，感じないところを感じる，聞こえないところを聞く能力や敏感さ」を多く有していたと思われますから，患者理解もその時の並みの精神科医よりも優れていたと思われます。

　それとフロイトの影響です。彼は『夢判断』を読んだり，フロイトのヒステリー学説に影響された結果，フロイトによって，個々

の事例の徹底的な研究と理解への道をさし示してもらったと，自伝で述べています。

　また，1904年頃から始めた言語連想実験[2]も大きな光明を与えたと思われます。それは患者の背後にあるコンプレックスを発見させ，それを扱うことで患者の理解や治療が，更に大きく進んだと言えそうです—

## ②自伝によるユングの誇張

〈その話に入る前に一つ疑問なんですが，本当にユングの周りにいる精神科医たちは，患者の心理に関心を払わなかったのですか？〉

—どうやら，そうでもないようなのです。エランベルジェによれば，ユングの師，ブロイラーは患者にかなりの献身ぶりを示したし，「（ブルクヘルツリの）関心の焦点は患者であり，ここに学ぶ者は患者との話し方を身につけた」（A. メーダーの言）ということで，ユングの断定（『ユング自伝』による）は，かつてブロイラーのもとで働いていた者すべてが語ることと，ことごとく矛盾していると述べています—

## ③ユングの患者理解が群を抜いているのは真実

〈真相はどうなのでしょうか？〉

—はっきりしたことはわからないのかもしれません。しかし，たとえエランベルジェの言う通りだとしても，ユングは他の精神科医にくらべてより深く患者の心理を理解しようとし，またその理解によって治癒がもたらされるとより強く信じていた，また実際に治癒に至った治療経験をより多く持っていた，と推測されると思います。

　ブロイラーなどは，『早発性痴呆または統合失調症群』[1]という本の中で，統合失調症者の予後は絶対に不良であると述べているぐらいですから，肝心な点では，ユングと随分違っていると言

えます。もちろん，ブロイラーも「治療の一般的課題は教育と現実との接触の再建である」と言っていますが，「患者の人格と医者の人格の対話が大事である」等とは，言っていませんし，「コンプレックスの発見と解除処置も重症では無効で，軽症患者でも繰り返すと効かなくなる」というように，精神療法には否定的です。だから，これも推測ですが，ユングは他の精神科医との類似点よりも相違点のほうが，かなり印象に残っていて，いささか誇張した書き方になったのかもしれません。それと後でいろんな事例を挙げますが，ユングほど患者の物語を再構成した人はいないと思われますので，やはり，ユングの患者理解は群を抜いていたのではないですか？ [3)4)] ―

〈それなら，「皆は熱心に理解に取り組んでいたが，残念なことに私ほど十分でなかった」とか言う書き方を何故しないのですかね。それなら納得できるのですが〉

―ここは，ユングの，実証ではなく，連想中心の書き方の現れかもしれません。それと西洋人の自己主張の強さも関係しているのかもしれません [5)]。それに A. ヤッフェの改変も入っているのかもしれません―

〈でも，まあ，それはひとまず置いておくとして，今言われた言語連想実験とその治療的意義について説明してくれますか〉

## ２．言語連想実験（全集２巻に収録。また小川訳「分析心理学」にも要約 が載っている）

### ａ．言語連想検査の始まり（ユング以前）

―エランベルジェによると，ユングは言語連想テストの完全な歴史を書いているとのことです。それによれば，ユングの精神病理解に道を開いた言語連想検査の最初の発明者は，ゴールトンという学者で，彼はこの検査が心の隠れた襞を探るのに役立つという

ことを証明したとされています。この検査は，周到に選択された単語を順々に読み聞かせるもので，被験者は一語をきくたびに，頭の中に浮かぶ最初の単語を答えなければならず，そして返答までに要した時間（反応時間）を正確に測定します。この検査の実験や研究は，ウント，アシャッフェンブルグとクレペリン，ツィーエン（コンプレックスの命名者）へと引き継がれてきましたが，ブロイラーもこれをブルクヘルツリに導入し，患者の問診の補助検査として導入しようとしたとのことです。かれは又，この検査によって，「統合失調症の基本症状は連想の際の精神緊張が弛緩していることである」という彼の仮説を証明しようとしたのです。

　そして 1904 年に，ユングは実験精神病理学の実験室を設けて言語連想実験に本格的に取り組み出したのです−

b．ユングの連想検査のやり方（行き詰まりとコンプレックスの発見）
〈ユングの検査のやりかたはどんなのでしたか？〉
−ユングの『分析心理学』によれば，以下のようです。

　まず第一段階としては，100 語の刺激語を順次聞かせて，刺激語を聞いてわかったら，できるだけ早く，最初に心に浮かんだ言葉を言うようにさせ，それぞれの反応語だけではなく，その反応時間も記録します。

　第 2 段階では，もう一度その 100 の刺激語を繰り返し，被験者は前回の回答を再生するよう要請されます。

　ところが，面白いことに，前回の回答を忘れていたり，間違った再生をしたり，反応や再生にひどく時間がかかったりするということがよく生じてきたのです−
〈実はそうした忘却や誤りの方が重要になってきたのですね？〉
−ユングは，そう言っています。最初は患者がどのような連想をするかという実験に使うはずだったのですが，なかなか実験がう

まくいかなかったのです。しかし，その内にその実験の失敗に注目するほうが，患者のコンプレックス（無意識内に存在し，何らかの感情によって結合されている心的内容の集まりで，通常の意識活動を妨害する）の発見につながるということが，わかってきたんです－

〈何かフロイトの抵抗の発見と似ているようですね？〉

－ええ，そうですね。治療や連想がうまく行くということを第一義に考えるのではなくて，どこがうまく行かないかを考える方が，より治療的であり生産的なのでしょうね。それと語られたことより，語られてない部分，語りにくい部分にこそ真実があり，治療の鍵があると考えたのでしょうね－

ｃ．コンプレックス指標

〈それでユングはどのようにしてコンプレックスを発見していったのですか？〉

－反応や再生の混乱が生ずる時が，コンプレックスの存在を示している時ですから，まずそれを探ることが第一であったと思われます。

　ユング自身は，コンプレックスの存在を示すコンプレックス指標を次の様に定めています。①反応時間の遅れ，②反応語を思いつけない，③刺激語をそのまま繰り返して答える，④二語以上用いて反応する，⑤明らかな刺激語の誤解，⑥再生の時の忘却や間違い，⑦刺激語を外国語に訳して答える，⑧刺激語を言うと，先ず「はい」と言ってから反応したり，反応語の前に何か言う場合，⑨明らかに奇妙な反応，⑩同じ反応語が繰り返される，⑪観念の固執，などがあげられています[6]－

〈これを見ていると，通常の面接でもおなじことが起こっているようですね。特に重大な場面や，患者さんの触れて欲しくない場面では〉

－ええ，その通りで，だから患者がすいすい言っているところよりも，詰まったり，話がそれたり，矛盾した表現をしたりする個所の方が治療的には重要になってくるのですね－

d．連想検査実例（35才男子）（ナイフ事件を起こした事例）
〈ユングの検査実例をあげてくれませんか〉
－『分析心理学』[7]に載っている35才の正常男子の例ですが，彼は，ナイフという刺激語によって4つの混乱した反応が引き起こされ，また槍，叩く，とがった，ピンという刺激語によって混乱が生じました。それらの語に対する反応時間が特に長くなったのです。そこでユングが，「酔っぱらって，誰かをナイフで刺すという不愉快な出来事があったのではないか」と推測すると，彼はナイフで相手を刺して一年間刑務所に入っていたということを告白したのです。だからかれは，この傷害事件がコンプレックスになっていたのです－
〈すごいですね，なかなか隠しおおせるものではありませんね？〉
－ええ，コンプレックスというのはなかなか自分の思う通りにはなりませんから，自分の意志に反して，ついでてくるということがあるんでしょう－
〈それで，コンプレックスを告白した後，その男子にとってその告白は役に立ったのでしょうか〉
－そこまでは書いていません。ただ，治療にどう役に立ったかは，一般の精神科医や学者はあまり書かないので，ユングだけを責めるわけには行きませんが，いずれにしてもある何かの発見や現象が，治療の役に立つものかどうかの視点は常に持っておいた方がいいのでしょうね－

e．コンプレックスの種類とコンプレックス発見の意義
〈コンプレックスの種類にはどんなものがあるのですか？〉
－それはもう無数にあるのでしょうが，ユングは一応正常コンプ

レックス，偶有コンプレックス，持続コンプレックスの3つに分類しました（『無意識の発見』[8] より）。

　正常コンプレックスの場合，女性においては性愛コンプレックスが前景に立ち，また家族，住居，妊娠，子供，結婚状態に関するコンプレックスが顕著でした。男性では野心，金銭，成功希求のコンプレックスが性愛コンプレックスよりも優先しています－
〈コンプレックスって人生の課題ともかなり重なるようですね〉
－そのようですね。それから後の偶有コンプレックスとは患者の人生にたまたま起こったその人特有の事件と関係したものです。また持続コンプレックスでは，ヒステリー患者と統合失調症者において特に興味あるものが見られたようです－
〈それでこの言語連想実験とコンプレックス発見の意義をまとめてください〉
－まず第一は，コンプレックスの発見により，コンプレックスの征服と自我への統合が可能になり，患者の治療，特にヒステリーの治療が前進したことですね。

　もう一つは先述したように，統合失調症者（当時は早発性痴呆と呼ばれていたが）の理解や治療接近に道を開いたということです。つまりその当時の通常の問診ではなかなか発見出来なかったコンプレックスが発見され，統合失調症者もヒステリー患者と同じコンプレックスを持っているということがわかったという点です。統合失調症者が訳の分からない存在ではなく，神経症患者や健常人とも連続性を持っているということを知らしめている点ですね。そして，理解が深まると治療者の方も違った目で患者と接するようになり，面接もより深くなり，ますます理解が可能になってくるという良い効果を生んだように思われます[9] －

f．連想実験のその後
〈ところで，ユングのこの画期的な連想実験はその後どうなった

んですか？〉

－高尾によれば，ユング自身は，7〜8年間の集中的研究の後，ぷっつり，使用しなくなったということです。そして「人の心について知ろうとするものが実験心理学から学ぶことは何もないであろう」と述べています－

〈これはどういうことですか？〉

－多分，連想実験の助けなどで，患者の心理が分かり出したら，わざわざテストに頼らなくても，面接や対話で十分で，また，その方が治療的とも言えるということでしょうか－

〈これは，ロールシャッハでも同じことですね〉

－ええ，ロールシャッハ検査が上達すると，患者面接がうまく行きだし，他の患者が来ても，もう検査の必要がなくなってくるのです。検査による面接感覚が身についていますから－

〈何か，ロールシャッハをしなくてもすむために，ロールシャッハを勉強するといった感じですね〉

－スポーツでも芸道でも，事情は同じだと思います。でもね，初期の訓練としては大事なんですよ。ユングも「投影法は訓練にとりわけ有効です。これらの検査を通じて，抑圧や記憶喪失の現象，また，人々が自分の情緒をおおいかくすやり方などを，実際に解明することができましょう[10]」と述べていますから，大事なことはとても大事なんです。だから，投影法を十分勉強もしていないのに，投影法は治療に重要でないなんて言い方は許されないと思いますよ－


3．ユングの治療例（統合失調症者に対して）

〈それでは，ユングの治療症例をいくつか紹介して下さい〉

－そうですね，まず最初は統合失調症圏の症例をいくつか示してそれについて考えていきましょう－

a.【事例A】

抑うつ的性格を伴う統合失調症（30才くらいの婦人）

ーこの患者は，上記のような診断のもとで，入院していたのですが，たまたまユングの受け持ちになったのです。診断は統合失調症ですから，予後も思わしくないようでしたが，ユングは何か妙な感じを覚え，予後が思わしくないことに納得できませんでした。しかし，病歴をしらべても，彼女の病気を解明する手がかりは何も発見できなかったのですー

〈それでユングはどうしたのですか？〉

ー先述した言語連想検査を施行し，また夢についても彼女と話し合ったのですー

〈その結果は？〉

ー「天使」という言葉で最初の混乱を起こし，次に「頑固な」という言葉では完全に反応がなかったのです。それから「邪悪な」「お金持ちの」「お金」「愚かな」「いとしい」「結婚する」という言葉に混乱があったのですー

〈その結果をもとにしてどのように彼女に接近したんですか？〉

ーまずは直接核心に触れないような言葉について，患者に尋ねていったのです。もちろん彼女の方に拒否や沈黙がありましたが，それを克服しながらつぎのような物語を引き出すことができたのです[11]ー

〈どのような物語ですか？〉

ー彼女は結婚前に一人の男性を知っていましたが，彼は金持ちの息子で，近隣の娘たちは皆彼に関心を持っていました。彼女は大変愛らしかったので，彼をとらえる機会はかなりありると考えていたのですが，彼の方は明らかに彼女のことに無関心であったため，彼女は別の男と結婚してしまったのです。

　5年後，一人の旧友が彼女を訪ねてきました。彼等は昔話をし

あったあと，その友は彼女に「実は，金持ちのあの息子は，あなたに恋していたので，あなたが結婚したというのを聞いてとてもショックだったそうよ」ということを伝えたのです－

〈そんなことを聞かされた彼女もショックでしょうね？〉

－ええ，だから，それを契機にして抑うつ症状が始まったんです。そして，それは次のような事件で大詰めに達しました－

〈どんな事件ですか？〉

－彼女は，4才の娘と2才の息子を入浴させていました。彼女はあまり衛生的でない田舎に住んでいましたので，飲み水はまだきれいな泉の水が使われていましたが，風呂や洗濯用の水は川の汚れた水だったのです。そして，入浴中，子供たちがその汚れた水を含んだスポンジを吸っていたのですが，彼女はそれを止めようとしなかったのです－

〈すごいですね。彼女はそれを意識的にやったんですか？それとも無意識的だったんでしょうか？〉

－おそらく，両方だったんでしょうね。結局，息子は助かったものの，娘の方は死亡し，その頃より彼女の抑うつ症状が急性状態に達し，病院に送られてきたんです。

　ユングは，彼女の秘密の詳細をこのように知ってきましたが，次のことを伝えるかどうかで悩みました。つまり，彼女は今のことを事実としてだけ述べましたが，彼女の本当の願い（彼女の中にある悪魔の願い）は，前の男性のために今の男性との結婚を拒否することで，その拒否を娘を殺すという形で表現したということをです－

〈ユングはそういう彼女の無意識的願望と罪悪感が，抑うつ症状の原因だと考えたんですね？〉

－そうなんです。そしてそれを意識化することで彼女の治癒がもたらされると考えたのでした。しかし，ユングは相当迷ったよう

です。というのはそれらを話してもし悪化したら，ユング自身も同様の危機に陥ることになりますし，同僚に相談しても反対されるのは間違いないようなのです。でも，そのままにしておいても彼女の予後は決してよくありませんから，ついにユングが知っていることを全部告げ「あなたが，ご自分の子供を殺したのです」と言ったんです－

〈どうなりました？〉

－彼女は，一瞬カッとなりましたが，しばらくすると，事実に対して冷静になってきました。そして３週間後には退院することができ，２度と病院へは戻ってきませんでした－

［症例Ａについての検討］

〈Ａ例についての感想はいかがですか？〉

ア．連想検査の凄さと面接技術を進歩させる働き

－まず浮かぶのは，連想検査によって核心に入り込める，全体像が明らかになってくるということで，この検査のすごさを感じます。それとこの検査を研究だけではなく，治療に使っているという点が評価できます－

〈でも，必ずしも連想検査を使わなくても，入っていけるように思いますが？〉

－そうかもしれませんね。ただ，この当時はユングも若く，精神医学も統合失調症に対する治療的理解がほとんどなかった時ですから，おそらくは，統合失調症と診断されたこの女性を前にして，核心を明らかにしていくような問診や面接が難しかったのではないかと思われます。

その後，統合失調症や無意識に対する理解が進み，またユングの経験も増えるにつれて，面接技術も進歩したと思われますが，その結果もう患者にはあまり使わなくてすんできたようです－

〈つまり，連想検査が面接技術を進歩させ，その結果連想検査が，

ユングの治療や面接においてそんなに第一義を占めなくなったと言えるんですね。何か，この検査が統合失調症治療のイニシエーションと言えそうですね〉

—そこまで飛躍していいかどうかわかりませんが，ある程度はそう言えそうです。そしてこれはロールシャッハ・テストについてもおなじことが言えるかもしれません。つまり，ロールシャッハ・テストに習熟すればするほど，面接技術が進歩し，その結果テストを使わなくてもすんでいくというようになるということでしょう—

イ．真実共有の重要性

〈わかりました。次はどういう点が印象にのこりましたか？〉

—やはり，真実を告げている点です。真実を追求するだけではなくて，その真実を患者に直面化させることが，治療にとっていかに重要かということを考えさせられました。精神病理学的知識を，医者だけが持っているのではなくて，患者と共有することがとても大事かと思われます[12] —

〈でも，怖いですね。この場合，真実を告げなければなかなか改善しなかったと思われますが，もし下手に告げて，やはり改善しなかったり，あるいは逆に悪化したりしたら，「そんなことを患者に言ったから悪化したんだ」と言われてしまいそうですからね〉

—ええ，でもユングはユングなりにある程度の読みと見通しを持っていたと思いますね。だから，どんな場合でも，やみくもに自分の感じたことを口にした訳ではないと思いますね。しかし，こんなふうに統合失調症者と真実を共有しようとしていったのは，おそらくユングをもって嚆矢とするんでしょうから，やはり，こわかったと思いますよ—

ウ．物語の再構成の重要性（治療に役立つ理由。特に異常意識・脱落意識からの脱却）

〈しかしそういう思い切りが治療を進歩させるんでしょうね。後言うべきことは？〉

－患者の治療には，患者の物語を再構成することが重要だということでしょうね。ユングはこの点について「精神医学における患者は，多くの場合，話されていない物語をもっており，それを概して誰も知らないでいる。治療は個人の物語をすっかり調べあげた後ではじめてほんとうに始まるのだ。それは患者の秘密であり，彼等が乗り上げている暗礁である。もし私が彼の秘密の物語を知っているとしたら，私は治療への鍵を握っていることになる。医者の仕事は，その知識をどうして得るかを見つけ出すことにある。たいていの場合，意識的材料の探索だけでは十分ではなく，時には連想検査や夢の解釈やその個人との長く忍耐強い人間的な接触が道を開くこともありうる。治療においては，問題は常に全人格的なものにかかわっており，決して症状だけが問題になるのではない。私たちは，全人格に返答を要求するような問いを発しなければならないのである」と述べています－

〈物語を知ることが，何故治療の役に立つのか説明してもらえませんか？〉

－一番重要なのは，患者にとって自分の症状の起源や背景がわかることで，それがわけのわからないものではなくて意味あるものと感じられることです。患者は，自分が異常な体験をしていて，その結果異常な人間になってしまったと感じていることが多く，また深い孤立感を感じていることが多い訳ですから，これで異常感や孤立感から救われるのです。またユングはこうした患者の物語と神話や伝説との間に共通点を見出しているようです[13]。そして「神話や伝説の心理学的効果は，患者が直面している特殊な状態の普遍的で人間的な意味を患者にむすびつけることにあります。(中略) もし彼の特殊な病気が彼個人の病気ではなく，普遍性の

ある病気で，神の病気でさえあることが示されると，彼は人間や
神の仲間です。そして，この認識が治療効果を生むのです」と言っ
ています。

　次に，症状の背景や起源や意味がわからないと，患者の関心は
いつも症状に向かったりとらわれたりしますが，それらがわかる
ことによって，症状に関するとらわれから少しは解放され，将来
のことに目が向くように思われます。過去の物語の解明が将来へ
の決断を可能にしていくのです。更に，物語を治療者に語るこ
とによって治療者との関係がつき，治療者への信頼感を増すこと
も大きいと思います。それは自分を信頼することにつながるので
しょう。その他，物語構成を通じて，思考が訓練されたり感情が
開発されたりということも，治療効果を生むのかもしれません－

エ．治療は共同作業。症状・病名は，患者と治療者の合作

〈でも，患者の症状や言動等に意味を見出し，物語を再構成するっ
て容易なことではないのでしょうね？〉

－当り前です。ユングも自伝で「精神医学が精神病者の中身を調
べるのにそんなに長時間を要しなければならなかったことはいつ
も驚きだった」と述べていますから－

〈少し，安心しました。私など，なかなか患者さんが理解できず
苦しむ時があるのですがユングでも，そうなのだということがわ
かって〉

－ユングは，また，こうも述べているのです。やはり，自伝によ
りますが「患者とともに働くことを通じて，私はパラノイア的観
念や幻覚が意味のきざしを含んでいることを理解した。ある人格，
生活史，希望や欲望のパターンが精神病者の背後に横たわってい
る。もし我々がそれを理解しないのなら我々の方が間違っている。
その時はじめて，私には人格の全体的な心理学が，精神病者の中
に隠されていること，およびここでさえ我々は古い人格の葛藤に

出くわすのだということがわかりかけてきた。患者たちはのろま
で無力で馬鹿なように見えるかもしれないが，患者の心の中には
外見よりももっと多くのものがあり，意味のあるものももっと多
い。実際は，我々は精神病者の中に新しく，未知なものを発見し
はしない。むしろ，我々自身の性質の土台に出会うのである」と
言っているのです－

〈だから，患者の症状に意味を見出せるかどうか，即ち治るかど
うかは，治療者にかかっているということですね〉

－治療者だけということはないでしょう。やはり本隊は，本人(の
自覚，治療意欲等)で，治療者や家族や関係者（友人・恋人・上
司等）は応援部隊ということでしょう。後，運と縁も絡むのでは
ないですか？－

〈結局，治療とは神様や仏様も含めた，5者（本人，家族，治療者，
関係者，超越者）の共同作業ということですか？14)〉

－超越者に関しては反対される方もいるかもしれませんが，私の
今までの体験ではそんな気がしますね。だから，予後はもちろん，
症状や病名などは，患者と治療者の合作なんですよ－

〈こういう風に，治療者の責任を認めているユングには，好感を
持てますね〉

－いつもそうではないですよ。ひどく，突き放した言い方をする
こともありますしね－

オ．言うか言わないかを考えることで，主体性は醸成される

〈ところで，Bさんだったら，このA事例にどう対応されますか？〉

－あまり，情報が十分ではないのでよくわかりませんが，多分抑
うつ状態とその背後にあるものを，共感をこめて共同探求するで
しょうね。ユングと同じように－

〈当然，抵抗に出会いますよね〉

－その時，私ならテストを使ったりせずに，病歴の中で漏れてい

る点や面接の中に出てこない点，言いにくそうにしている点等に
注目して，その言いにくさをとりあげますね−

〈彼女がその点にはあまり触れたくないということを言い出した
らどうしますか？〉

−当然，そういうことがちゃんと言える，自己主張できていると
評価しますね−

〈それだけですか？〉

−その上で，言わないでおく権利は当然あるし，言わない方が楽
でいい場合もある。反対に言わないと苦しくて仕方がない時もあ
る。言うか言わないか迷う場合もある。いずれにせよ，そんな
風にあれこれ迷ったり考えたりすることは治療にいい，と言うで
しょうね−

〈迷っているだけで進まない場合は？〉

−その時は，確かに言うのも辛いし言わないのも辛い，どちらも
辛い，どちらの辛さをとるかの決断が大事だと言うでしょうね−

〈それがわからないんです，と言ってきたら？〉

−多分，参考意見としてという前置きをした上で，「言ったら，
理解してもらえる，ほっとする。治療者にわかってもらうことで
いいアドバイスがもらえるかもしれない。ただ，理解されないで
傷付いたり，辛さをまた思い出しただけで一層苦しくなった，と
いうことになるかもしれない」，他方「言わないでおくと，辛い
ことに直面しなくて苦しくならないかもしれないが，問題の解決
は後回しになるかもしれない」と言って，「言うのも言わないのも，
メリット，デメリットがあるだろう。その時，メリットがデメリッ
トを上回る方を，僕なら選ぶけど」と述べておいて後は，じっく
り彼女の出方を見るでしょうね。

　それと，彼女が応じるなら，内容はいいから言いにくい背景だ
けでも話してくれたら，というように抵抗分析の方に水を向ける

かもしれませんね−

〈結局，言うか言わないか，言うとしたらどこまでだれに言うかを本人が考えていくことに治療の大事な点があるのですね？〉

−そうです。それがまさに，主体性が回復あるいは形成されるということで，内容よりまず前にそのような作業をしますね。そして，その上で内容をどこまで言うかは，彼女の決断ということになるでしょうし，そういう構えのもとで，内容を聞くほうが安心して物語の再構成ができるように思います−

〈わかりました。内容よりまず構造からということですね？〉

−もっとも，実際は，そんなに簡単に内容と構造を分けられませんが−

b．【事例B】

「神と対話した」若き女教師（『精神疾患の心因論問題について』[15] 全集3巻）

①ユングの控え目な発言（精神病の精神療法についての可能性）

−このB事例は，1919年に発表された上記論文に収録されています。

　ユングは「精神病の精神療法について語るのはまだ早過ぎる。またこのことについては楽観的にもなれない。今のところは，精神病の発症や経過に影響を与える心理学的役割や意味を探ることの重要性を強調するだけにしておきたい。私の取り扱った精神病事例のほとんどは，あまりに複雑で込み入ったものばかりであったのだ。しかし，なかにはわりとシンプルなケースにも出合う場合もあったので，そうした事例に関しては，精神病の原因について，少しは意見を言えるかもしれない」と前置きした上で，以下の事例を紹介しています−

〈80年以上たった現在でも，精神病の治療は苦労の連続で，また簡単に理解できる事例は少ないと思うのですが，この当時，そう

したことのパイオニアとしてのユングの苦労は実感されます。それはともかく，それはどんな事例なんですか？〉

**②事例Bの初期症状（幻聴と引きこもり）**

－この例は，急激に統合失調症状態に陥った女性患者で，家庭医からユングのもとに送られてきた症例です－

〈初期の症状や問題点は？〉

－自閉，引きこもりと幻聴です。幻聴の内容は「戦争と平和や人間の罪悪に関する神の声を聞いた」というものでした。又，夜にはイエスも現れてきたというのです－

〈ユングの第一印象はどんなのでしたか？〉

－彼女は全く物静かで，周囲に対して全く関心がないようでした。ストーブのそばに一日中，直立して立っており，質問に答える以外に全くの無言でした。それにその質問に対する答えも非常に短くて，何の感情もこもっていないのです。挨拶ですら何の感情も表しません。またユングの訪問が突然であったにもかかわらず，何の驚きも好奇心も全然示さないのです。

　ユングが，彼女にどんな体験をしているのか聞きますと，「神様と長い話をしていた」と言うのですが，他は全く黙ったきりで，しかもどんな話をしたか覚えてもいないのです－

**③ユングの対応（患者の宗教体験の尊重）とBとの対話**

〈困ったことですね。それでユングはどうしたんですか？〉

－ユングは，彼女が神との話を忘れてしまったというのはとても惜しいことだと述べました。すると彼女はそれらを記録してあると言うので，それを見ますと十字架が一つ書かれてあるだけで，その横には初めて神の声を聞いた時の日付けが記されていました。概して彼女の答えは短く無関心な様子で，彼女自身は知的で有能な教師であるにもかかわらず，全くその痕跡すらないようでした。こうなると，彼女からまとまった物語を引き出すことは不

可能です。ユングは，関心の全き喪失という抵抗に抗して，彼女からの話の断片を繋ぎ合わして，全体像を描こうとしました－

〈でも，彼女はほとんど話をしないんでしょう。どうしたんですか？〉

－ユングは母の助け[16]を借りたのです。母によれば，患者が姉とある宗教的会合に行った後発病したと言うのです。彼女はそこから帰って来た時，ひどく興奮していて自分が完全な宗教的回心を体験したと言っていたと言うのです。

　それでユングは原因を探ろうとして次のような対話をします。

ユ「あなたは神の声を聞く前に，宗教的回心を体験したんですか？」

患「ええ」

ユ「回心したということは，その前に自分のことを罪深い人間だと思っていた訳ですか？」

患「ええ，そうなんです」

ユ「どんな罪を犯したんですか？」

患「わかりません」

ユ「そうですか？でも私は，あなたが自分の罪が何であるか知っていると思いますが？」

患「ええ，私は悪いことをしました」

ユ「いったい，何をしたんです？」

患「男の人を見たんです」

ユ「どこで？」

患「街の中でです」

ユ「男の人を見たのが罪なんですか？」

患「いいえ」

ユ「その男の人というのは？」

患「Mさんです」

ユ「彼を見た時，どんなことを感じたんですか？」

患「彼を愛してしまったんです」

ユ「今でも彼に愛を感じていますか？」

患「いいえ」

ユ「どうして，今は愛してないんですか？」

患「わかりません」－

〈少しづつわかってくる感じですね？でもこの強固な無関心はどうなりました？〉

－これはなかなか変化しなかったようです。それで，ユングはこの患者の検索は無理だろうと思ったり，いつも自分の質問がうわすべりしているのではと感じていたようです－

〈諦めたんでしょうか？〉

④「無関心的態度こそ彼女Bの大事な防衛」とユングは考える

－いいえ，むしろユングは，この無関心 (indifference) という態度そのものをとりあげました。そして，この態度が心的内容の欠如ではなくて一つの防衛の態度とし，またこの防衛でもって，隠された葛藤が引き起こす恐ろしい感情から身を守っていると考えたのでした[17]。そして，このような理解を念頭に置きながら，粘り強く質問を続けていったのです－

〈すごく，時間がとられますね〉

－ええ，ユングも，精神病患者の探究には無限の時間が必要であり，それ故心理的連関が見逃されても何ら不思議ではないと述べています。事実，精神病院の医者は時間的余裕がないため，患者に多くの時間をさけず，それ故，不充分な病歴しか作製されないとも言っています[18]－

⑤明らかにされた物語

〈それでどうなったんですか？〉

－結局，次の様な物語が明らかになったのです。

発病の数週間前，患者は友達と一緒に街に出かけましたが，そこでM氏と知り合いになったのです。彼女は彼のことを好きになりましたが，自分のこの感情の激しさに圧倒され急に無口ではずかしがりになったのです。友達にはこのことを言わず，密かにMが自分の愛に応えてくれることを期待していましたが，そうならなかったため，彼女は街を去り家へ戻ったのです。

　彼女はそれまで特に宗教的というほどのものではなかったのですが，自分の感じた感情の強烈さに圧倒されて，あたかも大きな罪を犯したように感じたのです。それから2週間後，友達に誘われるまま，ある宗教的な会合に出席したところ，そこで深い感銘をうけ，そのまま回心したのです。そこで彼女は大きな安らぎを得ました，というのは罪悪感が消え去り，Mに対する恋情も完全になくなったからです—

〈やっぱり，このような隠された物語があるんですね。それでユングはどうしたんですか？〉

#### ⑥Bが恋愛感情に罪悪感を感じる理由

—彼は，何故彼女が恋愛感情にこんなにも罪悪感を感じるのか疑問に思い，探っていったところ，このような感情に対する罪悪感や恥ずかしさは，16歳の時に犯した一つの罪から来ているということがわかったのです。彼女はその時友達と散歩していたのですが，そこで年上の知恵遅れの女に出合い，彼女を挑発して猥褻で淫らな行為へと走ったのです。この事実は両親や教師の知るところとなり，彼女はひどく怒られました。それ以後，彼女はそうした行為の不道徳さや不正さを認識するとともに，自分のことを罪深いと思い，これからは清らかで決して後ろ指の指されることのないような生活を送ろうと決心したのです—

〈気持ちはわかりますが，ちょっと無理があるようですね？〉

—ええ，だから，この時を境にして引きこもってしまい，家の外

にも出ないし，また近所の人が自分の過ちを知っているのではないかといつも恐れていたのです。だから家にいることが多く，あらゆる世間的な楽しみを避けていたのでした。

　彼女は道徳的には「良い子」でしたが，余りにも長い間子供でいすぎたのでした。また，彼女の16歳の時の行為は子供特有の無責任性が原因なのですが，それを余りにも罪深く考え過ぎたのでした。そしてこの体験は，愛の感情に影を落とし，Mとの間で見られたようにそれらに強い罪悪感を感じるようになったのです－

〈こう見てきますと，彼女が宗教的に回心したのは至極当然のことですね？〉

－ええ，だから病的な印象を与えるのは程度問題にすぎないんです。事実，彼女と共に怒られた少女はそれ程罪悪感を持ち越さなかったようですから－

〈この患者の場合には，これで他の人間関係まで断ち切ってしまうところまで行ったんですね？〉

－ええ，それで彼女の人間関係に対する欲求は押し込められたままでしたから，このMに出合った時にはもうその感情の激しさに圧倒されるばかりであったと思いますよ。そして満足のいく返答をもらえなかった彼女は深い絶望の中に入ったのでした。しかし，彼女の人間との関わりを求める気持ちは彼女を宗教へと導き，それは彼女から恋愛感情といったものを追い払ってくれたのでした。これで彼女は，恋情という苦しさからは解放されたとはいえ，通常の女性たちの持つ日常の欲求を廃棄してしまったのです。そして，彼女の希望や欲求は，日常の世界や現実機能から遠ざかり，彼女自身のなかに自閉的世界を作り上げたのです [19] －

〈現実生活の具体的な価値との繋がりを失うと，もう無意識的内容だけが現実になってくるんですね？〉

－ええ，心理学的見地からすれば，精神病というのは無意識的要

素が現実に取って代わるということですからねー

〈ただこの種の回心は全て統合失調症に移行するんでしょうか？〉

ーもちろんそうではありません。ある人はヒステリーになるかも知れないし，ある人は現実との繋がりを失わないかもしれませんー

⑦事例Bの改善

〈ところで，このような物語が明らかになった後，患者はどうなりました？〉

ーもちろん患者の状態は顕著に改善しました。そしてユングはこのような探究の結果，驚くべき改善を見た症例を繰り返し経験していると述べていますー

⑧事例Bについての検討

ア．テストを使わず面接だけで治療を進めていること。宗教体験の尊重

〈B例についてはいかがですか？〉

ー今度は，連想検査を使わずに面接だけで治療を進めていますね。これは，ユングの統合失調症に対する理解が進んできていることを表しているように思われますー

〈ユングの接近の仕方についてはどうですか？〉

ーまず，幻聴の内容に積極的に関心を示している点が感心できます。患者にとっては，自分の病的体験に積極的関心を示してもらえているというのは一つの救いになるでしょうからね。もちろん，患者はすぐにそれに反応できないことが多いのですが，後になって聞いてみると，治療者の積極的関心が自分にとっては救いであったというようなことを表明することが多いようです。

　それと神と話している点に関して，彼女がその内容を忘れてしまったことを残念がっているように，彼女の宗教体験を病的扱いせずに，それを尊重しようとしているところがいいですね。私の『癒しの森』[20]の事例も，ユングのこの体験に支えられているの

かも知れません—

イ．全体像の再構成と，積極的質問の重要性

—次に，患者の言動や家族からの情報を集めて，全体像を再構成しようとした点もいいと思います。統合失調症者の言動はバラバラのことが多いですし，自分の方からまとめる力がありませんから，治療者の側から一つの仮説や物語を頭に描き，それをもとにして患者と話しあっていき，またその物語を修正していくという作業を繰り返すことが必要になってくるようです。統合失調症者の場合は神経症者の場合に比べて，治療者の方がより積極的に能動的に全体像を構成していかねばならないように思われます[21]。さらに，感じることは，患者に対して積極的に質問しているところです。彼女の表面上はそっけない返答とは対照的に，ユングの質問は彼なりの仮説にもとづいたかなり解釈的な質問です—

〈でも，治療者やカウンセラーは受け身が原則でしょう。こんなに積極的にいくのは恐い感じがしますが？〉

—それはわかりますが，いくつかの事例，特に精神病の事例ではこちらの積極的踏み込みが必要ですよ。というのは，精神病水準まで落ち込んでしまうと，自力で立ち直るのはなかなか難しく，治療者側の積極的介入が必要になる場合が多いのです。ただね，やみくもに質問していいというものではなく，その時には周到な仮説や柔軟性が必要ですがね—

ウ．無関心的態度に対するユングの理解

〈でもそうやってもなかなかこの「無関心」の壁は突破しにくかったのですね〉

—ええ，だから，ユングも無限の時間が必要だと言っています—

〈しかし，最後には物語が発見（構成）されて，治癒に導かれた。これは「無関心」の壁が克服された結果だろうと思うのですが，この点に関してはユングのどういう点がよかったと思われます

か？〉

―まず「無関心」に対する理解があったことが，考えられます。この「無関心」というのは，非常に治療者を悩ますのですね。何を聞いても反応が無い，自分が一人相撲をとっているような感じにさせられる，又どんどん質問していこうとすると無理に侵入しているのではないかという気持ちになる，やっと出てきた返答もこちらの誘導尋問の結果ではないかという気にさせられる，逆にじっと沈黙につきあうとほったらかしにしているのではと思わされるといった様々な感情に曝されるのです。

　しかし，ここでのユングのよかった点は，「無関心」そのものが防衛的意味を持っている，つらい葛藤に対する守り手になっているということを理解していたところにあると思われます。

　だから，一方でその「無関心」の持つ意味を充分に尊重しながら，一方で粘り強く患者の内界の探求に進んでいくという2方向をうまく組み合わせていったのがよかったと思われます。また，いくら時間がかかってもかまわないと覚悟していたと思えますが，その点も治療にゆとりをもたらしたのではないかという気がします―

〈治療者の愛情や理解を背景にしながら，隠された葛藤を見つめていくというつらい作業がなされていく，このことを患者はどこかで感じとっていたのでしょうね〉

―そうでしょうね。だから，治療が進んだのだと思いますね[22]―

エ．B事例の要約

〈この症例の要約をしてください〉

―一番，大きなことは，幻聴や無関心に意味があり，隠された物語があるということを患者から引き出していった点にあると思われますね。

　すなわち，16才の時の外傷体験以来，彼女は性や愛だけではなく，普通の人間的接触からも引きこもる傾向が続いていた。し

かし，性や愛の感情は成長と共に自然に大きくなる。だからそれらは影となって抑圧されるが，年と共にその影は大きくなってくる。そして，その影をM氏が刺激した結果，彼女はひどく動揺し，抑圧という神経症的防衛ではやりくりできなくなった。もちろん彼女には影を統合したり，葛藤を内在化させる自我の力は育っていなかった。そこで彼女は宗教に救いをもとめ，それは彼女にある種の安らぎを与えたが，逆に内への引きこもりはますます強くなり，極端な無関心に移行した。それ故，幻聴という形での神との対話しかできなかった。このような物語が隠されていたと言えるようです－

〈やはり，諦めずに探求すべきですね？〉

－ええ，ユングもこの論文の最後に「心因をそんなに重要視するつもりはないが，精神科医か，もうすこし心理学的探求に力を注いでくれたら，というのが私の願いである」と結んでいます[23]－

c.【事例C】

月へ行った少女

①C事例の歴史と初期状態（緊張病状態）

－この例は，昏迷と妄想を主症状としたやはり統合失調症ですが，ユングの患者へのコミットの仕方や転移のものすごさを感じさせられる症例です。『統合失調症』という論文（1957年，全集3に収録）や自伝に載っている事例で，しばしば至るところで引用されかなり有名なケースです－

〈どんな症例ですか？〉

－ユングの初診時，19才の女性です。彼女は教養のある家の出ですが，15才の時に，兄に誘惑され学校友達から口汚く罵られるという体験をしています。16才で孤独になった彼女は人前から姿を消し，自分の家の番犬としか情緒的繋がりを持てなくなったのです。そして，17才の時には，カタトニーと幻覚のために

精神病院に1年半入院の経験を持っています。

　彼女の兄は医者だったのですが，彼女の予後にすっかり絶望した兄はユングに，人間に可能なことであれば，自殺の可能性も含めて，何をしてもいいという白紙委任状を手渡し，緊張病の状態で彼女を送り込んできたのでした。

　最初，ユングが出会った時，彼女は完全な緘黙の状態でした−

②緘黙に対するユングの対応

〈それで，彼はどうしたんですか？〉

−ユングは，彼女を自分の近所のサナトリウムに入れ，そして毎日1時間診察を受けに来るようにさせたのです。彼は，根気よく繰り返し質問を続けていった結果，数週間後には，面接の終わりに，2〜3言喋るようになったのです。

　話し始めたときは，絶えず途絶が生じ，話が中断しましたが，最終的には自分の精神病の内容を話せるようになったのです−

③Cの語った内容（月へ行き，吸血鬼と思われた美青年と出合う）

〈これは，先のB事例よりすごそうですね。で，それはどんな内容なんですか？〉

−彼女は，自分が月に住んでいたのだと言いました。月には人が住んでないようでしたが，男の人達には出会いました。彼等は彼女を，彼等の子供や妻がかくまわれている月の地下の住み家に預けました。というのは，月の山の上には，女子供をさらい殺す吸血鬼が住んでいたので，月の住人たちは絶滅の危機にさらされていたのです。彼女は月の住人を救おうとして，吸血鬼を滅ぼそうと決心しました。幾晩か待った後，数対の翼を持った吸血鬼がやってきたので，殺そうと思って，手をナイフに当てて吸血鬼に近ずきました。すると突然，翼が開かれましたが，何とそこにはこの世のものとは思われないほど美しい男が立っていたのです。そして彼は，彼女を翼のついた腕の中にしっかりと包み込んだの

で，彼女はもはやナイフを使うことができなくなったのです。彼は彼女を台の上から引き揚げ，彼女と一緒に飛び去って行きました－

④Cの抵抗と緊張病の再発

〈うーん，大変な物語ですね，この後どうなったのですか？〉

－この告白の後，彼女は抑制なくしゃべれるようにはなってきたのですが，この種の患者の常として，抵抗が生じてくるのですね－

〈その抵抗とは？〉

－彼女はユングと，月の物語を共有した訳ですから，一面から見れば他者との人間関係が生まれて治癒の方向に向かうという側面があるのですが，違う側面から見ればユングによって現実を認識させられ，それで月に帰れなくなってしまった訳です。

　彼女はユングに対して「この地球の世界は美しくないが月はきれいで，そこでの生活は意味豊かだ」と言っています。彼女にしてみれば，beautiful psychosis にもどれなくさせたユングが憎いのかもしれないのです。

　それ故，彼女はこの告白の後，精神運動興奮状態になり，精神病院に送られ，ブロイラーによって緊張病の診断を下されたのでした－

〈彼女は今まで秘密を守っていたのが，ユングによって暴露されてしまったのですね。だから，治療者との体験の共有とは，一面では患者にとってすごい喪失になる訳だし，良くなるというのも大変怖い面があるのですね。それで再発の後，どうなったんですか？〉

⑤3度目の入院とユングの宣言「貴女は月には帰れない」

－心配しなくても，2ケ月で退院して，またユングとの治療が続けられます。そして今度は，前よりももっと近づきやすくなり，もっとよくしゃべるようになってきました。以前の無為や情動欠

如といったことはなくなり，彼女の話しは感情や情緒に溢れるようになってきたのです。

　でも，そうなってくると，いわゆる正常な生活や社会的活動に復帰するということが課題になり，彼女はまた混乱しだすのです。すなわち，彼女はこの地球上の生活が避けられないものであることを次第に理解するようにはなってきたのですが，その結論に対して，死にもの狂いで抵抗するのです。その結果また入院になったのです。今度の診断は，非定型てんかん性もうろう状態 (unusual epileptoid twilight state) でした－

〈第2の再発ですね。それでこの後は？〉

－ユングは彼女を病室に訪ねていって「もうあなたは月に帰ることはできないんですよ」と言ったのです。彼女はこれを黙って無気力な様子で聞いていましたが，結局この時は短期間の入院で済み，彼女は運命に従ったのでした－

⑥社会復帰とユングへの物凄い転移

〈それでこの後，社会に戻れたのですか？〉

－ええ，彼女は看護師としてサナトリウムで働けるようになったのです。でも，すごいエピソードもあります。それは彼女に対していくぶん無分別に接近した医者がいたのですが，彼に対して彼女は連発銃を打って応酬したのです。幸い，その医者はかすり傷程度で済んだのですが，いつも彼女は銃を持ち歩いていたのです－

〈こわいですね。やっぱり，まだまだ人間を信用できないのでしょうか？〉

－そうかもしれませんね。ユングに対しても，治療の終わりの面接の時にその銃を彼に与え，「あなたが，私を見捨てていたら，私はあなたを撃ち倒していたでしょう」と言っているのです－

〈すごい転移がおきているのでしょうね。それで彼女はどうなったんですか？〉

－今度はよくなったようです。彼女は生まれ故郷の町へ帰って
いって，そこで結婚し，数人の子供を持ち，以後再発すること
がありませんでした－

⑦事例Ｃについての検討

ア．ユングの沈黙に対する対応

〈Ｃについてはどうですか？〉

－Ｃは，Ｂよりも，もっと重症で緘黙や昏迷がひどかったと思わ
れます。それに対して，ユングが接近し，精神病の内容を聞き出
していけたというのは，ユングの患者に対するコミットの仕方が
素晴らしかったのだと思われます。それに向精神薬もなかった時
代ですから，なおさらです。じっとそばにいて，相手から答えが
返ってこなくても繰り返し質問を続けていく，そうするといつか
相手は応えてくれるということですね。何かそばにいるだけで意
味があるということで，フェダーンの弟子のシュビングの接近を
思いおこさせます－

〈沈黙に対してはユングは，いつも質問だけしていたんですか？〉

－そんなことはないと思いますよ。小説『ザビーナ²⁴⁾』によれば，
同じく拒絶的で全く沈黙していたシュピールラインに対して，ユ
ングは自分の家庭や生い立ちや宗教の話等を独り語りのように話
し，シュピールラインの口を開かせ，周りの者を驚かせたという
ことです。だから，質問だけではなく独白というような接近もあっ
たということでしょう－

〈それにしても，シュピールラインの沈黙をよく破ったものです
ね〉

－その小説を読むと，ユングの話は，シュピールラインの幼児期
とマッチしていたようでそれがシュピールラインを動かしたのだ
と想像されます－

イ．良性の沈黙と悪性の沈黙

〈それにしても，沈黙に対するユングの接近には驚くべきものがありますね。ただ，一つ聞きたいのですがユングにも相当詳しいある高名な日本の心理療法家が，沈黙に対しては，こちらはなるべく沈黙で応じるようにしていると聞いたのですが，これについては如何ですか？〉

－うーん。それについて話す前に，私には沈黙は，良性の沈黙と悪性の沈黙があるように思うのです－

〈何ですか。それは？〉

－良性の沈黙とは，独りでもかまわない，むしろ独りの方がいいという感じでしょう。ウィニコット[25]は，こどもの成長の一つとして，永遠に無言な交流をあげており，誰かと一緒に居てしかもひとりであるということの重要性を言っているようですが，それは，このことと関連しているでしょう。つまり，治療者が，自分の沈黙を許容してくれている，独りでいたい気持ちをわかってくれている，他者といながらその他者は自分の独りでいたい気持ちを尊重してくれている，という感じを，患者が持っているとしたら，それは良性の沈黙ということで，その沈黙を尊重して黙ってあげていていいように思います。

　他方，悪性の沈黙では，患者が「この治療者は信用できない。無能である。自分を助けてくれない。自分は誰とも交流できないし，改善する訳がない。全く希望が持てない」といったようなことを考えている場合のことを言うのでしょう。つまり，悪性の沈黙では，治療者に対しても自分に対しても，敵意や無力感や不信感や絶望感といった否定的感情で彩られている場合で，こんな時は積極的に介入して状態が改善したり，交流が開ける場合があります。そしてこんな状態であるのに沈黙で応じていると，悪化するか，治療は不完全なまま中断することが多いです－

〈今のは，話しとしてはわかるのですが，簡単に良性の沈黙と悪

性の沈黙の区別が付くのでしょうか？〉

－それは，その通りですね。今のは，一応の概念化をしただけで実際は両者が入り交じる場合もあるし，あまり，はっきりわかりませんよね。それにね，良性の沈黙の場合でも，治療者がいらいらしたり，落ち着かない態度でいると悪性に変わるかもしれないし，悪性の沈黙でも，治療者が相手の敵意・絶望・不信といったものを包み込みながら沈黙していると，黙っていても良性に変わる場合もあるので，あまり単純には考えない方がいいのでしょうね 26) －

〈いずれにしても大事なことは，その沈黙の意味をじっと考えたり，その沈黙を尊重してそれをじっくり味わうといったことなのでしょうね？〉

－おそらく，そういうことなのでしょうが，ここのところは，もう少し考えてみる必要がありそうですね－

ウ．再発の治療的利用

〈再発についてはどうですか？〉

－この事例では二回再発がありましたが，何回か悪くなりながら，良くなっていっています。これは統合失調症治療でよく起こることですが，ユングはここで再発を治療的に利用していったのだと思われます。また再発がおきて入院しても，治療関係さえちゃんとついていれば，いくらでも元の治療者に戻ってくるということです。

　以上は，私自身の臨床経験ともよく一致する点です。おそらく，ユングも再発の度に，その意味を考え，その再発体験を治療に生かそうとしていると思います－

エ．患者の物語について

〈精神病の内容についてはどうですか？〉

－ユングはこれについて，少女の頃の近親相姦の結果，世間的に

は屈辱を感じたが，空想の国では高揚された気分になったと言っています。というのは近親相姦は神や王侯たちの特権だったからです。そして，彼女は空想の中，つまり精神病的引きこもりの中で，翼のある悪魔と出会い，それをユングに投影したとのことです。そしてユングへの投影，転移によって，ユングに代表される現実を受け入れていったとされています。すなわち，ユングに物語ることによって，彼女は悪魔を摘発し，地球上の人間に自らを帰属させていったということなのです－

〈この物語の真実性はどんなものですか？〉

－さあ，実際のユングとCとの対話録（それがあったとしての話しだが）を見ないと，はっきりしたことは言えないでしょうね。コリン・ウィルソンのように，ユングは転移現象を利用したが，事例Cに関して，近親相姦と王権と神話の国についての理論は全く関係がないと言う人もいますしね。ユングは自分勝手に理論を作り上げただけかもしれません [27]。ただ，私が関心するのは，彼女が治っているということです。物語の理論の真実性より，よっぽど，こっちの方に感動しますね－

オ．転移について。治療記録について

〈それにしても，ものすごい転移ですね。これについてはどうですか？〉

－ええ，「見捨てたら [28]，撃ち倒す」というぐらいですから。だから，こうした「ユング絶対」というすごい転移がどのように相対化されていったかは是非知りたいところですね。とくに治療関係がどのような終わり方（別れ方）をしたのかというところを。それと初期にユングが，彼女の世界に入り込んでいくところも，詳細に知ってみたいですね。重症例を扱うときの参考として。また，こうした転移を不必要に大きくしなくてすんだのか？どうしてもこれぐらいの転移を起こさないといけないぐらい入り込まないと治

らなかったのか？そこも知ってみたいところです[29]。

　それに，精神病の内容をどのように語ったのかも興味があります
ね。私の経験では，このような重症の統合失調症者では，ばら
ばらにしか自分の体験を話せないことが多いし，それも治療者が
働きかけないと話せない場合が多いので，どうしても語られた精
神病の内容は治療者との合作になってしまいやすいのです。そこ
で，この物語の再構成に関してユングがどの程度まで関与してい
たか知ってみたいですね。逐語録などが残っていると更にいいで
すね－

〈そういえば，ユングはフロイトと比べて，詳しい症例記録を残
していませんね〉

－そこは，ユングの治療を考える上でかなり重大な点だろうと思
われます。この点については後ほどゆっくり考えていきたいと思
います－

カ．C事例のポイント（精神病世界の共有）

〈最後に，この例のポイントについてはどうですか？〉

－精神病世界を共有した点だと思います。ユングは実際に彼女を
月に行った人として取り扱ったのだと思われます。それが彼女を
してユングを代表とする現実世界に目を開かせていったと思われ
ます。それと彼女は現実世界に戻った訳ですが，戻った以前の月
世界旅行についてどう考えていたのか，これも興味のあるところ
ですね－

〈以上，３例紹介してもらっただけでユングの治療的力というか
すごさがわかりました。今のは前座として，以下はもう少し細か
く精神疾患に対するユングの考えや他の多くの治療例について聞
かしてもらい，最後にＢさんにまとめてもらいます〉

## 参考文献

1)  E. ブロイラー「早発性痴呆又は統合失調症群（精神分裂症）」飯田・下坂・保崎・安永訳，医学書院，1974

2)  第 2 章文献 84 参照

3)  これは，当時同僚として働いていたビンスワンガーと比較すればよくわかるかもしれない。彼が，統合失調症者の治療をどう考えていたかは知らないが，彼の著書 ( 文献 4) を読むかぎりでは，治療過程のことや治療関係のことはほとんどでてきていない。

4)  Ｌ．ビンスワンガー「統合失調症 ,1,2」新海・宮本・木村訳，みすず書房，1960 ～ 1961

5)  ここにも，第 2 章文献 196 や第 2 章文献 202 で述べたことと関連する誇張的表現が出てきているのかもしれない。

6)  この部分は，第 2 章文献 82 と文献 10 のユングの記述を私なりにまとめたものである。

7)  第 2 章文献 84 参照

8)  第 2 章文献 1 参照

9)  このような良循環を生み出すのが治療の最大の眼目の一つであると，私は考える。

10) ユング「診断学的連想研究」高尾浩幸訳，人文書院，1993( 全集第 2 巻 )

11) 治療者としては，こういう所の引き出し方について，詳しく知りたいのだが，ユングはこの点は詳述しない。この理由は，はっきりしないが，その点は千差万別なので，自分で考えなさいということなのだろう。

12) 辻先生は「精神病理の共有」の重要性を強調している。

13) 治療精神医学で言う「人間としての連続性」「脱落意識からの脱却」である。

14) 治るかどうかという一番重大な問題も，５者次第ということになるだろうか？

15) この論文は，1919.7.11. に，ロンドンの「王立医学協会」の集まりで初めて発表され，その同じ年に英語で「協会誌」に掲載されている。原題は「On the problem of psychogenesis in mental disease 」ということであるが，まだ訳されていないので，私が適当に要約しながら訳した。事例Ｂが，その内容であるが，間違いがある恐れはあるので，指摘して頂くと助かる。

16) 沈黙，拒絶患者には，これも一つの方法である。私の経験で言うと，家族が話してる間に「いや，それは違う」という形で，本人が話し始めることが，結構ある。ただし，いつもそうしていい訳ではない。

17) 前にも指摘したように症状にも価値があるということである。

18) これは，現在でもあまり改善されていない。このことに関しては，医者の意識改革も大事だが，医療行政が医師にゆとりのある治療ができるよう援助することや，医学教育の充実（患者の物語の再構成といったことに関する）も重要で

ある。

19) その結果，神と対話するという幻聴の世界だけになってしまったということである。

20) 第1章文献12参照

21) この点は，受容・共感を表面的にしかとらえていない治療者に対する警告でもある。このような精神病水準の事例に関して言えば，患者は何も言わないことが多いので，表面的受容・共感ではこちらも黙ってしまうことが多く，治療・カウンセリングは進まない。しかし，深く受容・共感できている場合は，自力ではとても現実との接触が無理な段階（例えば赤ちゃんのような段階）という理解が生じ，その理解に沿って動くことで，治療が前進することがある。このように精神病水準では，特に「積極的な受け身性」が必要なのである。

22) それ以外にこのように心理的原因が探求される，物語が再構成されるということで，①彼女が，自分の引きこもりの意味や，M氏との出会いにおける過度の罪悪感・苦悩などの意味がわかり，安心したこと（自分は普通の人間であるといった），②またそうした罪悪感から少しは解放され，素直に，恋愛感情を受け入れるようになった，③その結果，のびのび行動できるようになった，ということも大きいかもしれない。また，ユング自身は何も書いてないが，「恋愛は自然な感情だよ」というような言葉をかけていたのかもしれない。それから，このユングの精神療法の結果，患者がどの程度改善を維持したのか，長期予後を知りたいところではあるが，これについては何も書かれていない。

23) もちろん，ユングは，「精神病の原因が心理的な出来事だけとは考えていない」とは言っている。ただ，同時に「心理的な原因が，脳に対して，2次的ではあるが有毒性で破壊的な作用をもたらしたと考えられる早発性痴呆患者（統合失調症者）がいる」とも主張し，今日の心身医学の先取りをしているようである。

24) 第2章文献126参照

25) 第2章文献65参照

26) だから，機械的に，良性の沈黙と悪性の沈黙を分けて，前者には治療者も沈黙で応じ，後者には介入するといったマニュアル的態度に，はまらないよう注意すべきである。注意を置くのは自分の勘，アンテナ感覚（中井久夫の言う），率直な逆転移感情といったものであり，土居のいう「出たとこ勝負」で動くことが望ましいのだろう。

27) ウィルソンとユングのどちらが正しいかは，私にはよくわからないし興味はない。ただ，彼女と対話を交わす時，ユングとしては近親相姦・王権・神話の理論がある方が話しやすかったのだろうし，少なくとも害にはなっていないように思われる。もちろん別の治療者が，Cの治療に当った時，違う理論的枠組で，彼女を治療することは可能であろう。

28) 彼女にとって，ユングから「見捨てられる」とは，どのようなことを指すのだろう？この辺りの彼女の気持ちを，詳しく知りたい気持ちがする。

29) 患者は，しばしば，医者を絶対の人として理想化したりするし，見捨てられ不安に敏感になる。特に重症の精神病患者となると，Cのような態度は当然かもしれない。ただ，転移に関して言えば，村本が，第2章文献31で，超越機能について述べる中で「明言はしていないものの，ユングは，転移がまさに，ここで（「超越機能」の論文で）本来の意味で用いられること，すなわち，転移とは本質的に，患者を神経症に固定させてきたこれまでの人間関係のパターンから，それからの解放と人間的成長を約束する新しい人間関係パターンへの移行（Ubertragung: 一般にこの言葉が「転移」と訳されている）なのである，あるいは少なくともその決定的契機であることを言っているのであろう」と述べている。私も，これには賛成で，転移は「新しいより高次な生き方への一歩」であると思える。だから，転移とは，何か特有の親子関係や恋愛関係だけに還元することはできないのである。転移を広く取れば，例えば，症状や絶望感等にとらわれていた「心」があらゆるものに「転じて」，万物に「移動する」ということも考えられ，宇宙的転移というファンタジーさえ，わいてくる。そして，治療者とクライエントは，そうした変転・交流の中で，自分の転移逆転移感情がどのように拡大・収束していくかを見て行くことになるのだろう。その意味で，転移は，治療者を通じての「広がりの中での心の整理」と言っていいだろう。ただ，このC事例では，ユングだけに転移が行き過ぎているようである。しかし，このような重症例ではしかたなかったのかも知れないし，転移を広く取っていたら，いくら，変化・超越のためとはいえ，「撃ち倒す」という激しいところまで，必ず行かねばならなかったかどうかはわからない。また，これぐらいの激しい転移はむしろ必要なのだという意見もあるだろうし，これは，また宿題にせねばならない。いずれにせよ，ユングは，こうした事例といい，シュピールラインのこともあったりして，それが転移のことを相当深く考えさせることになったのであろう。それが，ユングをして「転移の心理学」を書かせたり，また錬金術研究のなかでこの問題を研究させることになったと思われる。

# 第4章：ユングと統合失調症

## 1．前置き（ユングの統合失調症に対する考えかたとその治療接近についての）

－心の病やその治療についてユングがどう考えていたかは，かなり複雑で矛盾することが多いので，とても今の私にはまとめる力はありませんが，いずれにせよユングが，心の病をどう見てどう取り扱おうとしたのか，一緒に考えることにしましょう－

〈では，その手始めというか，一番肝心のユングの統合失調症論と，統合失調症に対する治療のやり方について説明して下さい〉

### a．心理療法にマニュアルはない

－その前にまず断っておかねばならないのは，ユングは統合失調症に対してだけでなく，心の病一般に対して「治療は事例ごとに異なるものである。医者がかくかくの方法に決めているという時，私は彼の治療効果を疑う」とか「心理療法や分析は，人間一人一人と同じように多様である」と考えていたことです。従って，決まった統合失調症治療論などは書いていないのです。ユングは「心理療法の方法を尋ねられても，その問いには明白には答えられない」とまで言っています（自伝より）－

〈それは，その通りだと思います。ただ，囲碁やテニスと同じで，ある程度の定石やそれなりの技術はあるわけですよね。だから，それにとらわれるのではなく参考にはしていきたいですよね。それと，昔の優れた棋譜を碁打ちが勉強するように，心の病の治療者は，優れた治療者の治療実践を,是非,御手本にしたいですよね。その後で,自分がどうするかは,自分で決めていくだけですから。だから，マニュアルや体系的治療技法論はいいとしても，ユングの書いた統合失調症論や統合失調症治療内容について関心がわくんです〉

－そうです。だから，そういうものは参考にはなると思いますよ－

b．ユングの心の治療目標

〈それで，まず第一の質問ですが，ユングは心の病の治療目標を
どう考えていたのでしょうか？〉

－そんなに，一般の治療者の考えとずれていたとは思いません。
ただ，きちんとした形で，統合失調症の治療目標について書いて
いる訳ではないので，それは提示できませんが『心理学と錬金術』
の冒頭で心の治療の典型的な一時的終結点について次の９点をあ
げています。これは，統合失調症であろうが，神経症であろうが，
うつ病であろうが通じる目標だと思います。ただ目標といっても
一時的な終結点に過ぎないことはわかっていて下さい。ユング自
身も「多年に渡って私が探求してきたのも，この目的（分析治療
の目的)や終結点の解き難い性質であった。心の治療においては，
ある終結点に行くが，必ずしも終結点に到達したからといった，
必ずしも目的に到達したという感じを懐きうるわけではない」と
述べているぐらいですから－

〈ええ，治療においては始まりも終結もない。あるのは「出会い
と別れ」だけであるというのはよくわかっていますから。いずれ
にせよ，その９点を挙げてください〉

－それでは，一時的終結点を箇条書きにします。

　①患者が適切な助言を受け入れた後

　②程度の差はあるが，十分な告白（ざんげ）を行った後

　③これまで，無意識下に置かれていたものが意識化され，しか
　もその意識化が人生や活動に新たな刺激を与えるような，ある
　重要な心的内容を認識した後

　④比較的長期を要する治療を経て幼児心理が除去された後

　⑤厄介な，または異常なものと創造される環境条件に，新たに
　理性的に適応する術を見出した後

⑥苦痛の症状が消え去った後

⑦試験，婚約，結婚，離婚，転職等々の運命の決定的転換が生じた後

⑧以前懐いていた信仰を再び取り戻した後，あるいは改宗した後

⑨実践的な人生哲学が芽生え始めた時

といったことを挙げています－

〈仮の一時的目標としてもこうしてもらえるとすごくわかりやすくなります〉

－でも，これもとりあえずの例ですよ－


## 2．ユングは統合失調症をどう考えていたか？

### a．ユングの統合失調症理解における３つの源泉

〈それはもちろんです。それでは，いよいよ，ユングの統合失調症理解について説明してください〉

－そうですね。まずその手始めとして，ユングの統合失調症理解の源になるものについて，述べます。

　第１は，第３章の１でも述べたように，まずユングが，1900年からブルクヘルツリ精神病院で精神病（特に統合失調症）患者と出会い始めていることは言いましたね。ともかくも，ここでの患者との多くの対話が，かなり彼に実り豊かな体験を与えたことは，自伝その他に記されているように，ユングの統合失調症理解の始まりだったと思います。

　それから，もう一つ大事なのはフロイトへの関心と彼からの影響です。安田一郎（『統合失調症の心理』あとがきから）によれば，同じ1900年に『夢判断』を読み，1901年には，フロイトの『夢について』の論評を書き，又先述した『心霊現象の心理と病理』（1902年刊行）には『夢判断』の一文が引用されています。

言うまでもないことですが，ユングはフロイトの無意識を見ていく考え・方法に魅了されたと思いますし，統合失調症者の無意識を探る上でフロイトの考えや存在は大きな支えにはなったでしょうね。二人とも，基本的考えは違うとしても，「人の見えないところが見える」人種としては同類だったと思いますから。

　３つ目は，1903年頃から，第３章で述べた，連想実験を始めていることです。この実験でユングは，自分自身で，コンプレックスや無意識の存在を確かめることができているし，これがまた，統合失調症患者の心理を探る上での大きな武器になったことは確かでしょうね－

## ｂ．神経症（ヒステリー）と統合失調症の連続性と差異性

### ①連続性（コンプレックスの役割）

－こうしたこともあったのか，ユングはヒステリーと同様，統合失調症の場合でも，コンプレックスが重要な役割を果たしていると考えていたようです。これは，連想実験からの結論のようですが，それ以外に日々患者と対話を重ねることからも得られた結果でしょうね。1906年12月刊行の『早発性痴呆（統合失調症の前の呼び名）の心理』（全集３）（邦訳では『統合失調症の心理』）では「（フロイトの説を引きつつ）早発性痴呆の分裂した表象系列は，ヒステリー患者や正常者が持っているような抑圧されたコンプレックスに他ならない」と述べています。

### ②差異性（４点）

もっとも，全集２の『正常者と狂気の人になされた精神生理学的研究』（1907）では，統合失調症の特徴が研究されていますが，そこでは，ヒステリーとの差異も述べられ，統合失調症の方が，

　①広範に障害されており（例えば，せんもうや感情的発作等）

　②外界の刺激に反応せず

　③コンプレックスが明らかになっても，治療効果がなく

④批判力や訂正能力や洞察能力の不足が著しい

といったことが，述べられています－

## ③連続性の中で差異性を考えることの重要性

〈いずれにせよ，統合失調症と神経症を連続的なものと考えているようですね。多少の差異はもちろんあるにせよ〉

－そうなんです。ただ，連続性の中で差を考えるのと，正常人と全く区別したものとして差を考えるのとでは，治療的には，もちろん大きな差が出てきますよ。ユングは，もちろん連続性を前提として，ヒステリーとの比較をしたと思いますが，その比較の中でユングが統合失調症をどう考えているかを述べてみます（主に『統合失調症の心理』や『分析心理学』からの引用です）－

## ④統合失調症とヒステリーの特徴（圧倒され方の違い）

－彼は統合失調症の典型的な特徴を，自己支配の欠如，情動の統御不能とし，自我の統合力に重い障害があるとしています。ヒステリーでもこうしたことが見られるのですが，統合失調症者では程度が強いのです。これは彼がよく引用するジャネの『精神水準の低下 [1] (abaisse-ment du niveau mental)』の状態です。次にヒステリーでは情意的ラポールが，ある程度可能ですが，統合失調症者ではそれが欠如しているとしています。患者は医者の心に感情移入しないし，妄想的な主張にとどまりますし，医者の影響を受けないとしています。そのせいか，ヒステリーではコンプレックスの強さは変動するのに対して，統合失調症のコンプレックスは影響を受けず自律的としています。又，多くのヒステリー患者はしばらくするとコンプレックスを克服し，均衡を回復するのに，統合失調症の場合では，コンプレックスが人格を広範に破壊するとしています－

〈いまの話をまとめると，統合失調症者では，全体に決定的なまでに障害され関係も持ちにくいということですね。しかもヒステ

リーが，コンプレックスを部分的な位置に留めておけるのに対して，統合失調症者では全体的に圧倒されている，ということですね[2]〉

－そういうことになります－

c．統合失調症の特徴とコンプレックス

〈それでは，統合失調症の特徴と，具体的にコンプレックスが，統合失調症にどのように影響を与えているのか，具体例を示して下さい〉

－やはり『統合失調症の心理[3]』からの引用ですが次の特徴をユングは示しています。

①コンプレックスを発見し，分析に成功すると，無感情の仮面が消失し，痛い点に触れられたヒステリーのように，適切な情動が激しく現れる。

②この情動の現れは，すぐに起きるとはかぎらず，何か刺激（意味ある面接等）があった後，数時間後や数日後に現れることもあり，潜伏期間の可能性があるとされている。

③適切な表象内容を伴わない情動状態（普通なら，不安・抑うつを起こさないようなもの，つまり，鍵をしめるとか電気のスイッチを切るとか，ある人との会話といったものでもひどい不安・抑うつを引き起こすということ）が，ヒステリーと同様に統合失調症でも見られるが，それは，不愉快なことをできるだけ抑圧しようとする，どの人間にもある機制が働いているからである。

④情動興奮の原因はヒステリーと同様わかりにくいが，統合失調症の場合でも，慎重に分析すれば，興奮の原因となった「心理的鍵」（周囲の軽率な言葉，批判的な人からの手紙，危機的な事件の記念日等）が時に見つかる。ヒステリーの場合は，常にはっきりした原因が見つかるのに対して，統合失調症の場合

が一部の事例に限られるのは，まだこの病気があまりにも闇に被われ過ぎているという事情があるからである。だから，統合失調症の場合，刺激と興奮の間に関連性がないと仮定することはできない。

⑤幻覚は，コンプレックスに所属しており，緊張病患者が，幻覚的光景に心を奪われているなら，医師の質問に正しく答えられない。

⑥統合失調症の特徴である自己支配の欠如・情動の統御不能は，自我統合に大きい障害があること，また自我コンプレックスのヒエラルキーに統合できない「強力な自律的コンプレックス」の存在を示している。

⑦分析で，ある程度の改善が見られるヒステリーに対して，統合失調症では徹底的な分析の後でも，ほとんど前と同じで，患者は医師の心に感情を移入しないし，妄想的な主張を続け，分析に敵意があると言うとのことです。だから感情的ラポールの欠如が特徴的だということです。

⑧統合失調症の「性格の障害」も重大な症状である。例えば，奇妙な気取り（わざとらしいこと，不自然なこと，独創癖等）があり，その背後に「地位向上妄想」がある。気取りは，また，幻覚や夢と共に，「言語新作」の原因ともなる。無遠慮，頑固，説得を受け入れない点も，統合失調症によく見られる。特に，コンプレックスが働いている時には強くなるが，この心理機制はヒステリーに似ているだけで同一ではない。統合失調症では，毒物の作用のために心理機制が複雑になるのである。破瓜型統合失調症の愚鈍な振舞も，ヒステリー患者のモリア状態（ふざけたり，冗談を言ったり，しかめつらをしたり，落ち着きなく動き回る状態のこと）に似ている。

⑨統合失調症の場合，言葉での暗示は難しく，成功したとして

も，その結果はコントロールできず，偶然のように見える。統合失調症では，暗示の場合の気紛れな行動が，精神療法的な処置（転院，退院，教育など）の際に見られるし，新しい状況での改善に心理的因子が多い。

⑩統合失調症の場合,意識の清明度はあらゆる形の混濁を来し,注意は規則的に損なわれ，見当識も，気紛れな形で変動する。こうした背後にはコンプレックスの作用があるし，また意識が変動しているとき，患者は夢を見ている状態にあるといってもいい場合がある。

⑪統合失調症の妄想観念の背後には，ヒステリーと同じく，置き換えられたり，抑圧されたコンプレックスが存在している(ユングは，抜歯をきっかけに緊張病性興奮と罪責妄想を来した女性の背後に，「現在結婚しようとしているが，私生児がいる」という秘密があったことをつきとめている)。置き換えの機制は，妄想の由来を理解する道を教えてくれるが，この道は無限の障害物によって困難になる。しかし，正常者とヒステリー患者の心理は，そこに近付く２,３の手がかりを与えてくれる。

⑫統合失調症の心理にとって，一番重要な活動感情の異常は，自動性感情である（患者は「私が何をしているか説明できません。私の中では何もかも機械仕掛けです」と言う）。

⑬途絶や呪縛も背後にコンプレックスがあり，また，拒絶症の原形は途絶である。

⑭幻覚は，心的要素の外部への投影に過ぎない。家族を軽蔑している患者が「私はホームシックだ」という幻聴を聞いた時，ユングはそれを，抑圧された自我コンプレックスの正常な残り物の侵入であろうと考える。だから，正常な自我コンプレックスは，完全には崩壊せず，病的コンプレックスによって脇に押しやられているに過ぎないと思われる。

といったようなことが，記載されています—

## ３．ユングの統合失調症論から連想した治療目標
〈今の話を聞いていると，ユングが，何とか統合失調症患者の心理を理解しようとする努力が伝わってきます。それと，ユングの述べた特徴は，そのまま，統合失調症治療の治療目標・治療課題に相当するように思われました。

　即ち，①，②，③，④からは，統合失調症の背後にはコンプレックスがあり，正常心理でも理解可能な面があるということ，ただし，表面に無感情があったり，潜伏期間があったり，抑圧されたりしているので，かなり時間をかけて慎重に分析や理解を進める必要があることが連想されます。

　⑤からは，相手の状態に応じて，適当な質問を考える必要のあることを教えてくれているようです。

　⑥や⑫からは，いろんなコンプレックスをコントロールする自我というか主体性の強化が必要であり，また統合力の育成こそが大事であるということを思わされました。

　⑦からは，ラポールというのは大変厳しいもので，特に妄想患者との信頼関係は，非常に慎重でしかも長い時間をかけないと築けないものだということを痛感させられます。

　⑨からは，あきらめてはいけないこと，ずっと治療関係を続けていると，いつかチャンスがやってくるということを考えさせられました。

　⑩からは，統合失調症治療における「正気づけ（新海[4]の提唱した「賦活・再燃現象」より）」の重要性が伝わってきました。

　⑪からは，妄想は了解可能だとしても，そこに至るには，長い長い道のりと，無限の障害に負けない治療者の持続する志が大事だなと思われました。

⑭からは，幻聴内容を自我に統合することの重要さと困難さを
感じさせられました。

　以上のようなことを連想しました[5]〉

－それにしても，100年近くも前に，さらには，向精神薬もなかっ
た時代にここまで，統合失調症の心理を理解しようとしたのはす
ごいことですね－


## 4．統合失調症治療論・治療技法の無い理由は？

### a．体系的治療論の無い理由の推測（5点）

〈だから先に聞かして頂いていた3事例のような素晴らしい治療
ができたんでしょうね。それで，ユングは，ここから，どういう
治療を展開していったんですか？〉

－その辺が，あまり体系的には整理されてないようですね。いく
つかの事例や，統合失調症に関する断片的表現はありますが－

〈ここまできたら，もっともっと，治療に力を入れ，その成果を
まとめて欲しいと思いますが，その点はどうなんですか？〉

－Aさんは，本当に熱心というか，欲が深いですね－

〈また，からかいが始まった。欲深いといっても，治療者なら当然
でしょう〉

－確かにね。でも本当に，その点はどうなっているんでしょうね。
私もよくわかりませんが，次のことが連想されます[5]。

　①統合失調症の治療は，やはりかなり困難なことが多く，体系
　的に治療技術を整理するほどの成功例がそんなに集まらなかっ
　た（それでも，同時代の他の治療者よりは，かなり多いと思わ
　れる）。

　②ユングの関心は，治療技術の整理より，統合失調症理解から
　得られた内容面（すなわち普遍的無意識や元型といったもの）
　の方に向かっていった（どこからの引用か忘れましたが，「ユ

ングは統合失調症者の治療よりも彼等の心の内容面の方に興味を向けた」と言っている評論家がいます。しかし，もちろん，この意見に反対する人もいます[6])。

③もともと，体系的に書くのが好きではなく，比較的自由に思いついたことを書いていった。

④それと関連するが，先述したように，ユングは，治療は事例毎に異なり，心理療法と分析は人間一人一人と同じく多様であり，普遍的な規則は控え目にしか仮定されないと，自伝でも述べているので，もともと体系的治療論になじまなかった。

⑤後年は，精神病院を離れ（1913年），開業治療の方に活動の中心が行ったため，統合失調症以外の治療を沢山するようになり，結果として統合失調症治療から少し距離を置いてしまった。

といったことです－

b．統合失調症以外のことを勉強することも大事

〈今の話を聞いていて思ったのですが，体系的治療論が出されても，それを鵜呑みにするつもりはありませんよ。一つの参考にするだけです。だから，いろんな治療技法を覚えてそれを忘れることが大事だと思うんです〉

－別に異論はありませんから，Aさんはまだ若いから頑張って，治療体系論をお書きになったらいいんじゃないですか？－

〈まだ，そんなレベルまではとんでもない話です。でも，私はユングに期待し過ぎなんでしょうか？〉

－それは私に聞かれても何ともお答えしようがありません。でもいずれにせよ体系的治療論を書くことのメリット・デメリットを考えることは大事かもしれませんね－

〈それと，⑤の点で思ったのですが，やっぱり，ユングでも楽をしたがるんでしょうかね？〉

－楽といえるかどうかわかりませんよ。それに統合失調症治療を止めたわけではありませんから。これは，もう少し後で検討しますが。それとね，自分の経験からも言えるんですが，統合失調症ばかりやっているとかえって統合失調症が見えなくなってくるということもあるし，第一，治療者の精神衛生が持たないんじゃないかということも言えますね。それと，治療ばかりやっているよりは，象徴や錬金術の研究といったものも適度に取り入れたり，塔を作ったり各地を旅行したりする [7] ようにしないと，ゆとりや幅広さが生まれないような気もしますが－

## ５．ユングの統合失調症事例

〈何か言い訳のような感じもしますが。まあ，それはいいとして，もう少しユングの扱った統合失調症事例を紹介してください〉

### ａ．【事例Ｄ】

75才で精神病院入院中の老婦人

#### ①Ｄ事例の概要

－Ｄ例は，自伝に載っている例で，この例はユングに対して，統合失調症の心的起源を最初に気付かせたと，ユング自身が言っています。

　Ｄは，50年ほど前に入院しましたが，その当時のことを思い出せる人は35年間働いていた看護師長ぐらいでした。Ｄは，いつも手と腕で奇妙な動作を繰り返し，統合失調症の緊張病型として臨床講義に提示されていたのですが，ユングはその病める心の中身を知りたいと思いました。そこでユングは，師長に聞いてみると「私の前任者は，彼女はいつも靴を作っているんだと言っていました」という返答をもらったのです。早速，ユングは，昔のカルテを見てみると，確かにＤは靴直しの癖があると記載されていたのです。そして彼女の死後，彼女の兄がやってきた時，ユン

グが発病の原因を聞くと，彼は「Dはある靴屋が好きだったが，靴屋は何かの理由で彼女と結婚したがらなかったこと，彼がついに彼女を捨てた時に彼女が発病したこと」を告げたのです。結局，靴屋の動作は，死ぬまでずっと続いた彼女の恋人への同一視を示していたということで，それ以後，ユングは，すべての注意を精神病における意味深い関連に向けるようになったとしています−

**②事例Dの検討（精神病の心的起源とコンプレックスの持続。精神病理の共有と看護師の重要性）**

〈ユングの徹底癖がここにも出ていますね？それでもし，もっと早くつまり発病の頃，ユングがこのD例の治療者になっていたら，流れは変わっていたでしょうか？〉

−絶対とはいえませんが，おそらく変化はあったと思いますよ−

〈それと，いくら75才といっても，その事実に気付いたユングは，何かしようと思わなかったんですかね？〉

−本当にそうですが，そこは何とも言っていないので，想像するよりしようがありませんね。まあ，ユングにして見れば，まだ初めてなので，何をどうしたらいいのかわからなかったかもしれないし，何かしたのかもしれないけど，もう忘れているのかもしれませんね。いずれにしても，この事例は，どれだけ長い時間がたっていても，その人間にとって大事な気持ちは動き続けているということですね−

〈だからこそ，そういう大事なことを理解している存在（ユングのこと）がいるんだと言うことは，彼女にとっての少しの救いになると思うんですが？〉

−おっしゃる通りかもしれませんが，その時のDとユングの関係がどのようなものかとか，Dの状態はどんなものか等，いろんな要素があるので一概には言えないと思います。だいたい，ユングが彼女の治療医だったかどうかさえはっきりしていないでしょ

う。でも，治療者の理解をどう伝えるか，精神病理をどう共有するかは，治療の重要課題ではあるでしょうね。ただ，この時代はユングはもちろん，誰も統合失調症の治療を主要課題とはしていなかったようなので，そこまで行ってなかったとは思います。それと，もう一つ印象に残ることは，看護師がちゃんと彼女の病気の原因に関連することを覚えていたということと，ユングがちゃんとその看護師に聞きにいっていることです。私の経験からでも，看護師の方がかなり医師より患者のことをよく知っているということがあるようでしたから－

〈やはり，治療や理解は共同作業ですね〉

b．【事例E】

事例パペット，59才女性

①E事例の概要

〈わかりました。次の事例は？〉

－D例が心的起源を初めて気付かせてくれた事例なら，このE例は，従来なら意味のないと思われていた統合失調症者の言葉を，初めて理解させてくれた事例だとして取り上げられています。この例は『統合失調症の心理』の末に，言語連想との関連で詳しく記載されており，また自伝にも取り上げられています。

　彼女は，貧しい環境で育ち，妹は娼婦で，父親は大酒飲みでした。そして39才の時，妄想型統合失調症にかかり，ユングが出会ったときは，20年も入院中でした。彼女は完全に発狂し，全く意味をなさない狂気じみたことを言っているとされていましたが，ユングは全力を尽くして彼女の難解な話の内容を理解しようとしたのでした。

　例えば，彼女が「私はローレライだ」と言ったりすると，そのわけは，医者たちが彼女を理解しようとするとき，いつも「それが何を意味するのか私にはわからない」というからであったとい

うことです（ローレライの歌の最初「なじかは知らねど，心わびて……」からの連想です）。また，彼女が「私はソクラテスの代理だ」と言って泣き叫ぶと，それは「私はソクラテスのように不当に告発されている」ということを，ユングは発見しています。

　こんな風にしながら，患者と付き合ううちに，その背後に正常と呼ばれるに相違ない人格が残っているということをユングは見てきたのです。

　ただ残念なことに，このパペットの例では，治療上，何も成し遂げられなかった，と正直に告白しています。ユングは，彼女はあまりに長く病気でありすぎた，と述べていますが，他の事例で，このように注意深く患者の人格の中に入り込んでいくことが，永続的な治療効果をもたらすのを見てきたとも述べています―

## ②事例Eの検討（高齢統合失調症者の治療の困難さ）

〈それの代表が，A，B，Cの3例なんですね。ただ，パペットのような高齢者では，もう治療は難しいんでしょうか？〉

―治療をどう定義するか，治療目標をどう考えるかによってくるかもしれませんが，難しいことには変わりないんでしょうね―

〈でも，こちらからしたら，ユングがどのような治療目標を立てて，どのように接近したのか，やはり知りたいですよ。特に，D例でも言いましたが，ユングが自分の発見をどのように患者に伝えようとしたのか等，特に今度はユングがはっきり治療に関わっているのでしょうから〉

―本当に，その頃のカルテを見たいですね。特にB例のように逐語録になっていると，かなりいろんなことがわかるでしょうね[8]。でも，これは，まだユングの修行時代でこうした経験を積みながら，徐々に治療者として成長していくんではないですか―

〈そう考えると，高齢者だから難しいというより，まだ未熟だったというのも付け加えておいて欲しいですね〉

－そうかもしれませんが，私にはとてもＡさんのような偉そうなことを言うことは出来ませんが－

〈いや，私は単に真実を書いた方がいいと言っているだけですよ〉

ｃ．【事例Ｆ】

全身に幻聴を受けている老婦人

①Ｆ事例の概要

－そうですね。Ａさんの言っていることは正しいかもしれませんね。というのは，これも自伝に載っている例ですが，その中のＦ例は，高齢でしたが治療できた例です。

　ユングによれば，このＦ例は，全身に行き渡る幻聴を聞き，胸部中央の声は神の声でした。彼女は治すことはできないが，世話することができるだけの事例だったということです。

　ただ，ユングは，幻聴をネガティブに捉えずに，患者に対して「私たちは，あの声を頼りにしなければならないんですよ」と言います。ユングによれば，この声はとても気の利いた注釈を下し，その助けで，ユングは患者をうまく扱えたそうです。

　そしてある時，「彼（ユング）に聖書について試させなさい」と声（幻聴）が言った後，彼女はぼろぼろの読みふるしの聖書を持って来ました。そしてユングは，彼女に１章ずつ読むように指示をだしたのです。そうした授業[9]を７年間やったのですが，しばらくするとユングには，この営みの意味がわかってきました。それは，その授業の結果，彼女の注意は鋭敏さを保たれ，それで彼女は，統合を崩すような夢に，より深く沈まずに済んだということです。

　そして驚くべきことに，ほぼ６年後には，以前あらゆる所にあった声が，彼女の左半身に退き，一方右半身は完全に声から解放されることになったのです。

　ユングは，これに対し，患者は半ばは治ったと結論し，こうし

た記憶の練習が治療的効果を持つとは考えてもいなかったと述べています—

**②事例Fの検討（対話の重要性，無意識は神の声，統合の重要性）**

〈すごいですね。幻聴を彼女の人格の一部として尊重し，そして繰り返し，授業として働きかけるところなどは，何か「魂のこもった行動療法」と言う気がします。それで，この幻聴は，Fの無意識を表しているんでしょうね〉

—たぶんね。いずれにせよ，彼女の自我には統合されてはいませんが，彼女の人格の大事な一部をなしているでしょうね—

〈私は，「無意識は，神の声である」と思っていますから，このようなユングの治療態度は共感を持てますね？〉

—ええ，ユングの方は，彼女の神の声を無意識の現れと考え，対話を進めたようですからね。そして，この対話が症状からの解放をもたらしたことで，外的対話（ユングと患者の）だけではなく，内的対話（彼女の自我と幻聴・神の声との）が重要であるという確信を強めていったのだと思われますね—

〈こう考えると，ユングはここでも「対立物の結合」とか「対立物の調整」とか統合の重要さを感じとっているようですね？〉

—ええ，ユングにとっての永遠のテーマがここでも顔を出しているようです。それと事例Fを見ていると先の事例Bを思い出させます。何か，Bの治療の先駆けをやっているようです—

〈さっき，ユングは未熟だと失礼なことを言いましたが，ここでは7年も根気よく対話を続けている訳でしょう。やはり，相当の確信や意気込みがないとできなかったんでしょうね？〉

—いや，そうでもないんじゃないですか。ユングはわりと楽観主義の面があると前に言ったでしょう。だから，そんなに気負わずに淡々とやっていたと思われますね—

〈でも，やっぱり，この詳しい治療記録が手に入らないというの

は残念ですね？〉

―いや，がんばって，ユングに詳しい人や，いろんな方面から調べたらどうですか？手にいれるのが不可能かどうかぐらいはわかるでしょうから。もっとも私にはそんなエネルギーも気力もありませんから，Ａさんにそれはまかせます―

## 6．ユングの治療観
### a．治療や理解の進展は治療者にかかっている

〈そんなことを言わないでください。それがどれだけ大変なことか，Ｂさんにはわかっているでしょう〉

―でも，言い出したのは貴方ですよ―

〈わかりました。でも，ユングが患者の言動の背後に重要な意味を感じ取っているということが，事例を通して改めて認識させられました〉

―そうですね。だから，事例Ａで述べたように「患者の人格を，我々が理解しないのなら我々のほうが間違っている」と述べているのです [10] ―

〈いや，厳しいですね。でも，よく考えたら，先に言われたように，治療や理解の進展具合は，患者・治療者・家族・関係者といった４者の動きにかかっていますよね。そして，いくら患者が主体だと言っても，患者がその主体的能力を発揮できない場合は，治療者に理解と主体性能力の引き出しの責任がありますよね〉

―その通りなんです。それで言うと今までは（今でもそうかもしれませんが），病理の責任はほとんど患者や家族のせいにされ，治療者の責任は問われませんでしたよね。でも，実際は，臨床に当っていると，治療の進展具合だけでなく症状も病名も，患者と治療者の合作のような気がしますね。だから，相当治療者にも責任があるんですよ―

ｂ．人間としての連続性（治療精神医学との共通点）

－それから，もう一つユングが強調している点ですが「実際は，我々は精神病者の中に新しく，未知なるものを発見しはしない。むしろ，我々は我々自身の性質の土台に出会うのである」という件です（Ａの所で既に少し触れているが）。ここなどは，まさに辻先生の言われた「精神病者の中に人間としての連続性を感じることが治療の基礎になる」という点とぴったりで，感激しました。それにしても，ユングがいつからこのように考えたのかは，はっきりしないにしても，自伝が書かれたのは今から，40年前ですから，それだけ考えてもすごいことですね－

〈でも実際は，簡単に精神病者を理解したり，その治療が進展したり，人間としての連続性を感じさせてくれたりしない訳ですよね？〉

－そうなんです。精神病者の中身に出会うのは，ものすごい時間・忍耐・エネルギー・慎重さ・柔軟さ・控え目さ（すぐに結果をもとめない）・持続する志といったものが必要とされるわけですから。それから，ユングの周りの医師たちは，必ずしもユングのやっていることを理解したわけではないので，孤独だったという気もしますよ（特に精神病院勤務時代は）－

ｃ．ユングの孤独と「精神病」に対する偏見

〈それも辛いですね。理解者がいてくれたらまだいいですが，いなかったら，自分のやっていることは，ひょっとしたら無茶な試みでは，独りよがりの空想ではと思ってしまい悩んでしまいますからね〉

－ええ，だから，ユングはその点の事情を，「当時の医師たちは，誰も患者の空想の意味など問おうとしていなかった。そんな問いは，当時の医者には全く興味のないものに思えた」と述べ，続いて「私（ユング）はすでに，今世紀初めに（1900年初め），統

合失調症者を心理療法的に治療していたのであって、その方法は今（1960 年頃）発見されたのではない。心理学が精神医学に導入されるまでには、長い時間がかかったのである。そして当時私は大学病院（ブルクヘルツリの精神病院）にいる間は、自分の統合失調症患者を扱うにあたって、もっとも慎重でなければならなかった。さもないと、私はうかつであるとの誹を免れなかったであろう。統合失調症は不治だと思われていた。もし誰かが、統合失調症の事例で改善を成し遂げたとしたら、それは本物の統合失調症ではなかったとされたのである」と言っているのです－

〈どこでも、同じようなことがあるんですね。だから、統合失調症は治らないと言いたがる医師は、何か自分の責任が問われなくても済むような防衛意識が働いているような気がしますが。それに医師だけでなく、ある臨床心理士の方で、この事例は精神病だから心理療法の適応ではないという言い方を聞いたことがあります。この場合「自分では、今の所できない」という言い方なら素直で好感が持てるのですが、「精神病だから」と言われるとやはり、責任逃れのような気もします[11]〉

－まあね。そこまでは、少し言い過ぎかもしれませんが、いずれにしても、治療は、先にあげた 4 者の共同作業ですから、各々の責任はどんなものか慎重に客観的に見ていく必要がありますね－

〈本当にそうだと思います。そういう点では、ユングは十分に責任を果たそうとしていますね。それに、ユングの事例や治療に対する意見を聞いていると、結構貴重なことを言われるので、別に治療体系など、おねだりしなくてもいいのかなと思われました〉

d．治療技法の大事さと、それにとらわれないことの重要性

－ただ、こうも言っているんです。「医者はいわゆる方法に精通していなければならない」ということを。しかし、その後で「ただ、医師は何か特殊な日常化された接近法に落ち込まないように

用心しなければならない。理論的仮定には用心しないといけない
し，私の分析では，理論的仮定は何の役割も演じていない。私は
故意に系統的ではないのである。個人を治療するには個別的な理
解しかない」とも言っていますが [12)-15)] ─

〈その通りなんでしょうが，何の役割も演じてないことはないで
しょう。これだけ博学でいろんな論文を書いたり，それに分析に
引かれているということ自体が，ひとつの理論的仮定を支えにし
ているということじゃないですか？〉

─そこは，あなたの言うように，理論を覚えるが，それにこだわ
らずそれを忘れて患者に向き合うということではないですか。事
実，ユングは「大切なのは，一人の人間として患者に立ち向かう
ことで，分析は二人のパートナー（分析家と患者）に要求される
対話である」と言っていますから─

〈そして，こういう対話から，治療だけではなく，いろんな生産
的なものが創造されていったのですね？〉

e．象徴，神話研究の必要性

─ええ，そういうことです。ユングは「心理療法には，精神医学
研究だけでは不十分である。私は，心理療法に必要な知識を持つ
までに長期間の実践を要した。1909 年に，私は彼等の象徴的意
義を理解しないならば，潜在精神病を治療できないということを
了解したのである。私が神話学を研究し始めたのはその時であっ
た」とも言っています─

〈この研究がかの有名な『リビドーの変容と象徴』（全集 5『変容
の象徴』のこと）の発表につながるんですね〉

─そういうことです。そして，神話だけでなく，グノーシス，錬
金術，東洋の宗教への研究へといざなっていきます─

〈それと共に，普遍的無意識や元型理論も発展していく訳ですね〉
─そういうことなんです [16)17)] ─

## 7．潜在精神病との出会い

### a．ユングは開業治療が中心になる

〈それらについて，是非，伺いたいのですが，それは後に回して
とりあえず，ユングの精神病治療は，この後，どうなっていった
のですか？〉

－いろんな事情で，ユングは，1909年にブルクヘルツリの精神
病院を辞職し，以後キュスナハトに移り，治療面においては開業
での分析が中心になります。

　バーバラ・ハナーの『評伝ユング[18]』によれば，この時以後，
ユングは「精神科医療」と「過去の知識の研究（神話，グノーシ
ス，錬金術，宗教等）と新しい知見の創出と著述活動」という二
つの課題に自分の時間と精力を二分することにした，となってい
ますから，舞台は開業の方に中心が移ることになりました－

### b．開業での潜在精神病者との出会い

〈開業では，どんな患者に出会ったのですか？〉

－精神病者以外に，神経症，うつ病，依存症などの患者や，一応
健常人と言える人の分析が中心になったのでしょうが，ユングが
驚いたのは，開業で出会う潜在精神病[19][20]の多さでした。1958
年の『統合失調症[21]』という論文によれば，潜在精神病と顕在性
精神病の比率は10対1であるという驚くべき数字を出していま
す－

〈しかし，それはとりもなおさず，健常人も神経症も精神病的部
分を持っているということ，3者に連続性があるという証左にな
るんじゃないんですか？〉

－そういうことでしょうね。そして精神病的部分が多くなってし
まうと，精神病と呼ばれるということだけかもしれませんね。ユ
ングもヒステリーとか強迫神経症が，治療によって，潜在的精神

病として顕在化することが少なからず認められ，それは時として，顕在性の精神病へと移行した，と言っていますから—

〈これは，気を付けないといけませんね。私も外来で，精神病的反応を誘発して痛い目にあっていますから[22][23]〉

c．ユングは臨床心理士の意義を昔から認めていた

—多くの治療者はそういう経験をしているんでしょうね。ただ，その反応を来したのが悪いとばかり言えませんよ。適切な対処をすれば，それで治療が前進するんでしょうか—

〈でも，こわいですね。特に経験の乏しい私などは〉

—Aさんにしては，珍しく弱気になりましたね。でも，その恐さは大事ですよ。慎重になりますから。それとね，ユングも似たようなことを，自伝で言っているんです。「これら潜在精神病者たちは，しばしば見つけるのが非常に難しいので心理療法家から嫌われることになる。そして，ここに医師でない人が分析家になる問題に出くわす。私は医師以外のひとが心理療法を実践するのは賛成だが，専門医の指導の下に行うべきである。ただ長年心理療法を行い教育分析も受けた非医師（心理臨床家）で鋭い洞察力を持ち，潜在精神病の治療が可能であるということを繰り返し見てきた。むしろ医師の側で，心理療法をするものが十分いないのである」ということを—

〈これは，まさに，今の状況と変わりがないじゃないですか？〉

—そうですよ。だから，ユングはすでに，臨床心理士の治療的意義を十分認めていたし，彼等が活動しやすい条件にも配慮していたということになるでしょうね[24]—

〈それでは，具体的に，潜在精神病の治療例をあげてくれませんか？〉

d．【事例G】

見かけは正常な医師であった潜在精神病事例

**①G事例の概要**

－それでは，自伝の例をまず紹介します。彼は，医師をしており，正常な仕事・家庭生活を営んでいましたが，ある時，分析家になりたいという希望を持ち，ユングの元を訪れます。ユングは，もちろん分析（教育分析）の必要性を説きますが，彼は話をするような問題は何もないと言ったのです。しかし，ユングにとっては，その発言が警告となったのです。それで，今度は夢分析を提案しますが，本人は「夢など見ない」と言います。実際，普通の人と違って，夢を思い出すのに2週間もかかりますが，またその夢が非常に問題を含んだ夢だったのです。

その夢は「鉄道旅行中，ある町の中世風の建物の中へ入り，美しい部屋に出会いますが，突然そこで太陽が沈み，出口を見失います。出口を捜しているうち，大きな空っぽの部屋に2才くらいの精薄の子供（排泄物に汚れた）を見た後，パニック状態におちいって目を覚ました」というものでした。

ユングはこれを聞いて，ただちに潜在精神病と診断し，彼には，その夢が無害であり，危険な詳細はもっともらしく言い紛らわしました。そして，なんとか口実を設けて教育分析を終わりにすることに成功しました。ユングは，本人に診断を知らせませんでしたが，おそらく本人は自分が今にも運命的なパニックに陥ろうとしているのに気付いていただろうとのことです。というのは，本人はまた「物騒な狂人に追いかけられる夢」を見，その直後に家へ帰ったというのです。そして，我々は互いに止めることができて嬉しく思ったと記しています。

そして，ユングは，潜在精神病が現れるのを間一髪で防いだと結論します－

**②事例Gの検討（精神病には無意識の分析を避けること）**

〈ユングは，彼の夢と彼について，どう思ったのですか？〉

－彼は２才児としてそこにおり，厳しく育てられ過ぎたので，排泄物に興味を感じると共に，そうした失敗に容易に罪の意識を感じていると判断しました。そして彼の人格としての発達は著しく遅れていて，彼の顕著に目立つ正常性はその補償であると，ユングは悟り，本人は無意識との対決で簡単に人格が損なわれてしまうだろうと考えたのでした。だから，こういう処置をとったのです－

〈えっ！夢だけでこんな判断をするんですか？もう少し，それについて話し合うとか，それ以外のことを聞いてみるとかしないんですか？〉

－ユングのように沢山夢を見，その判断に自信を持っている人は，この夢だけで，十分彼の人格の危うさがわかったんだと思いますよ。だからその夢について話し合う必要はないし，また話し合ったらよけい無意識をあおり立て，その侵入を許すことになるんじゃないですか？－

〈でも，こういう人って，どこかで破綻を来す可能性があるんじゃないですか？だから，それについて警告するなり，家族か誰か重要な人（本人をユングに紹介して来た彼の上司）に言うなり，そういう処置はとらなくていいんでしょうか？〉

－せいぜい，分析は止めたほうがいいというぐらいでいいんじゃないですか？彼も嬉しく思ったと言っているぐらいですから－

〈でも，何か注意してあげるのは，治療者の義務のような気もしますし，また彼が分析家を志したというのは何か変化せねばという警告のしるしだったかもしれないでしょう。だから，何故分析家になろうと思ったのかぐらいは聞いてもいいような気もしますが？〉

－うーん。あなたの言うのはもっともなような気もするし，ユングのような処置でいい気もするし，少し宿題として考えておきま

す<sup>25)</sup> ―

〈何か逃げられたような感じがしないでもないですが，いずれにしても，ものすごい夢ですね。私もこんな夢を見たら，本当にぞっとします。それと，精神病には無意識の分析を避けるようにという原則がちゃんと貫かれていますね。それで，次の事例は何ですか？〉

e．【事例H】
精神病の顕在化の危険のあったインテリの女性
①H事例の概要
―次の事例も，精神病の顕在化の危険に晒された事例で，これは，1958 年に発表された『統合失調症』<sup>21)</sup> に載せられている例です。

　この女性は，無意識の内容と非常に関連の深いタントラ仏教の講義（ユングが担当）を受けていたのですが，そこで聴いたいろいろな新しい考えに次第に魅惑されて来たのです。しかし，彼女は自分の中に沸き上がってきたいろんな疑問や問題をまとめることはできていませんでした。同時に，彼女は，自分には理解できない補償夢を見たのです。そしてその夢は，急速に破壊的なイメージや孤立化症状（現実から疎外され孤立化するといった症状）へと移行していったのです。

　この時，彼女はこの理解しがたい観念が，少しでも了解できることを願って，ユングの分析を依頼しにきたのでした。しかし，彼女の夢（地震，倒壊する家屋，洪水）を聴いたユングは，逆に，彼女の現在の混乱した状況を根本から変化させることで，彼女を無意識の侵入から救い出さねばならないと感じたのです。

　そして，ユングは自分の講義を聴くことを禁じ，代わりに，ショーペンハウエルの『意志と表象の世界』を読むことを勧めたのです。ショーペンハウエルを選んだのは，仏教の影響を受けているこの哲学者によって，彼女に「意識を取り戻すことの効果」

の重大性を分からせたかったからです。これは学童時代の哲学者の項を思い出して下さい。幸い，彼女はユングの忠告に従い，それによって症状的な夢や興奮は収まったのです。実は，彼女は25年前，短期間の統合失調症症状を来したことがあったということですが，その時以来再発はなかったとのことです[26] ‒

**②H事例の検討（無意識噴出の際の処置，意識の強化）**

〈危なかったですね。このGとHの2例を聴いていると，第2章の3のgに出てきた，暗闇の中の光を思い出しますね。やはり，意識あっての無意識という気がしました。

　それから，仏教も，一方で無意識の解放を勧める部分（タントラ）と，一方で意識の強化を勧めるという二つの部分があって面白いですね〉

‒まあ，本当の宗教というのはそういうものじゃないですか？まあ，いずれにしても意識と無意識のバランスをどう取るかは永遠の課題ですね‒

〈そう思います。ところで，こういう無意識が噴出しそうになったらどういう処置をとればいいんですか？〉

‒ユングが言うには，分析の中止，人間関係の注意深い再構築，環境の改善，別の治療者への紹介，無意識の内容に関心を向けることの回避，特に夢分析の厳重な禁止，といったことが必要になってくると言っています。また自分の精神状態を絵にすることによって，無意識から安全な距離を取った患者もいたと述べています‒

〈何か，聴いていると，フェダーンの自我の再構築[20]が連想されますし，絵画療法を先取りしている感じもしました。それと，乱暴に言えば，無意識があふれ「現実や自我」が足りない精神病者には現実の強化を，また無意識を抑圧し過ぎる神経症者には無意識との直面を，というのが原則かなと思いました〉

－まあ，そんなに割り切っていいかどうかは問題ですが，とりあえずそうしておきましょう－

## 8．統合失調症の治癒率，予後は？

### a．ユングの正直な発言（統合失調症治療の困難さについての）

〈それで，肝心の治るかどうかということですが，ユングの治癒率はどのくらいだったんですか？〉

－果たして，治癒率ってそんなに肝心なことですかね。治ったかどうかなんて，あまり簡単に言えるものではないようにも思いますが。でも，一応それを追って見ましょう。

さっき，ユングは1900年の初頭から統合失調症を心理療法的に治療していたと言ってましたね。そして，事実治った例も多かったと思いますよ。

ところが，ユングは1935年のタビストック・レクチュア[27]で「私には原則として統合失調症の治療はできません。統合失調症の治療は，恐ろしいほどに困難な仕事であって，私はしたくありません」と述べているんです－

〈うーん。いったい，どう考えたらいいんですか？ユングは意識の強化が大事だと言いながら，やっぱり無意識の内容ばかりに気を取られているから，治療が難しくなったんですか？それにしても，前に述べたフォン・フランツ[28]の発言と随分違いますね[29]〉

－さあ，どうでしょう。私はユングが極めて正直だと思いますよ。統合失調症の治療は簡単ではありませんから。ただね，たいした治療もしていない人が「統合失調症の治療はできません」と言うのと，ユングのようにそれこそ統合失調症と格闘して，そのように告白するのでは，意味が随分違います。それに，たいした見通しや当てもないのに，努力すれば必ず報われる，必ず治る方向に行くという空手形的な約束をする治療者より，よっぽど誠実だと

いう気がしますが－

〈でも，こういう文章に接した患者さんは，どう思うんでしょうか？〉

－さあ，あなたは絶望する患者がいると言いたいでしょうが，案外，ユング先生は真実を見抜いておられるという患者もいるかもしれませんよ－

〈それでも，やっぱり納得がいきません。私なら，「治る方向に向けて努力はしますが，時としてもう止めたいと正直思うときもあります。でも最後まであきらめません」と言いたいですね〉

b．ユングの謙虚さ

－ん。その意気で頑張って下さい。ただユングは「治療したくありません」発言の前に，２度の入院を体験し幻覚・妄想の状態にあった女性【事例Ⅰ】に対し，彼女とその幻聴・妄想の内容を調べ上げ，これらの体験を意識と結び付けられるように事実を説明したり，また神話の本により神話に関する知識を彼女に獲得させ，それで彼女自身が自己の性格の部分部分を一つに縫合できるようにし，また危機に見舞われた時には，彼女自身の全体像を獲得するためにそういった特殊な状況を描写して絵にするように働きかけたりすることで，発作は少なくなり，また自分のイメージを普遍的無意識との一般的結び付きの中に見いだすことによって，よくなったという治療体験を報告しているのです。

　ただ，全ての症例が，このようにうまく行くものではないと断って，「私には原則として，統合失調症の治療はできません」と続いているんです－

〈確かにユングの態度は謙虚だし，実際はすごい治療力を持っていると思うのですが，やっぱりこの発言は納得できません。自伝を書いている時のユングに，この発言を今ならどう思っているのか聞いてみたい気がします 30)〉

－まあ，そんなことでごちゃごちゃ言うより，Ａさんが統合失調症体験で苦しんでいる人の援助にエネルギーを注ぐ方がいいんじゃないですか－

### ｃ．晩年の「統合失調症に対する予後観」

#### ①予後観は楽観的になる

〈もちろん，そちらも頑張ります。ただ，このユングの予後観は，その後どうなったのですか？〉

－先に引用した『統合失調症[21]』（1958）では「純粋に心因性に発症し，同様に心理学的に経過し，そして純粋に心理療法的処置だけで完全に治療できた，多くの軽症で一過性の統合失調症の事例がある。そして，もっと重症の場合ですらも，こういった治療を経験している」とか「患者が多くの心理学的知識を持てば持つほど，患者の全体的予後はよくなる」とか「この50年の経験で，論理的・因果関連的発展を示さない事例には出会ったことはない」と，言っています－

〈今度は，随分，予後に対して楽観的・肯定的ですね〉

－ただし，ユングは精神療法家の前に現れない，重症の緊張病などではどんな事情にあるのか知らない，とは言っていますがね－

〈いずれにせよ，ユングに限ったことではないんでしょうけど，西洋人というのは，その都度，思ったことを思った通りに言う印象を受けました。だから，一貫性をつい期待してしまう私は，こういう矛盾発言に会うと本当に困ってしまいます〉

－ユングは特に，発言が矛盾することが多いので大変でしょうね。ただ，矛盾したり変化したりするのがむしろ当り前と考えて，その矛盾発言の意味を考えると，かえって治療的になる場合がありますよ－

〈そこら辺りは，私の課題だから何とかします。まあそれはそれとして，自伝での結論部分にはどう書かれてあるんですか？〉

－統合失調症だけでなく，全部の事例についてでしょうが，ユングは，自伝で「数年前に治療結果の統計を取ったところ，三分の一は本当に治癒し，三分の一はかなり改善され，三分の一は本質的に影響されなかった」と述べています－

〈昔で，薬もないときにこの成績というのはたいしたもんですね〉

－だから，精神病者や家族たちはここの記述を読んでくれたらいいんですよ－

**②結果について語る難しさ（失敗は成功）**

〈そうですね。でも改善の見られなかった原因というか，治療結果や予後に差が出てくる理由についてはユングはどう考えていたんですか？〉

－それについて，ユングが体系的に書いたところを見つけ出していませんが，あまり簡単に言えるものではないでしょうね。

　ただ，ユングも最後の三分の一については気にしていたようで，やはり自伝の続きに「しかし，最も判定困難なのはまさに改善の認められない事例である。何故なら，多くの事柄は数年後にならないと患者に了解もされなければ理解もされず，その時になって初めて効力を発するようになるからである。以前の患者が『あなたにお会いしてから十年たたないと，それが本当に何なのか私にはわかりませんでした』と，何としばしば私の所に書いてきたことであろうか。……このゆえに治療の結果について結論を下すのはしばしば非常に困難である」と述べていますから－

〈それは本当にそう思います。以前，辻先生が「失敗というのは成功ということです」という非常に意味深いことをおっしゃってましたが，あまり治るかどうかだけにこだわるのも生産的ではないと思います。ただ，今後の我々の治療指針のためにも，治療困難要因とその対策について，詳しく書いてほしかったように思います〉

－ユングは，ある程度それについて書いているようには思います（例えば，あまりに長期に病的状態にあった場合とか）。それとユングの後継者の方も，その点を一生懸命研究されているでしょうし，またＡさんも頑張ってそこを研究したらどうですか－

〈こっちに振られるとしんどいですね。でも，大事な点ですから「治療困難要因とそれに対する対策」というのを，私の今後のテーマにしたいと思います〉

## 9．統合失調症の原因は？

### a．ユングの考えの変化（毒素説から心因説へ）

〈ただ，それと関係しての質問ですが，ユングは、統合失調症の原因をどう考えていたんですか？〉

－統合失調症というのは，結局コンプレックスが自律的になり過ぎて自我に統合されなかったり，またそのコンプレックスの自律性があまりにも固定化し過ぎるということですね。これに対して，『統合失調症の心理』では，そのような過度の自律性・自我への統合不全・固定化の原因として，物質代謝毒素にそれを求めているようです。もちろん推定ですが－

〈わからないことは，毒素だとかのせいにされるんですね。ちょうど素質のせいにされると同じように〉

－まあ，その時代は脳器質論の盛んな時代ですからね。それに対しての遠慮もあったのかもしれません。ただ50年後発表の『統合失調症』で，ユングは「50年前当時は，心理学的経験の乏しさの故に，統合失調症の病因が一次的に中毒性のものかそれとも二次的なものかという問題を保留しておいたのだが，長年の実践的経験から，この疾患の心因性の成因の方が中毒性のそれより真実性が高いという見解を持つに至った」と述べています－

〈それで，Ｂさん自身はどう考えるんですか？〉

## ｂ．総合的に考えることの重要性

－私は，あまり精神と身体を分けて考えません。だから，幼児期にとても辛い不健康な育ち方をした人は，脳の組織に普通人より少しダメージを受けたと考えられます。ギャバード[31]も「心理学的な性質の障害は，ニューロンとシナプスの機能の特異的変化に反映されるのである」と言っています。これを逆に言うと，良い人間関係（治療関係もその一つ）は，その人の脳組織を健全な方向に向ける可能性があるということです。もちろん，逆に一次的に脳組織が障害を受けていたとしたら，心理的なものに反映されるとは思いますが，それも治療関係や薬物などで，少しは障害がましになる可能性はあると思います－

〈いずれにせよ，心理学，生理学，生化学，薬理学，社会学，コミュニケーション学など全ての人文科学，自然科学が手をとりあって，病因の究明や治療に進んでいけばいいということですね〉

－ええ，だから，ユングは『統合失調症』の末尾で，「人間全体と取り組まねばならない精神医学は，患者を理解し，治療するという課題によって，精神現象の二つの側面（「大脳生理学や病理学」と「無意識の心理学」）のどちらの面も考慮する必要がある」と述べているんです。これは，簡単なことではないでしょうが，本当に大事なことですね－


## 10．精神療法家としてのユングと生計
## ａ．経済的成功者としてのユング

〈最後に，俗っぽい話になって恐縮ですが，ユングは，統合失調症を初めとする精神疾患の患者さんの治療をしながら，生計を立てていたんですよね。かなり，献身的に熱心にやっているので，生活の方は大丈夫かなと心配しましたが？〉

－いや，俗っぽいかもしれませんが，お金のことは大事ですよ。

なかなか正面切って取り上げるのは難しいかもしれませんが。でも，前にも言いましたが，精神的安定と物質的安定は切り離せませんよ。

それで，早速ユングの面接料金ですが，エランベルジェによれば，二つの矛盾した情報があるとのことです。一つは，1920年代初期に，1時間の精神療法代として，50フランという極めて高額の料金をとっていたという話と，もう一つはユングが患者に請求していた診察料の額の低さが驚きの的になったという話です—

〈どちらも本当なんでしょうけど，いずれにせよ，貧乏で学資も苦しかった時代に比べ，1909年にはキュスナハトに大邸宅を立てたんでしょう？そしてそこに家族5人と共に，弟子（愛人？）トニー・ウォルフも，時折，住まわせたんですよね。林の『図説ユング』でその写真を見れば，豪華な庭と共にその家の素晴らしさが伝わって来ます。一体，敷地は何坪あるのかしらと感嘆してしまいます。それに，有名な塔を建てたボーリンゲンに別荘を持ったり，またアフリカやインドなど各地を旅行していますから，経済的には相当成功したと考えられます〉

—随分羨ましそうですが，Ａさんは何を言いたいのかしら？—

ｂ．ユング心理学の貴族性と社会面の軽視

〈羨ましくないと言えば，嘘になります。ただ，私はこういう経済的な豊かさと，ユング心理学の貴族性が気になるんです〉

—貴族性と言うと？—

〈いや，ユングが外面より内面を重視したり，アドラーのように社会面を重視したりすることがないという点です。アドラーは，1902年に「今日の医学の焦眉の課題は，貧しい人でも良い医療を受けられるようにすることだ」という主旨の論説を書いています（エランベルジェ）。ユングはそんなこと一言も書いてませんよ。やはり，「衣食足って礼節を知る」というように，まず無意識の

探求には，経済的社会面が保証されることが必要なように思いますが？だから，ユングは，自分だけが経済的に豊かになるのではなくて，もう少し社会面のことも考えたらと思いました〉

－その批判は，ユングに向けられるだけでなく，私自身も重みを感じます。ただ，やはり，重すぎる問題ではあるので，Ａさんのは問題提起として，また今後の宿題にしておきます。ただ，ユングの名誉のために言っておきますと，彼はアドラーについて「アドラーがはじめて，ノイローゼの問題の持つ社会的側面を明るみにもたらしたことは，特に価値のあるところである」（ヤッフェ編『ユング－そのイメージとことば[32]』より）と，アドラーを高く評価しているという事実があるということです－

〈まあ，私はユングに向けただけではないんです。フロイトも，あまりその点は書いてないようだし，またフロイト自身もかなり高額の分析料を取っていたようですから（中島・木田の『名探偵は精神分析がお好き[33]』より），まあ精神分析と社会との関係全般に問われている問題なんだと思います〉

－それは確かに問われているんでしょうね。ただ，この問いは重すぎるのでもう少し考えさせてください。それから，ユング心理学の貴族性の問題ですが，貴族性というのを身分の固定といった差別性や経済的裕福さ地位の高さといった物質的なところではなく，精神貴族と言われるような「自己をかけがえのないものとして尊重する」という意味でとったら，そんなに貴族性を否定的にとらえなくてもいいのではないですか？『ニーチェ思想の歪曲[34]』という本の中で女性社会主義者リリー・ブラウン[35]が「マルクスとニーチェ（ご存じのように超人と末人を分けた超人思想を唱えている）の同盟が政治的に不可欠であり，それは労働運動にとって歴史的な意義を持つだろう」と述べている個所を発見しましたが，これなど，労働者一人一人が，自分を精神貴族として誇りを

持ち，「限界や束縛を超えて自由へと向かう超人[36]」になるべきではないか，と言っているようにも取れました－

〈それこそ，ユングの言う個性化であり自己実現ですね？でも，やはり，社会性への関心の低さは気になります〉

－それは，おっしゃる通りなんでしょうけど，この辺の議論はもう私の力量を超えますので，このあたりにさせてください[37]－

## 参考文献

1) P. ジャネ「神経症」高橋徹訳, 医学書院, 1974

2) コンプレックスが,「心の中で, 抑圧されて, 意識されてない (されてるとしても不十分な), 感情的・情動的な複合体」ということであれば, これはいいかえれば, まだ未解決の問題, 困難, 課題と考えてもよい。これらは, コンプレックスをだかえた本人にとっては, 厄介な否定的な面も大きいが, 反面創造の源といった肯定的な面も有する。それから考えれば, 健康人はこのコンプレックスに悩みながらなんとかこれと折り合いをつけられており, 神経症 (ヒステリーを含む) ではこのコンプレックスに部分的に圧倒され生活や心身に支障が出てきている状態で, 精神病状態 (代表が統合失調症) ではこのコンプレックスにほとんど全面的に圧倒され, 自分を見失っている状態だと言えるだろう。

3) 第 2 章文献 202 参照

4) 新海安彦「分裂症の精神療法としての賦活再燃正気づけ療法」: 精神科治療学, 595, 1986。私の理解によれば, 統合失調症者は, 少しの刺激 (賦活) で再燃するが, 治療者の助けで, 正気づく (自分を取り戻す) 練習をすると, 自分で自分の賦活再燃を防止できる方法を学んでいくという。一種の自己治療の援助である。

5) 以上の治療目標をまとめると「理解の共有・増大」「適切な介入の洗練」「主体性の強化」「統合力 (幻聴・妄想・コンプレックス等) の育成」「自己コントロールの強化」「信頼関係確立」「治療者の持続意志の強化」といったことになる。これを見ると, 大筋では他の治療目標とそんなに変わらないが, 神経症等と比べて, かなりの時間とエネルギーがかかるということであろう。

6) 私の記憶では, コリン・ウィルソン (第 2 章文献 32) だと思われる。ただ, 治療というものを非常に深く考えた時, 目先の患者より, 人間の心理・魂の深層を探る方が, 最後的には治療により役立つという考え方も成立するであろう。治療・研究・教育の配分は, 簡単に決着の着く問題ではない。

7) ボーリンゲンの塔や, アフリカ, インド, アメリカ旅行などを指す。

8) 特に, 私が知りたいのは, バベットが治らなかったにしても, ユングが自分のことを理解してくれていたという感情を持てていたかどうかである。もし, 彼女が, 理解者がいるという感じを少しでも持てれば, それは一つの治癒といってもいいのではないだろうか?

9) 自伝によれば, 出した宿題について, ユングは毎回彼女に対して試験をせねばならなかったということだが, これが, 対話になり, 治療的効果 (統合力の増大や意識水準の上昇といった) があったのだろう。

10) 自伝では「患者とともに働くことを通じて, 私は妄想的観念や幻覚が意味のきざしを含んでいることを理解した」と記している。

11) 辻悟「統合失調症へのコメント」(こころの科学, 20, 「性格」, 1988.7. 所収)。

このコメントで，辻先生は，心理臨床家は，①深く病んでいる人への治療接近をしなければ，心理療法の本質を理解できないと思えること，②心理療法と精神病者治療を別と考えて，心理療法家が精神病差別集団にならないようにするためということで，精神病者への治療接近を大いに行わねばならない，と述べています。

12) 文献 13 の中で，サミュエルズは，マカーディ（文献 14）がこの対立物を「深層心理学と精神病理学の基本に習熟し，心理学的志向の基本的学派の洞察を理解し応用でき，とりわけ人々を診断し治療する方法に経験を積んでいる，分析家の臨床的責任」というものと「この知識をすべて『忘れ』，分析中の人に個人として向き合う能力と責任。それは基本的な技法の習得に多大の時間を費やした後，基本的なことは『考え』ずに芸を生み出す芸術家とほとんど同じである」というものとして提示していることを紹介している。ここから連想されることだが，方法や知識にこだわらずそれを忘れるためには，徹底的にその方法に習熟していることが，必要になるだろうということである。いわば「忘れるために覚え尽くす」ということなのであろう。ひょっとしたら，ユングは，方法論や治療体系を十分にわかっていたから，もうわざわざ，そうしたものを書く必要を感じなかったのだろうか？

13) A. サミュエルズ編『こころの病理学』（現代ユング派の臨床的アプローチ）氏原寛・李敏子訳（分析心理学シリーズ 1）培風館，1991。この書は，うつ病，境界例，精神病，慢性患者といった難事例に対する，ロンドンのユング派による臨床実践や理論を集めたものである。いわば，ユングの治療的仕事の後を引き継いで開拓していった後継者たちの記録というべきもので，随所に役に立つというか，はっとさせられるものを感じる。なお，このシリーズの 2 ( 文献 15) も興味深い。

14) McCurdy,A.(1982).Establishing and maintaining the analytical structure.In M.Stein(ed),Jungian Analysis.La Salle;Open Court.

15) M. フォーダム・R. ゴードン・J. ハバック・K. ランバート共編『ユング派の分析技法』（転移と逆転移をめぐって）氏原寛・李敏子訳（分析心理学シリーズ 2）培風館 ,1992

16) ユングは，確かに体系的治療技法については書かなかったが，これは，どういうことが考えられるだろうか？以下，私の勝手な連想を言うと
　①心理療法は全て，個別的なものなので書いても意味がないと考えた。
　②治療技法を書くことは意味がないことはないが，それよりも，もっと大事な魂の探求，すなわち，普遍的無意識や元型，神話，宗教や錬金術等の探求に関心が向かった。
　③もともと，治療よりも，そうした研究の方が好きだった（太陽ファルロスマン，シュヴィーツアーの例等）。
　④あまり，意識せずに，自分の興味の赴くままに活動した。

⑤治療技法も大事だが，それは後継者がやってくれるだろうと考えた。

　　⑥変に体系化してしまうと，体系やマニュアルに頼ってしまいがちになる（いくら，仮の参考に過ぎず，治療者は自分の足で歩むようにと，言ってもそうなりやすい）。そうなってしまうと，治療的営為は極めて創造的であるにもかかわらず，その創造性が奪われてしまい，結果的に患者に有害となると考え，あえて作らなかった。

といったことが，浮かんでくる。

　どれが，より近いのか，全て的外れなのかよくわからないが，いずれにせよ，歴史は正直なもので，ユングの後継者は，やはり，技法がないと物足りなかったのか，それを研究している人々はいる（例えば，文献17.のM.フォーダム等）し，今後とも，ユングの足りなかった点を補い，間違った点を修正しようとする試みは続くであろう。ただ，ユングが治療技法よりも，もっと魂の基礎的研究の方にエネルギーを費やしてくれたおかげで，我々は，普遍的無意識や元型を知り，象徴やイメージの内容を深く掘り下げてもらい，また神話，宗教，哲学，文学，歴史，童話，錬金術やグノーシスやヘルメス哲学，占星術や易経等といったことについても広範に勉強させてもらえている。私は，まだ，このほんの一部にしか触れていないが，それでも治療において有形無形の役に立ち，今後の勉強の楽しみが増えるという喜びを感じている。治療に関して，どう役に立ったかを言い出すと切りが無くなるが，一つだけあげるとすれば，日常のなんでもない行為に非常に深い象徴的意味が隠されているという発見である。例えば，息をするという営みは，絶えることなく一生続くわけだし，誰でもやっているという非常に一般的な現象だが，ユングのことを知って以来，呼吸は「宇宙と人間が，プネウマ（霊，風）を通して交流しあっている聖なる現象」とも思えるのである。こうなると，当然，患者の行為や生活は象徴的意味に満たされていることを治療者は感ずることになり，それは引いては，患者にも生き生きとした良き影響を与えることは言うまでもない。また，それだけではなく，呼吸や歩行や食事といった日常のことをとても大切に考えるようになり，例えば呼吸に関して言えば「ゆっくり力強く吐ききって，吸う時はおなかを膨らませるだけで自然に空気が入ってくる」という「呼主吸従」（これは御釈迦様の呼吸法でもある）という極めて健康的な呼吸法が得られるようになる。ちなみに，患者の呼吸中が浅く速くせわしないということは，容易に想像できるであろうし，事実その通りである。

17）M.フォーダム『ユング派の心理療法』（分析心理学研究）氏原寛・越智友子訳，誠信書房,1997。本書は，文献13.にも出て来ている，ロンドンのユング派の総師とされているフォーダムが，ユング派の治療技法をまとめたものである。ちなみに内容を，各章に沿って述べると，モデル，ユング理論の発展，夢，拡充法（増幅法）と能動的想像法，ユングの心理療法概念，分析，分析の場の設定，分析の開始，転移と逆転移，抵抗と逆抵抗，治療者の不作為的行為，解釈，

幼児期分析とその限界，能動的想像の起源，分析の終結，訓練，治療方法の応用，となっている。本書をさっと目を通した印象だけだが，随分とフロイト派の精神分析的観点，特に転移・逆転移の重視，here and now の強調（事例で特に感ずる），両親との関係に重点を置くという感じで，何かユング派の足りない点をフロイト的観点を入れて補っているという感触を受けた。

しかし，これは考えてみれば当り前だという感じがした。というのは，治療学は総合学であるが故に，元型や普遍的無意識を扱ったりするだけでは不十分で，現実の人間関係や，治療者に投影された個人的転移関係も，問題にしながら，広い視野で，本人の心の整理や創造性の開発等を助けていくことになるのが大事なのだろう。だから，真のユング的治療者とは，ユングの概念をしっかり押さえた上で，それにとらわれず，自由にアドラーやフロイトやその他の研究者たちの業績を取り入れ，患者の役に立たせられる人だと思われる。

18) 第 2 章文献 11 参照

19) latent psychosis のことで，普段は正常な生活を営みながら，あるきっかけで，簡単に精神病を顕在化させる状態のことを指す。E. ブロイラーは，第 3 章文献 1. で この状態と同じものとして，潜伏統合失調症をとりあげている。ブロイラーは，日常生活では一見正常かあるいは神経質者，性格偏倚者などとして通用している人に，後年急性増悪その他の偶然の問題による既往歴の調査の中で，統合失調症の軽度の症状を認めた場合に，これを潜伏統合失調症と呼んだ。また，フェダーン（フロイトの弟子，統合失調症の精神療法のパイオニア）は，潜在精神病に，自由連想法による精神分析療法を実施した場合に精神病を顕在化させる危険性があると説いた（文献 20）。

20) P.Federn:Ego Psychology and the Psychoses.Imago Publishing Co.:London,1953

21) ユング「統合失調症」関忠盛訳（「現代のエスプリ、No.150 統合失調症」至文堂 1980 所収）（全集第 3 巻）

22) 精神病の顕在化は防ぐ方がいいのはその通りだが，いったん精神病状態が顕在化して，それを治療的に再建できた場合には，以前の人格より成長する場合も有り得る。だからできるだけ顕在化を防ぎながら，なお顕在化した場合にそんなに悲観的にばかりなっていてはいけない。これに関しては，文献 23. を参照のこと。

23) 武野俊弥「＜統合失調症＞の臨床, 個人神話とのかかわり」「ユング派の心理療法」河合隼雄編，日本評論社 ,1998. 所収。ここで，武野は，ナイルの氾濫を例に取りながら「統合失調症という事態を経ることによって，枯渇して自我にみずみずしい生命力が与えられ，より好ましい自我体制が新たに築きあげられる機会がもたらされうるものである」と言っている。

24) ここにユングの先見の明を見る。ただ，現在でも，臨床心理士との連携の仕方に無知で，「心理士が役に立たない」と決めつけたり，逆に「かなりの重症の精神病や境界例の事例を，心理士一人だけに受け持たせようとしたり」する精

神科医がいるのは，残念なことである。精神科医には，臨床心理士に充分，安全に活躍できる場を提供し，心理士を支えていく役割が要請されているのである。

25) ただ，ユングの処置が，これで適切であったかどうか，これだけの材料ではあまりに不十分すぎる。最初の出会いの時，どの程度のことが話し合われたのか？また，彼の予後はその後どうなったのか？といった重要な情報が欠けている。だから，この事例では，潜在精神病の夢の凄さ，また顕在化を防いだ，ということだけを強調したかったのだろう。ここは，例のユング流の劇的書き方ということになるのだろう。

26) 再発がなかったというだけで，ユングの処置が正しかったと断言はできないだろう。彼女は再発がないとはいえ，その後の人生を納得した形で生きれたかどうか何も記されていないからである。ここは，無意識の噴出を防ぐことが大事であるということを示すための事例なのであろうが，無意識の噴出を抑えるというだけでなく，もう少し治療的に生かす処置はなかったのかなとも考えたくなる（現実は非常に難しいことだが）。それから，彼女は，ユングの講義や分析を受けにきた訳だから，彼女なりの自己実現を模索していたはずである。その点は，再発はないにしてもどうなったのであろうか？

27) 第 2 章文献 84 参照

28) 第 2 章文献 12 参照

29) 第 2 章文献 40 参照

30) 確かに，ユングのこの発言は，彼の謙虚さと事実を正しく見る彼の誠実さを現していると思われるが，問題は，こうした発言が及ぼす影響についてである。この発言が，精神病の患者や治療者にどういう影響を与えたかは，是非知りたいところであるが，今のところ，それらについてはわからないままである。ただ，ユング自身もこの種のレクチャーが，公の出版物になるのにはやはり迷いがあったようで（私の推測に過ぎないが），これが出版されたのは，ユングの死の 7 年後の 1968 年である。これは，上記のようなきわどい発言だけではなく，かなりの事例も含まれていたため，プライバシーの考慮もあったのかもしれない。だから，ユング自身も自分の発言の影響を考慮はしていたと思われるが，これに関連して想起されるのは，第 2 章文献 135 で，既に触れた，ユングの論文（アーリア的無意識とユダヤ的無意識の比較について）である。第 2 章文献 136 に載っている，1934.1.12. 発行のユングの論文（所出の雑誌名は，第 2 章文献 136 では「中央精神療法誌」となっており，第 2 章文献 135 では「精神分析中央雑誌」となっているが，原題は不勉強のため判らないままであり，申し訳ない）を私なりに要約引用すると，①アーリア人の無意識は，ユダヤ人のそれよりも高度な潜在力を備えている，②ユダヤ的カテゴリーをそのままキリスト教徒やゲルマン人に適用するのは，精神分析の最大の誤りである，③私（ユング）は，このような過ち（精神分析がゲルマンの心性を子供っぽい混乱

と決めつけたこと）をただす警告の叫びを続けてきたが，私を反ユダヤ主義と疑う張本人は，フロイトである。フロイトは模倣以上の真のドイツ魂について何もわかっていない男だ，④今や全世界が脅威の眼を見張って注目しているナチスの偉大な奇蹟は，こうした輩（フロイトのこと）に，素晴らしいことを教えてくれたのではないだろうか，ということが記されてある。確かに，これだけだと，第2章文献136で小此木も言うように，ユングは，単にユダヤ的無意識と，アーリア的無意識を比較しただけで，別に反ユダヤということにはならないが，問題はその時の情勢である。1934年というと，既にナチス政権がドイツを掌握し，反ユダヤ主義的政策が開始され始めた時である。だから，いくら，ユングが正しい文化比較を行っても，このような文章を書けば，ナチスに利用される可能性，またはドイツ国民の心に反ユダヤ主義を増強させる可能性はあったと考えられる。いくら，後でナチスの危険性を説いたとしても，その時のナチス関連の暴力的エネルギーに更に火をつけた可能性はある。　ここから思うのは，正しいというのは，相対的なもので，いつ，いかなる場所・状況で，誰に，どんなことを言うかは，相当慎重であらねばならないということだろう。我々はユングを責めるのではなくて，ユングから学ばねばならない（この正しさの相対性については，治療についても言える。例えば，「健康を取り戻すためには，健康な生活を送るべきである」というのは，全く正しい言葉であるが，これを重症のうつ病患者に言えば，相当の圧迫になりかえって反治療的なことになるかもしれないのである）。

31)　G.O. ギャバード「精神力動的精神医学，①理論編」権成鉉訳,岩崎学術出版社,1998

32)　第2章文献25参照

33)　中島梓・木田恵子「名探偵は精神分析がお好き」早川書房,1991. この対談書の中で，木田は，フロイトの分析を毎日半年間受けると，昭和6年当時で６０００円（現代では６０００万円以上か？）かかったらしく，フロイトの患者は貴族の客が多かった，と言うことを述べている。

34)　M. リーデル「ニーチェ思想の歪曲」恒吉・米澤・杉谷訳，白水社, 2000

35)　Lily Braun:Memoiren einer Sozialistin,Bd.2.1911,S.585(文献34に所収) リリーは，「我々が目標達成のための方途を見出すのは，倫理的革命の理念が経済改革の理念を鼓舞する場合だけに限られる」と述べている。

36)　私の乏しい感覚だけで言うと，この「超人」とは，決して天才やスーパーマンや特権的人間といった者を指すのではなく，絶えず「自己を克服し，自己を越えて行こうとする者」即ち「常に自己超克，自己変革を目指す人」を意味しているのではないかと思われる。

37)　この点の議論は，大変難しいところである。貴族というと「特権階級」「身分・家柄で固定する」「差別性」「搾取性」「支配性」という否定的な面と「自己をかけがえのない貴いものとする」「貴く生きる」といった肯定面 ( 精神貴族と

いった ) が混在していると思われる。

もしフロイトの精神分析やユングの分析心理学が、その対象を「お金持ち」で「知能が優秀」で「想像力や表現力や才能が豊か」で「魅力的」で「精神病的な部分が少ない健康に近い」人達に限ってしまうと，否定的な意味での貴族的なことになり，差別的になってくるであろう。逆に、そうでない人をより対象にして，それらの恵まれてない人達が分析治療により，精神面・社会面の能力や健康面が開発されたとなると人類に恩恵をもたらすのであろう。 ただ，これも私の又聞きや推測で申し訳ないが，ユングは年齢が行き，有名になるに従って，分析の主たる対象が，アメリカを初めとする世界の有名人たち（即ち相対的に恵まれた人達）になっていったとのことである。そして，これが推測通りであるなら，ユングは貴族的と言われるかもしれない。しかし，もし，そうだとしてもそれが直ちに，ユングの否定的な面と考えていいかどうかは早計であり，ユングの後期や晩年の分析対象者の意味については，もう少し深く考える必要があるだろう。

いずれにせよ、治療者の行う「患者・クライエントの対象選択」は、興味深い問題ではある。

# 第5章：ユングと神経症

## 1．後年における神経症の分析の増大

### a．ユングとその後継者は徐々に統合失調症治療から離れていったか？

〈統合失調症に続いて今度は，ユングの神経症治療について，聞かしてください。印象だけですが，ユングは最初，統合失調症治療を多く手掛けていたように思いますが，後半は神経症治療が多くなってきますね？〉

－それは，私もそういう印象を持ちます。例えば，1939年出版の，ユングの高弟，ヤコービの『ユング心理学[1]』(ユングは序文で，「自分のできなかった自分の心理学上の大要を満たしてくれ，これをもって本質的問題点の全てを包摂した概観が生まれた」と述べています）には，神経症のことは書かれてあっても，統合失調症の記載は見当りません－

〈どうしてなんですか？〉

－やはり，前も言ったように，ユングが精神病院を離れたことで，統合失調症を見る機会が減り，相対的に神経症レベルのクライエントを診る機会が多くなったこと，ユングの弟子たちも神経症の分析に当ることが多くなったということ，面接分析治療が中心なので入院が必要になることの多い統合失調症患者に接することが少なくなったということ，社会階層の上部にいる人達の分析が多くなったこと（統合失調症は相対的に見て社会階層の下部に発生率が高いと言われているので，これも統合失調症と接する機会を少なくさせているかもしれない）といったことがその理由でしょう－

### b．フロイト派の方が精神病治療を開拓していった

〈神経症レベルだとあまり心の深いところまでわかるのかしら，

と心配しますが〉

ーどうでしょう。少なくともユングは，統合失調症の治療経験を持ったうえで，神経症を診ていますから，見方の深さがかなりのものだと思いますよー

〈でも，面白いですね。ユングは最初統合失調症の治療から入っていったが，徐々に神経症治療の方に重点を移し，ユングの弟子となると，神経症の治療が全くの中心になる。一方，フロイトは神経症研究から出発したが，弟子のフェダーンやクライン，またフロイトの影響を受けているサリバンやフロムライヒマンなどは統合失調症の治療に手を染めているといった格好になっているのは[2]〉

c．ユング派も精神病治療に取り組んでいる

ーいや，確かにフロイト派の方が統合失調症治療に取り組んでいる率は高いにしても，ユング派の治療者（ペリー[3]，フィールツ[4][5]，日本の一部の治療者[6][7]など）も，統合失調症治療に積極的に取り組んでいますよ。これは，また別の機会に取り上げるつもりでいますがー


## 2．ユングの神経症観

### a．ユングは，神経症をどう見ていたか？（9つの点）

〈それはそれとして，ユングは神経症をどう見ていたのですか？〉
ーサミュエルズによれば，ユングは精神障害の分類にあまりエネルギーを注がなかったので，神経症に関する十分に展開された分類は見当らないとのことです。

　ただ，いろんな個所で多様な見方をしているように見えるので，その中から，私の印象の残った点だけ箇条書きにしてみます。

　①神経症においては二つの傾向が存立し，これら2傾向は互いに鋭く対立していて，それらのうちの一方だけが意識されてい

る（無意識の心理）神経症は自己自身との不和・軋轢である（『無意識の心理[8]』）

②神経症は，自分自身と一つになっていない状態であり，欲求満足と環境文化の要請，幼児的な怒りと適応欲求，集合的と個人的な諸義務といった葛藤から生ずる（『ユング，そのイメージとことば』）

③神経症においては，意識が道徳的理想を目指し，無意識が非道徳的理想を目指すという葛藤とは逆に外見は不道徳なのに道徳面が無意識の中に隠れているということも有り得る

④神経症の症状は，夢と同様，無意識がそれ自身を表明する一つの方法であり，夢と同様に象徴的である。…しかし，夢の象徴は神経症の身体症状よりはるかに変化に飛んだものである（『人間と象徴[9]』）

⑤神経症者は，聞いてはいるが，聞いていないのであり，見てはいるが盲目であり，知ってはいるが無知なのである（『人間と象徴』）

⑥意識が，偏見，誤り，空想，幼児的願望により影響されるほど，神経症的分離はひどくなり，その結果，生活は不自然となる（『人間と象徴』）

⑦無意識が抑圧されればされる程，全人格の中に，神経症という形態を取って広がっていく（『人間と象徴』）。一面的なものの見方や視野の狭さは，神経症の特徴である（『分析心理学』）

⑧神経症の症状は「失敗した試み」であると同時に，生命の新しい綜合への試みである（『無意識の心理』）。神経症は誤った道に対する停止信号であり，個人的な治癒に導くための呼びかけである（『ユング，そのイメージとことば』）

⑨神経症はある意味で，自己治癒の試みである（『精神分析と神経症』1916 年）

「『ありがたい，神経症になる決心をしてくれた』と言わざる
を得ないケースがたくさんあります。神経症はまさに自己治癒
の試みなのです」（『分析心理学』）。神経症は道理にかなった苦
悩の代理物なのです（『心理学と宗教 10)』1940 年）

といったところです。まだまだ，あるでしょうが一応この辺にし
ておきます－

b．ユングの神経症観に対する感想

〈いや，概ね賛成できるところばかりなので，特に言うことはあ
りません。神経症における分裂，葛藤，夢との類似性，一面性，
抑圧などだいたいその通りだと思いました。

　ただ，フロイトなら，神経症の原因を性愛的問題やエディプス
コンプレックスに置いたであろうに，ユングの場合はかなりそれ
を広げて，二つの傾向の対立という形に持っていっているような
気がしました。私には，この方がわかりやすいし臨床的だという
気がしますが，フロイト派の人はどういうでしょうかね。

　それと，神経症に積極的・肯定的価値を置き，自己治癒の試み
であり，また苦悩の代理物というように考えるところは，治療精
神医学に見る，人間としての連続性と大いに共通するものとして
共感しました。しかし，こういう点は，フロイト派，アドラー派
に限らず，どんな治療者でも言っているんでしょうがユングの場
合，特にその点は強調されている感じがしました。

　ただ，神経症が，自己治癒の試みであるのはいいとしても，「統
合失調症が自己治癒の試みである 11)」とか「ありがたい。統合
失調症になってくれて 11)」とは，ユングは言えませんよね。も
ちろん，ユング以外の人でも，そんなことは言えないでしょうが，
早く統合失調症も自己治癒の試みの一つなのだと大きな声で言え
るようになれればいいのになと思いましたが〉

－そうですね。そうなるよう努力しましょう。フロイトは，「妄

想は治癒過程の一つだ」[12] と言ってるぐらいですから。ただ，こうも思いました。「統合失調症の発症はなるべく予防した方がいいが，一旦発症してしまったら，それはさらに深い意味を持っており，それを治療的に生かすべきだ」というようには考えましたが。それとこうした機会に「治るとはどういうことか」を話し合うのも治療的ですね−

## 3．ユングの神経症治療例
### 【事例J】
突発的驚愕のために重いヒステリーに罹った若い一婦人
#### ａ．病因は重層的である
#### ①Jの症状の始まり
〈それとやはり興味があるのが実際ユングが，神経症患者をどう治療したかという点です〉

−そうですね，早速事例を提示していきましょう。これは『無意識の心理[8]』に載っているケースです。

　事例とされる彼女は，ある夜のパーティの帰途，馬車を避けることができず，逆にその前を駆け始め、轢かれそうになる直前、通りがかりの人に助けられたという体験をします。そして，そこから馬蹄の響きに対する，恐怖神経症が始まったのです。馬蹄の響きを聞くだけで，それが死や何か戦慄すべきものを意味しているように見え，思慮分別を失ってしまうのでした−

#### ②Jの恐怖症の原因について
#### ア．馬の事故や外傷体験は刺激因子に過ぎない
〈それで，ユングは，このJ事例についてどう考えたんですか？〉

−まず，原因が馬にあると考えました。実際，彼女は，７才の頃，自分の乗っている馬車が暴走して，危うく死にそうになったという体験をしているのです−

〈何か外傷体験が刻印されたというか，誤った学習がなされたという感じですが，ユングはそれを原因と考えたんですか？〉

－刺激因の一つとしてはそれを考えましたが，もちろん，そんなに単純に片付けませんよ。ユングは，続いて馬や外傷体験は，一つの因子としては考えられるが，何故，よりによってこの時期に出てきたのかと考えたのです[13]－

イ．症状がこの時期に出現した理由（隠れていた男女関係が明るみに出る）

〈なるほど，当り前かもしれませんが大事な視点ですね。それでさらにユングは，どう考えを進めて行ったのですか？〉

－まず，彼女の人間関係の状況（それも特に大事な異性関係を中心とする）に探りを入れます。すると，次のことが明らかになってきました。彼女には，自分の将来の夫と考えていた若い男性があり，もちろん彼（甲とする）を愛していました。

　そして，あの夜のパーティについても調べた所，それは本人の親友である一女性が，神経衰弱のために保養地に行くので，そのためのお別れパーティだったことがわかったのです。それはそれとしてもっと驚くべきことは，例の馬車の件で危うく死にかけた彼女は，その女友達の家に連れ戻されそこで手厚い看護を受けたのですが，驚くべきことに親友の夫（乙とする）から恋心を打ち明けられたという事実が判明したということです（本人はそれを言うのにかなり抵抗しましたが）－

ウ．彼女の幼少期（性的なことの抑圧）と二人の男性の出現

〈へーえ。やはりいろんなことがあるんですね。次にユングはどうしたんですか〉

－さらに深く彼女の生活史，特に恋愛にまつわる歴史を聞いていったのです。

　彼女は，まず小さい頃は男の子のように育ち，性を思わせるよ

うなことは一切軽蔑し，そして現実とは何の関係もない空想の世
界の中で生きていました。

　ところが24才の頃，二人の男性（甲，乙）が彼女の前に現れ
たのです。両者とも彼女が気にいったのですが，より甲のほうが
好ましく思われ，甲との間に親密な関係が結ばれたのです。しか
し，乙は乙で，彼女の親友と結婚しましたので，当然その親友と
の関係を通じて，頻繁に乙と接触せざるを得なかったのですが，
乙がそばにいると何故かいらいらすることが多くなったのです－
エ．指輪事件と性的なことに対する嫌悪
－そして，指輪事件が起きます。それは，本人が指輪をもてあそ
んでいるうちに，指輪が転げ落ちて紛失してしまったのです。そ
こで，甲・乙を含む全員が指輪を捜し，それを見つけます。そして，
甲が彼女の指にそれをはめながら「こうすることの意味をご存じ
でしょうね」と，意味ありげに言ったのです。そうすると，これ
またびっくりすることに，彼女は指輪を窓の外に投げてしまって，
すっかり一座が白け切ってしまったということが起きたのです－
〈これはもちろん，彼女が性的なことに嫌悪を示している，ある
いはそういったことに慣れていないのに，指輪をはめながらそれ
が性的交わりを意味するといったようなことを，甲が囁いたため
の拒絶反応なんでしょうね〉
－ユングは，そこまで書いていませんが，おそらくそうでしょう－
オ．Jは，夫以外の男性（乙）にも恋心を抱く
〈その後，どうなったんですか？〉
－また，ショックなことがあったのです。それは彼女が偶然，乙
夫妻が逗留している保養地で過ごすことになった時のことです。
乙夫人は，先にも述べたように神経衰弱で，外へなかなか出れま
せんから必然的に彼女と乙が散歩にいったりボートに乗ったりと
いうことが増えます。そしてある時，そのボートが転覆して，乙

が彼女を引き上げるときに彼女に接吻するということが起きたのです。

彼女の中には乙に対する恋心が生じますが，もちろんそれを抑え付けて，自分の気持ちを甲の方に持っていこうとします。一方，乙夫人は，Ｊ本人と乙がこのような仲になっていくのを敏感に察知しますから，夫人の神経衰弱はますます悪化し，保養にまた出るという必要性が生じてくることになります。

その事に関して，ユングは「そのお別れのパーティで，悪しき精霊は彼女に『今晩は彼一人だ。お前は家の仲に入っていけるし，お前の身の上に何か起こるに違いない』と囁き掛け，その結果，事件が起こり彼女の奇怪な振舞のため，彼の家に連れて来られ，彼女は望んでいたもの（乙から恋の告白を受けるということ）を手にいれたのである[8]」と述べています－

### ③無意識の強制

〈何か，でき過ぎている物語のようですね。偶然は必然という言葉を思い出させられます。いずれにせよ，ここの点をまとめてくれますか？〉

－ユングは、この点について「無意識の強制が意識の命令よりも強かった」ということ、さらにこちらの方がより大事なんでしょうけど「外傷より性愛的葛藤の方に病因を認める見方が出てくることがこの事例で示されている」と説明していますが、その通りだと思います－

〈それにしても，神経症に限らないんでしょうけど，病因がかなり重層的で，やはり物語のようになってしまうのだなと思いました。それと，この恐怖症にも目的があって，夫以外の男性（乙）と親密になるというチャンスを得たいという願望が潜んでいるという気がしました〉

－ユングもそのように言っているようです－

## b．ユングとフロイトの性愛理論

### ①ユングのわかりにくさについて（連想と博学の凄さ）

〈それでユングは，このJ例も含めて，性愛の問題やその葛藤をどう考えていたんですか？〉

ーええ，それで，ここからその性愛理論の展開が始まるのですが，事例そのものとは離れてユングの連想が，彼の博学を基礎に繰り広げられていくんですね。読む側にとっては，ついていくのが大変だという感じがしましたー

〈そうなんですよ。あの「変容の象徴」なんてその代表で，もう何回も途中で投げ出しましたから〉

ーああいう四方八方への連想とあまりの知識・博学が，ユングの魅力であり難解な点であり誤解されやすい点なんでしょうねー

〈もう少しわかりやすく書くということや，読者の立場にたってということは考えなかったんでしょうか？〉

ー患者の立場には立っても，読者の立場に立つことは優先しなかったと思いますよ。また，そうすることがいいことかどうかわかりませんからね。河合隼雄も「自分の書くものはわかりやすいと言われるが，読みやすい文というのは，読者が立ち止まったり考えたりする機会を奪う欠点がある」（マイヤー『意識[14]』の序文より）と述べていますから，わかりやすいのがいいとは限らないと思います。まあそれぞれ，いろんなタイプがあるんでしょうー

### ②神経症の分裂は，人類の普遍的傾向

〈我々の会話も性愛の問題からそれていってしまいましたが元に戻してください〉

ーええ，まず性愛の前に，神経症における二つの傾向が人類における普遍的な事柄であったということが，ユングによって述べられます。

　まず，文化というものが動物的なものを馴致していく過程であ

るということと，その過程は動物的本性からの憤激を呼ぶということが述べられます。具体的には，文化の強制に反逆して，まずディオニソス的宗教（忘我陶酔の密儀）が出現し，それはまた逆にストア派（禁欲主義），キリスト教（禁欲的宗教）などを生み出し，そして再びその反動として，ルネサンス期にディオニソス的陶酔の第2波が襲ったと述べています。そして，精神分析の提出した性的問題もこうしたディオニソス的運動の一端であるということと，新しい理念はその時代の支配的文化と葛藤を起こすこと，神経症者はそういう時代の葛藤を自己の心的葛藤に反映させている，とユングは言っています－

〈さすが博学のユングですね。これだけスケールを大きくして考えさせてくれるとは。患者もこのように考えられたら，治癒の方向に向かうんでしょうけどね。でも，そうするための治療法についてはどう考えていたんですか？〉

③神経症の治療法（夢分析が最重要）

－まず，催眠術のことが述べられますが，ユングはこれを幼稚で役に立たぬことも往々にしてあると述べます。続いて，何度も出てきた連想法です。これはフロイトの自由連想ではなくて，言語連想テストに出てくる連想法で，葛藤やコンプレックスを探求できるとしています。しかし，何と言っても病的葛藤を察知するための最も重要な方法は夢分析である，と述べています－

〈やっぱり，ユングらしいですね。フロイトが最後に行き着いたのが自由連想である（夢を重視はするが）のに対して，対照的ですね。それで，ユングの夢理論を早速教えて下さい〉

④ユングの夢理論（顕在夢の意味，夢の原因の多様性，夢分析と古代の叡知）

－これは，途方もなく大きな課題であるので，また別に章を設けて話します。ここでは，ごく簡単に触れるだけで許してください。

まず，ユングは夢を無意識の告示者としていますが，ここは当り前のことですね。ただ，フロイトが「記憶に残っている夢は，顕在夢であって，それだけでは夢の本当の意味や内容はわからない」としているのに対して，ユングは「顕在夢は壁面（正面，ファサードのこと）であるが，これは夢の意味とちゃんとした関係を持っている」と述べています。

　また，ユングは「フロイトは，夢を願望充足であると言っているが，全ての夢がそういう簡単な性質を持っているわけのものではない」と主張しています。

　さらに，母を愛している娘が「母が死んだ夢」を見たとき，フロイトならそこから，近親相姦傾向を一次的なものと考えるのに対して，ユングはそれ以外にもいろいろ原因が推定されるということで，フロイトとの差をすでに述べています―

〈ちょっと待って下さい。本当にフロイトは顕在夢を無意味と論じ，また夢に願望充足しか見ず，さらに近親相姦傾向を一次的なものと見たんですか。フロイトの夢判断の『イルマの夢』などは，その顕在夢の内容とその夢の意味は，かなり関係が深いようですが？〉

―ここは，難しいところですね。ただ，どちらかというとフロイトは夢本来の材料より連想を重視したり，また「夢は願望充足である」とはっきり述べているし（夢判断の第3章の表題になっている），また，神経症の原因はエディプスコンプレックスであると言っていますから，その辺りを強調していることは確かでしょうけど，他の可能性を全く認めていないかどうかは疑問ですので，これはまた次の課題にさせて下さい―

〈それはいいとして，このユングの言い方に対して，フロイトないしはフロイト派からの反論はなかったんですか？〉

―すいません，それも十分調べていないんです。これも課題にさ

せて下さいー

〈課題ばかりですが，いいです。ユングの夢理論を続けて下さい〉

ーユングは，繰り返し「夢分析は，人間の心の医師・教育家にとっては貴重な武器である [15)16)」と述べた後，「分析治療に当って明らかになるのは，古い叡知の数々で，分析治療は，ソクラテスの技術と比較される教育なのである」と述べ，何も精神分析が新しいことではないと述べていますー

〈そこは，大変共感できますね。まさに相手（患者）からの問いに対して，それを相手に返して相手に考えさせるということで，仏陀の応機説法であるし，今言われたソクラテスの産婆術でもあると言えますよね。私は，精神分析に触れた時からそんな感じがしていました〉

ーただユングは，分析の方がソクラテスのやり方よりは，はるかに深い層にまで達するとは言っていますがねー

〈深いとはどういうことか？を問う必要はありますが，仏陀やソクラテスは，詳しい臨床事例をそんなに残してくれた訳ではないので（仏陀には心身症にかかった阿闍世の治療 [17)例があるが），確かに臨床では，ユングの言う心理分析の方が役に立ちますよね〉

⑤道徳の普遍性・先験性とフロイトの一面性

ーということなんでしょう。いずれにせよ，ユングは心の影（ユングは，好んでこの表現をよく使う）を意識に上らせ，それを全体のうちに秩序づける必要と，そういう形で自己認識が高まると周囲の人々との関係も改善されるということも述べています。後，面白いのは，フロイトが自己の非道徳傾向を抑圧した道徳的人間ばかりを前提にしているように見えるが，逆に非道徳人間も神経症におちいる可能性があることを述べています（ニーチェのように）。そして，道徳というものが押しつけられたものではなく，古くからある人間の魂の一機能であり，先験的に人間が自己自身

の中に持っているものであるということ，道徳があって人間は共同生活を行えるということを強調している点です－

〈ここは，人間に対する肯定的・楽観的見方が伺え，好感を持てますが，でもこの道徳と衝動の調和が難しいんですよね〉

－そういうことなんです。それで結局，ユングは「フロイトの神経症に関する性理論は一面的であるだけでなく，人間によって捉えがたいエロスを粗雑な述語で始末している」と断じています。もっとも，その後で「フロイトは後年，自分の理論の片寄りを認めて，破壊ないしは死の衝動を対置させた」「フロイトの考えていることは，全ての出来事は一個のエネルギー的現象であり，エネルギーというものはただ対立緊張からのみ生じうるという事実なのであろう」と少し持ち上げていますが－

c．ユングと権力衝動論
①ニーチェの衝動肯定と権力意志
〈ところで，神経症の病因としての性愛論が一面的としたら，ユングは他に何を考えたのですか？〉

－ユングはニーチェを例にあげ，ニーチェは衝動の肯定を説き，また衝動的なものは全て権力意志に属すると考えた[18]，としています。またニーチェは，衝動を肯定するということはどういうことかを教えてくれたとし，彼は，真剣な情熱で持って超人という理念（自己の衝動に服従しつつ，その上自己自身を超越する人間という理念）に，自分の全生涯を捧げたと，ユングは述べています。ニーチェは『ツァラツゥストラ[19][20]』で，超人思想を述べますが，その『ツァラツゥストラ』で，一人の小人がツァラツゥストラに向かって「君（ツァラツゥストラのこと）は，賢者の石である自分自身を高く投げ上げたが，投げ上げられた石は落ちなければいけない」と述べさせています。その後，小人（重さの霊）との間の討論で，ツァラツゥストラは永劫回帰の思想を語り，真

の生へと決意するのですが，ユングはむしろ，ニーチェ（ツァラツゥストラ）の自我肥大に注意を向けているようです－

②『ツァラツゥストラ』とは？

〈この『ツァラツゥストラ』は，第2章の3のfでも出てきましたし，ユングの著作のいろんな個所に引用されるのですが，どんな内容なんですか？[21)22)23)]〉

ア．第1部（種蒔きの時期）

－とても，一言では無理ですが，印象に残ったところだけを述べます。ツァラツゥストラは，ニーチェが霊感を受け第1部は，『ニーチェ事典[24)]』によれば，10日で書かれたとされ，全体は4部構成になっています（もちろん，前から，心の中での構成はあったでしょうが）。ツァラツゥストラとは，ゾロアスター（古代ペルシアの予言者で拝火教・ゾロアスター教の祖[25)]）の別称ですが，彼は，10年間の山での孤独の生活で英知を蓄えた後，民衆に知恵を与えるために山を降り，『神の死』や『超人思想』（超人と末人）について語ります。それとツァラツゥストラは，道徳・宗教・肉体・死・愛などについての今までとは違う新しい教え（世俗的道徳に対して無垢な小児のような創造の重要性，天上の救済観念の偽瞞性と大地の重要性，魂は肉体に属し肉体はひとつの大きい理性であるという肉体の根本的意義の強調，死の説教や大地からの離脱という教えは真の生の向上を妨げるということ，官能の無邪気さの勧め，真の友情は友との敵対を避けぬこと，女性の愛には不公平さと盲目があること，隣人愛は自分と向き合うことの逃避であり，人間への愛より高いものとして事業と幻影への愛があるということ，孤独の重要性［特に創造に関しての]）を説きます。これが第1部です－

〈要するに今までのキリスト教的道徳精神へのアンチテーゼのようなものですね〉

イ．第２部(キリスト教的平等観への攻撃と「力への意志」の強調)
－そう，簡単に割り切れるかどうかわかりませんが，まあそうしておきましょう。

　続いて第２部ですが，ふたたび，山上の孤独に帰っていったツァラツゥストラは，下界で自分の教議が邪教に冒されていることを知り，再度下山するのです。そして，「現世における超人の創造の道」「同情より愛する対象を鍛えたかめる高い愛が大事であること」「僧侶に対しては，超人を目指すこと，有徳者に対しては『本来の己』を愛し，それを生かすこと」「平等観を捨て，不平等と超人を目指すこと」を，説きますが，有名な『夜の歌』の章では「自分の孤独さと，与えるだけで受けるものの幸福を知らないこと，相手の魂に触れることのできないこと」を嘆きます（同時に夜の素晴らしさも歌いあげるのですが）。しかし，負けないで，再び「意志の死と再生」「存在への意志」「力への意志」「自己超克」の重要さを説きます。

　だが，再び，「全てはむなしい。一切は同じことで，一切はすでにあったことだ」というニヒリズムを語る予言者の言葉を聞き，ツァラツゥストラは悲哀と倦怠に沈みます。しかし，ある不思議な夢（棺が裂け，全ての生き物がツァラツゥストラに殺到するという）を見て，「永劫回帰」の教えを予感するのです－
ウ．第３部（永劫回帰が説かれる）
－第３部は，逆に町から山上の洞窟へ戻ろうとしてさすらいます。そして，偉大な高見に至る前に，まずは深い海に降りようとするのです。そして，上へ上がろうとするとき，先述した小人（上がるのを下げようとする重き霊で，ツァラツゥストラの影と思われる）との討論が始まり，かの有名な「永劫回帰」を説くのです。ツァラツゥストラは「この後ろへの道，それは永劫へと続いている。それから，前をさして延びている道，それは別の永劫に通じ

ている。この二つの道は相容れないが，『瞬間』という名の門で両者が行き合っている。……また，全てのことは互いに堅く結び合わされている。従って，この瞬間は来たるべき全てのことを後ろに従えている。また前方への道に対しても我々は永劫に再来する定めを負うている」と語ります−

〈途中で口を挟みますが，なにかここでは瞬間の素晴らしさを感じました。ちょうどファウストのように。それに，華厳経に見る「一瞬は永遠である」「一即多，多即一」を連想しました。それと，ニヒリズムと「永遠や瞬間の素晴らしさ」は，全く紙一重という感じがしました〉

−まあ，私もそんな感じですが，まだツァラトゥストラに関しては拾い読みしかしていませんし難解な部分もかなりあるので，簡単には結論は下せません。とりあえず，そういう感じとして進みましょう。いずれにせよ，この永劫回帰の教えは，「現在を肯定しろ」「今の自分を大事にしろ」ということを言っているようにも思います[26)27)]。

　この永劫回帰体験の後，例えようもない幸福感に浸りますが，再び卑少な人間たちに出会い大いなる倦怠と共に7日間，病に臥します。

　ツァラトゥストラは回復した後，この永劫回帰の思想の告知者として滅びるべき運命を受け入れます。そのとき，大いなる憧れがやってくると共に，（苦や死を包含するところの）生の永遠賛歌が響くのです−

エ．第4部（高人達との対話，偉大なる正午）

−第4部では，ツァラトゥストラが「永劫回帰」を告知するための最後の試練に出会います。彼は，7人の高人（超人と成り得ず，ツァラトゥストラに救いを求める人）に出会い，彼等はその苦悩によってツァラトゥストラの同情を強く引きます。

しかし，ツァラツゥストラは，この同情への誘惑という試練を乗り越え，新しい価値創造の事業のために山を降りることを決意します。

　そして「これが私の朝だ。私の日が始まる。さあ，のぼれ，のぼってこい，おまえ，偉大なる正午よ」という言葉で終わります－

〈聞いていますと，超人たらんとするツァラツゥストラも，かなりの対話・討論・試練に会って成長？していっているのかなという気がしました。でもツァラツゥストラって，かなり激しいですね。全編これ激烈な告白・叫び・対論という感じでちょっとしんどくなるところも感じます〉

オ．ツァラツゥストラは「老賢者元型」へ進めなかった

－そうですね。だから，林に言わせると，ツァラツゥストラは「精神元型」（ガイスト元型で女性的なものを統合できず，激しいだけの男性的な生の原理）から「老賢者元型」（賢者としての精神性を持ち続け，若さによる激しさを直接ではなく，成熟した知恵を達成しつつ，少年・少女とともにいることで若さも兼ね備えている存在）へと進むことができなかった[28]，とのことです－

③ユングとニーチェ

〈いずれにせよ，ユングは，随分ツァラツゥストラを初めとしてニーチェに引かれているようですが，それは，どんな点なのですか？〉

－ユングだけではなく，この時代のドイツの青年たちは，かなりニーチェに引かれていたのではないですか。といっても，ユングにとっては，フロイトを除けば，最重要人物は，ゲーテとニーチェであり，また最大の重要作品と言えば，ファウストとツァラツゥストラでしょう。ユングの著作では，いたる所にニーチェが引用されていますし，林が『ツァラツゥストラの深層[29]』の前書きで「ツァラツゥストラに現れているニーチェの無意識は，フロイ

ト的な個人的無意識より，ユングの集合的無意識である」と言っているように，かなりの影響をユングはニーチェから受けているのです。ただ，ユングで目を引くのは，ニーチェを肯定的に紹介するよりは一方の権力への衝動を強調し過ぎてしまったため，精神のバランスを崩し，精神を狂わした典型として否定的に紹介されることが多いようです[30][31]。

　それでも，ユングは自分の影として，ツァラツゥストラを認識していたようだし，『ツァラツゥストラ』で執拗に展開される対話もユングの思索に深い影響を及ぼしていると思います。それ以外に，ざっと思い浮かべただけでも，『タイプ論』でアポロン的なものとディオニソス的なものとの対立，また度々引用される「人生の正午」などは，ニーチェの影響でしょう。

　それに「超越機能」では，ツァラツゥストラの『夜の歌』が引用されますし，また宗教のヌミノーゼ体験における精神の激しさには，ツァラツゥストラの姿がだぶります（林より）。また，ナチスの背後にあったウォータン元型には，もちろんニーチェの超人の影響があるのです。とりあえずの印象ですが，ユングは一面でニーチェに引かれる自分を十分自覚しながら，その危険をとにかく感じ取り，意識化・言語化しなくてはと思っていたようです－

④影との同一化

〈それで，話を元に戻しますが，権力衝動についてのユングの考えは，どうなっていったのですか？〉

－ユングは，ニーチェという事例が，神経症的一面性の実態を示すと共に，キリスト教を超越することの危険さを示していると説きます。

　そして，ニーチェが，ディオニソス的陶酔の中で英雄へと変容していくことは，まさに「影との同一化」であると指摘しています。

　また，「ニーチェは，衝動的なものは一切，権力意志に従属す

264

るものと説いているが，これはフロイトの性欲心理学から見れば
とんでもない誤りであり，デカダンな神経症者の失敗である。フ
ロイト心理学は，ニーチェの英雄主義が性欲の抑圧から来ると考
える」とユングは言っています―

〈ちょっと待って下さい。たしか，ニーチェは『ツァラツゥストラ』
の『純潔』の章では官能の無邪気さを勧め，また『三つの悪』の
章ではいままで悪いとされてきた，性欲，支配欲，我欲が人間的
に良いものであることを示しています。決して，全てを権力意志
に従属させた訳でもないし，また性欲を抑圧なぞ全くしていない
ように思えるのですが，この辺はいかがですか？〉

―実を言うと，私もそこは疑問なんです。ユングとしては，自分
の多面性，統合性を強調したかったので，フロイトは性愛一辺倒，
ニーチェは権力衝動だけというように，彼等は一面的であると見
做したかったのだと思いますよ。

　ただ，私は，フロイトもニーチェもそんなに一面的と思いませ
んが，ただフロイトの強調点が性に行き，ニーチェの強調点が「力
への意志」に向かっている感じはあります。

　だからといって，彼等を一面的と見做すのはちょっと行き過ぎ
のような感じはします。まあ，西洋人は思ったことをはっきり言
うだけでなく，個の主張というのをかなり強烈にせざるをえない
のかなという感じがしました―

〈そうなんでしょうね。ユングが，自分の全体性，統合性，対立
物の結合力を強調するには，他の者を一面的とせざるをえないん
でしょうね。自分は両者を超越していると言いたいんでしょうか
ね。

　まあ，それはそれとして，先ほどのニーチェに起きたとしてい
る「影との同一化」について，もう少し説明してください〉

―ユングは，これは大変危険な状態と考えたようで，この状態を

避けるには慎重な自己批判が一番であると言っています。

　すなわち，世界震感的真理（永劫回帰のような）を発見したというのはそんなに滅多に起きるものではない，と謙虚に考える方がいいということ，それと，もしあったように思ってもそれはもう既に起こっているのではと，慎重に調べる必要があると言っています。第3に，ニーチェのディオニソス的体験は異教的宗教形式への逆転にしか過ぎないこと，第4に，英雄的なものは破局に終わるか神経症に導かれるか，あるいはその療法の結果を招くとしています－

〈これは，身につまされますね。私も同様，人間って自分の影元型と同一化してとんでもない優れた人間になった気がしますから〉

－まあね，でも，そういう自己陶酔に気が付いていればいいんですよ－

**⑤両面 ( 光と影 ) を見ることの難しさ ( ニーチェとワグナー、サウロとパウロ、治療的重要さ )**

ア．ニーチェの中のワグナー，サウロの中のパウロ

〈でも，ニーチェの場合，気付いていなかったわけでもないんでしょう。ツァラツゥストラの深い内省を見ると，随分その「力への意志」の危険さにも気付いているように思えるんですがね？〉

－まあ，気付くとはどういうことかという問題にもなりますが，でもやはりニーチェの一生を見てみると，自己主張，優劣感情の強さが目につきますね。ユングも引用していますが，ニーチェが「ワグナー（最初，ニーチェは強くワグナーに引かれていたにもかかわらず）にあっては全てはにせものだ」と断定している[8]ところを見ると，やはり相当一面性が強かったのかなとも思います。

　ユングはまた「ニーチェは，心の中にワグナーを持っていたのだ」と言い，続けて，ニーチェをサウロ[32]（キリスト教に回心

するまでのパウロの呼び名で，最初熱心なユダヤ教パリサイ派で
あったサウロはキリスト教を迫害していた）に例え，「彼サウロは，
パウロ（ダマスカスへの道で有名な回心が起き，今度は全く正反
対に熱心なキリスト教信者となり，彼のおかげでキリスト教は全
ヨーロッパに広がることになる）をも自分自身の内に持っていた
のだ」と言っているのです―

〈サウロからパウロへの転換は，何かエナンティオドロミアを連
想させますし，キリスト教をあれだけ攻撃したニーチェが，実は
キリスト教心性を心に秘めていたというのは納得が行きます。でも，両面を気付くって難しいんでしょうね？特に患者さんの治療
をしていると本当にそれを感じさせられます〉

イ．両面性に直面することの治療的重要さ

―難しいのは，患者さんだけじゃないですよ。両面を意識するの
は，ユングの言う「ファウスト的葛藤[33]」に陥ることですから，
普通の人間はなかなかできることではないんです。むしろクライ
エントの場合の方が，そのカウンセリングが役に立った場合に限
りますが，人間の両面性を強く気付けるのでしょうね―

〈そんな気がします。患者さんは，知らない間に両面性の葛藤に
直面させられるのでしょうが，どうそれを観察し，考え，対処し
ていっていいかわからない訳ですから，治療者がそれを助けて両
面性に気付かせ，それに対処していく道を会得してもらわないと
治っていきませんよね〉

―そういうことなんです。だから，心の病に陥ったほうが両面性
を深く気付けるし，人間の真実に触れやすいのです。といっても，
わざわざ病気になる必要はありませんがね―

〈わかりました。この後ユングの権力衝動論はどうなっていくん
ですか〉

d．ユングとフロイトとアードラー

①フロイト（因果的）とアードラー（目的的）

－この後，その両面性に関連して，フロイトの性愛理論とは対照的なアードラーの神経症論（権力原理に基づいた）が紹介されます。ユングに言わせると，フロイトは因果的に考えるのに対し，アードラーでは一切が目的的に制約された用意（準備条件）である，とのことです－

【事例K】

不安発作の若い夫人

②不安発作の夫人（事例K）に対するフロイト的見解

ア．K事例の概要

－そのことを示すために，また，別の不安発作を起した若い夫人（事例K）の例をあげています[8]。ここでユングは，フロイトであれば直ちに病像の内的因果関係へと進んでいくということです。具体的にいうと，①まず，夢の内容を聞き，それが野獣や悪漢に襲われる夢であることを知る②夢に関する連想を聞く③保養地でのイタリア人男性から「性的な目」で見られ，この野獣のような目が彼女を追いかけてくるということを知る④同じく，父が死の直前，娼婦を見たときの「父の動物的な眼差し」にも追いかけられていることを知る⑤父の一件以来，彼女はヒステリー発作を起こす⑥その後，回復し神経症症状は消滅し，記憶喪失の薄絹が過去を覆う⑦イタリア人の男とは何もなく別れた後，2〜3年で彼女は結婚する⑧二人目の子供の出産の後，不安神経症が始まる（ちょうどその時，夫が別の夫人に恋心を持っていることを知る）というように因果関係を探るというのです－

イ．K事例のフロイト流解釈

－そしてフロイトの性欲心理学で解釈すると次のようになると，ユングは言います。即ち，①母が神経症気味なため，彼女の両親

の結婚生活は不毛で，母は父を理解していなかった②その結果，彼女は父との結び付きを深める③自分こそ本来父親にふさわしい女だという空想を持つ④不安発作が起きたのは，夫の浮気によって妻として完全であるという空想を裏切られた結果である⑤神経症の原因は，本人がまだ父親と離れ切れずにいたという事実に求められる⑥彼女の神経症の内容と基礎は，父親への空想的な幼児性愛的関係と，夫への愛情との間の葛藤である，となるだろうということです－

〈性的枠組だけで考えると，そうなるんでしょうけど，ここでのイタリア人の役割はどうなるんでしょうか？〉

－ユングは，イタリア人が彼女の影（性への関心と恐れ）を刺激したと言っています。また父が死んだとき，彼女の影は笑ったという言い方をユングはしています－

**③同じ夫人に対するアードラー的見解（周囲操作，疾病利得の目的）**

〈それで，ユングはアードラーならどうなると言っているんですか？〉

－ユングは，アードラーであれば，①母の神経症への転落は，本人の父親への権力進展の好機になる②愛情とお行儀の良さは，権力を持つという目的のための優れた手段である③母親を出し抜いたが，それは父親への愛情からというより「牛耳る」ことのための格好な手段となる（愛情は常に目的を持っている）④父の死で笑ったのは，本人がやっとのことで人のうえに立てたからである⑤彼女は，母親の神経症を模倣して周囲を動かした。即ち，症状（動悸，呼吸困難発作，痙攣など）により，周囲の同情と両親の心配，医師の治療，痙攣に耐え抜くことでの周囲からの評価等をかち得るといった解釈になるだろう，と言っています。

そして，ユングは，アードラーが神経症の目的性を発見したこ

とは高い功績だったと言っているのです－

**④ユングの見解とそれへの疑問（性と権力は相反しないし互いに密接な関係を持つ）**

ア．性と支配・権力の関係

〈それでユングはこの両者の考え方に対して，どういう見解を示している訳ですか〉

－ユングは，「フロイトの説とアードラーの説明方法をあっさり合わせて一つにすることはできない。両者は根本的に相反しているわけだから」と述べています－

〈そこは，よく理解できませんね。性と権力（政治）ってすごく密接に結び付いているんじゃないですか。例えば，男性が女性と肉体関係を持った後「あの女をものにした」という言い方をする男性が多いでしょう。この言い方の倫理的側面の是非はともかく，性的関係を持つことで支配権力を持ったということになりますよね。それに女性の側でも，「これであの男は私の手中に落ちたわ」という言い方をする場合もありますよね。それから，力（社会的，金銭的な）で持って性的関係を迫るということは，よくありますよね。だから，一つにすることができないなんてことはなくて，互いに密接だと思いますね〉

－そこは，私も疑問なんです。できればユングに聞いてみたいですが。ただね，一つにできないとは言っていないんです。「あっさり」とはできないということで，精緻に検討していけば両者は関係するということを，ユングも認めるんじゃないでしょうか？まあ，これは，また別に章を設けてタイプ論のところでも考えていきたいですが－

イ．フロイトは症状の目的性を認識しているし，アードラーも性を重視している

〈それでは，その時ゆっくりＢさんの考えを聞かして下さい。そ

れともう一つの疑問ですが，フロイトはドラの事例の注のところで，「疾病の動機は，何らかの利得を実現する意図以外の何物でもない」と言っており，神経症症状の目的性・支配性についてちゃんと論じていますよ。初期のヒステリー研究なんて，まさに症状の裏に隠された動機のオンパレードじゃないですか？

　それと，アードラーも神経症症状の目的性についてはもちろん強調したでしょうけど，治療の際には，生活史などを詳しく聞き因果的なことも押さえていたと思いますよ。だいたい，過去の因果がわからなくてどうして未来の目的の読みが可能になるんですか？それから，アードラーは人生の三大課題の一つとして，愛（他は，職業，共同体感情）をあげていますから，当然，性のことも重視していたのだと思います（エランベルジェより）。だから，ユングの方こそ，フロイトやアードラーを一面的にしか捉えきれてないように思われますが？〉

－うーん。即答はできませんが，今は，返すことばがありませんね。せめて，ユングも「フロイトは目的性も支配性も考えたかもしれないが因果論や性愛の方を重視し過ぎた，アードラーも因果的なことや性的なことも考えたかもしれないが目的論や権力関係に目が行き過ぎた」というように書けば，まだ納得できるかもしれません。すいません，これも宿題にさせて下さい。それと，フロイト派やアードラー側はユングのこういう見解に対してどう反応したか知りたいですね－

〈私の目にした限りでは，それは見当りません。ユングには失礼だけど，馬鹿らしくて反論する気にもなれなかったんじゃないですか？[34]〉

## ｅ．対応タイプの問題

### ①ユングは高見に立とうしているのか？

〈まあそれはそれとして，両者の見解が根本的に違うと考えたユ

ングはその後どのように考えを展開していったんですか？〉

－ユングは，フロイトの患者もアードラーの患者も同じような人だろうから，両者の考え方に相違があるのは，二人の間の特性が違うのであると言い，これら両理論を統一しうるような高次の立場が要求されると述べています－

〈こういう点，やっぱりユングが二人より高見に立とうとする，それこそ，アードラーのいう優越感情を感じます？〉

－まあ，それはいいんじゃないですか。それによって，人間理解が進み，患者の治療の役に立てばいいんですから－

②**主体強調のアードラーと客体強調のフロイトと考えるユングの見解とその疑問**

ア．ユングの見解

〈確かにそうでした。それで，二人の特性がどう違うというんですか？〉

－ユングは，アードラーの特性から論じます。アードラーは，自分が従属的であり劣等であると感じている主体が「抗議」や「処置」やその他の目的に役立つ「術策」によって，優位を確保しようとするありさまを見て取るとされます。そして，性欲さえも，その術策の一つであるとされ，ユングは，そこに「主体の異常な強調」と「諸客体の特性や意義が全く顧みられていない点」を強調します。

　これに対しフロイトは，自分の患者を重大な客体への関係の内に見るとされ，さらにフロイトにおいては，客体は最大の意義をもちほとんど客体だけが決定力を持っていて，主体は影が薄く快楽欲求の源泉及び『不安の住み家[34]』以外の何物でもない，とユングは言い切っています－

イ．ユングへの疑問

〈ここも，かなりの疑問があります。というのは，アードラーが

目的を考えることで主体的になるのはわかるとしても，主体はまさにいろんな客体（親，友人，異性等）と係わる訳でしょ。そうすると，その客体が自分にとってどれくらい重要であるかとか，どれくらい危険であるかと言ったことを判断せねばならないわけですから，客体はかなり大事なことになるのではないですか？

　それから今度はフロイトの方ですが，たしかに親や異性や医者といった客体は重要だけれども，それとどのように関わるかなると当然主体がどういう態度をとるかが問題になるでしょう。だから，上記の見方はやっぱりユングの都合に合わせた見方のように思うのですが？〉

ウ．関わりは相互作用

－そうですね。それは私も疑問です。ただね，関わりというのは結局，主体と客体の相互作用でしょう？ユングは，アードラーが神経症の目的性を言い出したときに，すごいそこに主体性の関与を見て，そこだけに目がいったのではないでしょうかね（ただ，ちょっと横にそれますが，この主体性の重視というのは，前に出た辻先生の治療精神医学に大変関連します）。一方，フロイトも主体性を無視しているのではないと思われるのですが，どちらかというと，人間の心的営みを性理論を中心としたもので，科学的・客観的に記述する方に傾くので，ユングは，フロイトを客体重視と見たんじゃないんでしょうか。いずれにせよ，この問題も後で取り上げたいと思いますが，治療的には，主体と客体の両方あるいは特にその両者の関係性を重視することが大事でしょう－

〈その意味では，治療者のタイプとして，どちらかに片寄る危険（あるいは片寄った方がいい場合もあるかも）を考えていくには，このユングの見解も役に立つかもしれませんね。それでユングは，この主体重視，客体重視の二つのタイプを考えた後，どうなっていったんですか？〉

### ③内向型と外向型に関するユングの見解と，それに関する疑問

ア．内向型と外向型の特徴

－ここからユングは，主体を重視するタイプとして内向型，客体を重視するタイプとして外向型を導き出します。

　そして内向型の特色として「躊躇」「反省」「引っ込み思案」「容易に胸の内を明かさない」「人見知り」「受け身の姿勢」「自分は陰にいて，周囲を観察する」といったものをあげ，外向型の特色として，迎合的，すぐ打ちとけるきさくな態度，適応性の良さ，周囲とすぐ関係を結ぶこと，すぐに未知の状況に飛び込むこと等をあげています－

イ．ユングへの疑問。社会派アードラーは内向型だったのか？

〈ここも，また疑問なのですが，主体が内界にある以上，主体重視が内向型といってもいいでしょうが，だけども，周囲とあまり関わらないか，かなり関わるかは，主体が決めるんでしょう？だから主体が人との関わりを増やそうと積極的に決心した場合，その人は内向型でありながら行動は外向型になるということなんですか？〉

－うーん。そうですよね。自分の対人関係に関する態度を決めるのは主体ですからね。内向型で行くのも，外向型で行くのも自分で決めるんですよね。ただ，これは想像ですが，ユングは内向型の人は主体を大事にするあまり，客体との関わりに関して慎重になると言いたかったのではないでしょうかね？－

〈でも，主体を大事にするなら，客体と関わって自分の主体を豊かにするということも考えられるのではないですか？それにアードラーが内向型であるとユングは言ってますが，アードラーぐらい社会関係や共同体感情を大事にした人はいませんし，彼が内向型の人間とは到底思えませんが？〉

－すいません。またまた宿題となりましたが，とりあえず，性と

権力，主体と客体，内向型と外向型の区別を一応しておいて，その後これらの問題を論じましょう－

**④事例 J のその後は？**

〈あまり納得いきませんが，自分でもわからないので考えてみます。ところで，一番最初の事例 J はどうなったんですか？〉

－結局，フロイトとアードラーの問題の方に流れてしまいましたが，治療においては，いろんな観点から眺めることが大事ということを教えてくれたのではないですか？彼女は，ユングとの間でこれらのことを明らかにしたと思いますので，改善していっているように思いますが－

〈それならそれで，そこらへんを記載して欲しいですね。さらに，この本人がフロイト説に納得したのか，アードラー説に共感を示したのか，両者を同じくらいに認めたのか，あまり洞察までは至らなかったのかというのは，治療の初心者の私としては知りたいところですね〉

－そうですね。この事例は，全集４の「精神分析の理論」にも記載されていますが，予後については何も書かれていません。しかし，私の予想ですが，少なくともこれだけの物語を患者と共有しているとしたら，彼女は成長したと思えるし予後はいいんじゃないですか？[35]－


4．神経症の価値
a．神経症は生命の新しい綜合の試みである（非合理性の価値）

**①フロイトとアードラー理論は，毒にも薬にもなる**

〈そうであることを祈ります。それで，このように，性・権力，主客，内向・外向を区別した後，ユングは神経症についてどう考えたのですか？〉

－ユングは，フロイトの理論もアードラーの理論も使い方次第で

毒にも薬にもなりうるので，この貴重な理論を有効に利用するためには，人間の魂に関する非凡な知識が必要であると述べています。

　そして，神経症の症状も本章の2のaの⑧で述べたように「失敗した試み」であるが，それはまた同時に生命の新しい綜合の試みでもあるので，そこに一片の価値と意味が存すると述べています。ただ，両理論が人間の影を暴いたのはいいにしても，この両理論は人間の諸々の無価値を取り扱うのである，と言っています－〈これは，あまりにフロイトやアードラーに対して失礼じゃないですか？両者，特にアードラーは目的ということまで言っているので，理屈にも合わないんじゃないですか？〉
－まあ，これはもうユングの癖みたいなもんだからいいでしょう。ただ，ユングはその後で「価値というものは，それによってエネルギーが自己を展開せしめうるところの一可能性である限りは，無価値も本来は一個の価値なのだ（神経症におけるエネルギーの顕著な開示を見れば明らか）」と，両理論の価値を認めてはいるんです。そして，その上で，本当の価値というものが出来上がってくるためには，一方においてエネルギーが必要ですし，他方では価値ある形式が必要である，とユングは述べています－

②症状を生かすことの大事さと困難さ
〈そこはわかります。Bさんは，よく「症状は目的もあるし価値もある」と言っておられますが，その症状を本当に生かせれるようになるには，治療者と共にふさわしい形式を見いだす必要があるんですよね〉
－そう。それが大変難しいんですけどね。それでね，再び，ニーチェの英雄精神を例に出して，英雄精神を容れる余地はわずかしかなくて，平凡人が自分の運命を自分の意志（英雄主義）に従わせようとしても無理で，人生の無数の可能性の中で自分に合った

一つだけを選ぶしかない，と述べています－

〈これも当り前のことですが，これが大変困難なことなのです〉

## ③非合理性の価値

－そこで，ユングは人間が，自分の意志に従おうとしてしまうのは，そこに理性と合理性を指針としてまうからであるといったことを述べた後「豊かな人生というものは法則且つ非法則であり，また合理的且つ非合理的である。……合理的な方向を取ると，非合理的な生活可能性から遠ざかるが，この非合理的生活可能性も現実化される権利は所有しているのである」と，非合理性の価値を示唆するのです。

　そして，歴史・社会が合理的にことを運ぼうとしてもうまく行かなかったように「われわれが合理的な意図をもって御しうるのは運命の一面に過ぎぬ」と結論し，人類に起こったのと同様のことが個人にも当てはまるといってある事例を示します－

## ｂ．【事例Ｌ】

合理的な一面性という悲劇に陥ったアメリカ人実業家男性（45才）

## ①事例Ｌの概要

－彼は，貧しい境遇から身を起こして，大きな事業を経営するまでに至ります。そして，引退後は別荘の中で，乗馬，テニス，パーティなどで楽しく過ごすはずでしたが，引退後２週間で心気神経症的なうつ状態・妄想状態（身体のどこかが悪いに違いないという思い込み）に陥ったのです。

　もちろん，医師のもとに通うことになりますが，その医師は，もとの仕事に戻るように助言します。そしてそうしたのですが，案に相違して全く仕事への意欲はわかず，以前の活動に向けられていたエネルギーが今度は破壊性を帯びて彼を襲い，彼の容体はいっそう悪くなったのです。

　ユングはこの時点で彼に会い，彼の症状形成の一番重要なもの

として母親との関係があるということを見抜きました。彼は，母の注意と関心を引く態度を最初から取り，それは引いては頭だけの生活に導き，一面だけ（周囲への適応と合理的生活）が発達し，他の面（非合理的で衝動的部分）は曖昧で肉体的な状態に留まっていたのでした。そしてユングが言うには「彼がうつ病と心気神経症の状態から生ずる様々な空想を意識化しえたならば，かれは治ったかもしれない。しかし，私の説明はかれの容れるところにならなかった。これほど，悪化したケースはもはや手の施しようがなく，患者を待っているのは死のみであった」ということなのです－

## ②ユングのL事例に対する関わりについての疑問

ア．ユングは冷たく割り切る面もあったのか？

〈ここがユングに対して，また不満なところなんです。確かに最悪のケースだったのかもしれませんが，何かできることはなかったんでしょうか？このユングの態度は，フォン・フランツが最初に述べた態度と矛盾するし，暖かそうに見えながら，奥底にあるユングの冷たさ（ユングの影か）とも関係しているように思いますよ[36]。

　だいたいヒポクラテスが，医師の心得として「時には治癒に至らせ，しばしば苦痛を和らげ，そして常に元気づける」と言っているでしょう（岩波「古い医術について」）。だから，治癒は無理にしても，少しは本人に安らぎを与えられなかったんでしょうか？いくら悪化しているといっても，本人はこれだけのことをユングに話した訳でしょう。そうすると，二人はある物語（一面性・合理性ばかりを生きたためうつ状態になったという）を共有したわけです。物語の治療性をあれほど熱心に説いていながら，この「物語共有」を生かせなかったんでしょうか。

　もちろん，治療的熱狂から覚めた目で見てどうにもならない，

死だけが安らぎであるという事例もあると思います。そしたら，それはそれで「末期癌患者のターミナルケア」があるわけですから，「治癒不能の心の病に対する終末期のケア」をしてあげ，少しでも安らかな死を実現することを援助してもよかったんじゃないですか？だいたい，人生の最終目的は死でしょ。これはユングもどこかで言っていますよ。だから，少しでも「良き死」を迎えることの手助けをしてあげてもいいんじゃないですか？それに，彼のうつ病の歴史をもっと聞くことはできなかったんでしょうか？また彼自身は自分のうつ病についてどう考えていたんでしょうか？さらには彼は，今後の余生がせめてどんなものであればいいと思っていたのでしょうか？といった疑問がわいてきます。対話を重視するユングであれば，その点の対話をするなり，したならもう少し記載しておくべきですね。それともう一つ，自分の説明が受け入れられなかったら，どのあたりが受けいれられないのか，あるいは何故受け入れられないのか，もっとユング自身考えてみるべきだし，もっとその辺の抵抗を話し合ってもよかったと思いますよ[37]〉

－あなたのお話はもっともで，聞いていますと私自身まで叱られている感じがします。コリン・ウィルソンも同じような疑問を持っていて，「（この事例Ｌの）問題解決は，彼を成功させた知能や野心の特徴を利用することであったろう」という見解を述べています。ウィルソンのやり方でうまくいくかどうか疑問もありますが，終始彼を支えた野心や意欲の歴史を話し合うことは大事でしょうね。

それと，どんなケースでもヒポクラテスの精神やターミナルケア的発想を根底に持ち，また持つだけでなく実践していくことが大切だと思います。ただ，言うのは簡単でしょうがこの実践は大変に難しいことだと思います－

〈だから，この点で，先の「統合失調症治療ギブアップ宣言」と同じように，ユングは結構断定的だし，また運命論者的なところが勝ち過ぎているのですよ。「こういうコンステレーション（布置）になっている。もはや人間の力ではどうにもならない」といったような言い方が多いように思います。

　だいたい，神経症に価値がある，「よく神経症になってくれた」と言いながら，このアメリカ人にとって心気神経症になった価値がどれだけあるんですか？〉

イ．事例Lの治療をやり直すとしたらどうなったか？
－耳の痛い話しばかりで，今のところ反論する材料はありません。もう少し考えさせて下さい。

　ただ，この事例がその後どうなったのかは，あまり詳しく書かれていないのでわかりませんが，必ずしも悲惨な結末になったのかどうかは断定できないようには思います。

　それと，ユングが治療的努力を全く行っていなかった訳ではないと思いますね。多分あらゆる治療的努力をしたが，手の施しようがなかったと信じたいですが。事実，ユングは彼に向かって「今まで仕事に振り当てられていたエネルギーをどう使うかが問題だ」と説明していますからね。もちろん，彼はそれを真剣に考えられませんでしたが。

　いずれにしても，80才ぐらいになったユングに「このアメリカ人事例を今だったら，どういうように対処しようと思いますか？」と聞いてみたくはなりますが－

〈おそらく，そんな問いを発しても「人生や治療は一回きりで全て個性的なものだから，そんな問いは無意味だ」といわれるんじゃないですか？〉

－そうかもしれませんが，例えば『変容の象徴』の結びのところでは「最初の段階で，ミラーが，（ユングの）診察を受けていれば，

流れは変わったかもしれない（統合失調症の発症・悪化をくいとめられたかもしれない）」と言っていますから。いろいろ治療については，考えていたと思いますよ[37]—

〈それならなおのこと，今私がこのアメリカ人を治療しようとしたら，ということを語って欲しかったですね〉

### c．心的エネルギーと傾き（斜面）の問題

—まあここでは，そのことより，いかに一面的に合理的に生きた結果の恐ろしさ（表面上の成功・華やかさと比較して）を強調したかったということなのでしょう。

　だから，ユングはこのことに関して，心的エネルギーがいくらあってもそのエネルギーに合った「傾き」（傾向，斜面）を作らないと，そのエネルギーを利用できないと言っているのです[37][38]—

〈そこで，フロイトとアードラーの二つの傾向を比較するタイプ論の話が，再度，出てくるんですね〉

### d．両タイプ（内向型と外向型）の交代

—そういうことで，前に出てきた内向型と外向型のことが，再び論じられるんです。ただユングは，この両方のタイプは，昔から言われていたことで，例えばW．ジェイムズは，前者を「脆い心性」，後者を「強靭な心性」と呼んでいた，と言っています。そして，両者が互いに合い補う，補償的であると言っています。即ち「内向型においては，客体の影響によって価値劣等の外向性が表面に出てくるが，外向型にあっては，価値劣等の内向性が彼の社会的対応態度の代わりに現れたのである」と述べています—

〈えっ，よくわかりません。具体的にはどういうことなんですか？〉

—つまりね，二人の内向型と外向型の青年の例を踏まえているんです。内向型の青年は最初，城に入るときためらっていた（内向的であった）が，城の中に古文書（客体）を発見した途端に外向性を発揮します。一方，外向型の青年は最初は城に入るとき積極

的（外向的）であったのに，古文書はかれを退屈にさせ気を滅入らせた（つまり内向的にさせた）ということを言っているのです－

〈だから，内向型，外向型といっても固定的なものでなく，客体の存在で大いに変わるということですね？〉

－そうです。仏教で言う，因と縁があってある事象が生ずるのであって，全ては関係の世界なんです。

　続いて，ユングはゲーテの拡張（外向型）と収縮（内向型[39]）に触れ，これらの二つの対応態度が交代で生のリズムを形成してくれるのなら問題はないが，そのためには高度の意識性が必要だと言っています－

〈この認識は，治療的には重要ですね。内向と外向に限らず，この生のリズムをクライエントが認識してくれたらなと、思うときがよくあります。特にうつ病者などは、全体や時間の連続性を見れずに，その瞬間(うつ状態)だけに釘づけになってしまっていますから[40]〉

ｅ．青年と壮年の治療の違い（還元法と統合法）

**①ユングの主張（青年には還元法，壮年には統合法）**

－その通りですね。ただ，ユングは青年を相手に治療する時は，この対立問題で始めるよりは，フロイトやアードラーの還元法で始めるべきだとのべています－

〈どうしてなんですか？〉

－ユングが言うには，「青年の神経症は，現実と，それに十分対応できない幼児的態度との衝突から生ずる」「その幼児的で不十分な対応態度は，因果的には現実の，あるいは想像上の両親への異常な依存性を，また目的的には十分な力を持たない虚構（目的意図や努力）を特色とする」とのことで，青年の場合は，還元法がいいと言うのです。ただ，壮年になるとそうはいかないと，述べています。ユングは「確かに，患者を神経症に陥らせた根本が

彼の人格の無意識的一部分で，これがかつての父と母との役割を引き継いでいるということを患者が悟っても，それは出発点に過ぎない」と言っているのです―

〈もう少し，わかりやすく説明してください？〉

―ユングが言うには，青年は過去のきずな・しがらみ（両親への理想化・幻想，過度の依存性，現実には無理な空想的願望など）から解放されると，そのエネルギーは，別の対象に向けられる，即ち母に向けられていた感情は，しかるべき別の女性を対象とする，又は別の現実的目標にエネルギーを注ぐことになるというのです。

　ユングは「神経症の中に閉じ込められていた衝動力が解放されると，青年の場合は，彼の生活を拡大していく飛躍力と期待と可能性を与える。しかし，下り坂にある人間（壮年，とくに人生の半ばを過ぎた人）にとっては，無意識の中に眠る反対機能の発達はその人間の生活の更新を意味する。ただ，この発達は，もはや幼児的感情拘束の解消，古い像の新しい像への転移，幼児的錯覚の訂正へと進んでいかず，対立問題の方向を辿る」と述べています―

〈ここでいう対立とは何なのですか？〉

―この『無意識の心理[8]』の本からは，うまく読み取れませんでしたが，多分，内向型・外向型，性欲・権力意志の対立だけではなく，合理性と非合理性，意識と無意識の対立だろうという気がします。もっというと，生と死，上昇と下降の対立も含むかもしれません―

〈それで，ユングは，この対立の統合が必要だと言いたいんですね〉

―そうでしょうね。ユングは，少し別の言い方で「対立なくしてはいかなるバランスも，いかなる（自己調節機能をもった）組織もないのだ。しかし，心は自己調節機能を持つ一組織なのである」

と述べています。だからここでいう，バランス，自己調節は統合と考えていいのでしょう。ユングのいつも言っている「対立物の結合」のテーマが出ているんでしょう。ところで，いかがですか。Aさんのご意見は？−

**②還元法と統合法は，その場に応じて使い分けるべきである**

〈概ね賛成ですが，ただ，最近の境界例青年や，アパシーの若者を見ていると，目的そのものが喪失している状態なので還元法だけではうまくいかないことも多い気がします。つまり，外見は青年なのに，心は中年か老年になっているような人も多いのです。逆に言えば，中年になっても青年期の問題を引きずっている人もいるので，一概に年齢だけでユングの理論を当てはめられないと思います。

　ただ，「還元法」と「対立問題の直面化・統合法」という両方の武器を自家薬籠中のものにし，それらを適切に使い分けられたらいいと思います〉


## 5．神経症と元型，投影からの区分

### a．転移，投影から原像，元型へ

〈そこで，ユングの言う対立・統合はどうなっていくのですか？〉−ユングは，再び，一番最初のJ事例に戻り，彼女が，医師（ユングのことだろう）を，父とも母とも，叔父とも後見人とも先生とも，その他何でも両親的な権威と見なされるものすべてに見立てたということを述べています。つまり，転移ですが，ユングは，転移を無意識的内容の投影と見ます。そして，この投影の背後には，激烈な性格を持った空想形式があり，それが治療の展開と共に現れてくるということ，そして，この空想は，患者の内部から出てきたものだと，言います。

　そして，この空想は，人間の精神史の秘密に属し，個人の追憶

の領域には属さぬところの，人類の間に広く流布している「原像」（ブルクハルトが最初に唱えた言葉で，昔からの人間の表象作用の遺伝的な諸可能性という意味です）なのであると，述べるのです。更にユングは，この原像がもたらす形象ないし主題を，元型（archetypes のことで神話類型とも訳される[41]）と呼んだのです。

　ついで，この元型の発見は，個人的無意識と普遍的無意識（集合的無意識とも言う）の二つの無意識層の認識へと導かれていくのです―

b．元型・普遍的無意識とエナンティオドロミア，人生の正午

〈いよいよ，この元型と普遍的無意識の話が出てきましたが，これについて説明してください〉

―サミュエルズ[42]によれば，元型とはこころの中の遺伝的に受け継がれた部分であり，本能に結び付いた心の行動を構造化するための型であり，それ自体は表象不可能であり，表現形態を通してのみ明らかになる仮説的な存在である，ということです。

　また無意識は，抑圧された幼児的・個人的経験の貯蔵庫としての個人的無意識以外に，普遍的無意識もあるとされます。後者は，個人的な経験とは異なる，より客体的なこころの活動の場であり，系統発生的，本能的な人類の基底と直載にかかわるとされます。また，普遍的無意識の内容は，決して今まで意識に上がったことがなく，元型的プロセスを反映しているとなっています。

　そして，ユングは，患者が医師の人格を普遍的無意識の投影から区分し得ないと，結局は一切の相互理解の可能性は失われ人間関係が不可能になると，述べると同時に，逆にその投影を自己自身のものと考えるとも危険であると続けます。

　次いで，前者の場合は，その他者への投影により，医師に対する誇大な病的な賛美（理想化のこと）と，憎悪に満ちた軽蔑（こき下ろし）の間を動揺するし，逆投影（内部へ向かっての投影）

にあっては，患者は嗤うべき自己神化（自我肥大）と，精神的な自己拷問（うつ病のような極端な自己否定）に陥る，と述べるのです。

またヘラクレイトスのエナンティオドロミア[42)43)]（反対方向に向かうこと）を引きながら，合理的な文化はいつか必然的にその反対物（非合理的な文化荒廃。事例K参照のこと）へと転化する，とのべ，エナンティオドロミアの法則から逃れるには，自己を無意識から隔離し，無意識をはっきりと自己の前に据えることであるとし，続いて，自我と自我ならざるもの（普遍的無意識）とを区別することで，エネルギーが本来の使われ方をすることができると結んでいます。

そして，特に人生の正午（40才前後を指すのだろうか。現代ではもう少し年齢が上がっているか？）を過ぎた人には，この普遍的無意識や対立問題を話題にした方がいいとし，そうした分析治療によって，表現と形成を求めるところの元型的性質の諸体験が生じるとしています。この無意識との折衝は，一つの過程，場合によっては受苦とも言えるし，また超越機能と呼ばれるひとつの仕事になるのです－

## 6．超越機能（超越作用とも訳される）

### a．超越機能[44)]とは？

**①超越機能について：治療推進の最重要作用**

〈いよいよ，超越機能の話がでてきましたが，この超越機能って，治療の役に立つんでしょう？〉

－立つどころか，治療の大きな推進力であるし，またこの超越機能の獲得そのものが，重大な治療目標にもなりますね－

〈早速，ユングのいう超越機能について説明して下さい〉

－超越機能とは，対立するものを仲介する機能です。象徴を通じ

て現れ，あるこころの態度・状態から，別の態度・状態への移行を促進します。

　現実と想像，合理と非合理などのつなぎを超越機能が表し，したがって，この機能は意識と無意識との溝に橋をかけます。ユングは「それは自然なプロセスであり，対立するもの同士の緊張関係から生じるエネルギーの現れであって，夢やビジョンの中に自発的に生じる一連のファンタジー生成からなる」と述べています。

　対立するものの両極に対して補償的な関係にあり，超越機能は定立と反定立が互いに同等の立場で出会うことを可能にします。この二つを統一しうるのは，それ自体時間や葛藤を超越し，どちらにくみすることなく，しかも，どこか両者に共通の性質を持ち，新たな総合の可能性を提供するメタファー（隠喩）的な言明（象徴）なのです。そして超越という言葉は，対立するもののいずれか一方に引き寄せる（ないしは引き寄せられる）破壊的な傾向を超越する力の存在を意味します。

　超越機能は，心のプロセスにおいてもっとも重要な因子だとユングは考えました。彼は，超越機能の介入が対立するもの同士の葛藤に起因すると主張しました－

**②超越機能介入の目的と超越作用のプロセス**

－ただし，ユングは「何故この介入が生じるのか」という問いよりも「何のためにこの超越機能や象徴が出てきたのか」という問いに専念したのです。

　つまり，ある特定の象徴の現れを分析することは，それを高所からの判断とみなすのでもなければ，独りよがりの材料とすることでもなく，一回きり独自の意味としての象徴を扱うことであったからです－

〈要するに，①ある動き，現象が一面的になる，②それと対立するものが出てくる（殆どが無意識的に），③対立物は象徴の出現

を促す（象徴は，夢，症状，思いがけない事件，不可解な気持ち等の形で出現する），④象徴，特に象徴の目的的探求，⑤象徴（とその目的）の理解と超越機能の介入（人格の可能性の広がりと，葛藤の解決），といった形なんですね〉

－まとめると，そういうことになるでしょう－

〈これを聞いていますと，殆ど，これは，心のプロセス，治療・成長過程を描いているし，また人類の歴史過程もこのようなものかなと思ったりもしますが〉

－そう，単純化できるかどうかは，よくわかりませんが，とりあえず，そうしておきましょう－

〈だから，単純化するだけではなく，もう少し超越機能について知りたいので，別の角度から述べるなり，具体例を挙げるなりしてくれませんか？〉

b．超越機能と綜合的方法

**①超越機能の例：変容の象徴，オーレリア，ファウスト**

－超越機能は，意識と無意識の折衝ですが，それは一つの自然な過程であり，また対立緊張から生ずるエネルギーの啓示でもあるとされています。

そして，その事象はある種の分裂症的形式の初期の諸段階においても看取されうるとし（この例は『変容の象徴』でのミラー例に当るのであろう），また文学作品では，私の大好きなネルバルの『オーレリア－夢と人生[45]』や『ファウスト第2部』に，その過程の古典的記述が見られるとしています。

また，対立統合の自然的過程は，無意識的に起こるものを意識的に呼び起こして，それを意識に近付けるという方法の基礎となったと述べ，無意識と意識の折衝の時こそ，医師はある特殊なやり方で病者を助けねばならないとしています－

②綜合的方法

〈その特殊なやり方とは？〉

－ユングは，そのやり方として，フロイトの言う還元法（夢，空想，過去の記憶の諸成分と，その根底にある衝動過程とに還元する）を挙げますが，このやり方は，ある程度は有効にしても，夢象徴がもはや個人的な記憶残滓や努力に還元されない瞬間，つまり普遍的無意識の諸形象が現れてくる瞬間に行き詰まってしまうと述べています。そしてユングは，分析治療が還元や解消だけではなく綜合を伴わねばならないこと，夢を解消させるのではなくて逆にその持っている意味を確認し，一切の意識的手段によって拡大・増幅させることで，様々な意味を展開する心的材料があることを悟ったというのです[46]－

〈これが,綜合的（建設的・構成的・統合的）方法（コンストラクティブ・メソッド）という代物ですね？〉

－そういうことです－

〈早速，この例をあげて下さい〉

ｃ.【事例Ｍ】（綜合的方法の１例）

同性愛に関連して悩んでいる一女性患者

－では,同性愛に関連して悩んでいる一女性患者の例を示します。

①Ｍの夢と連想

　Ｍは，個人的無意識の分析と，普遍的無意識内容の出現との間の重大な限界点に立っているとされ，その時，以下の夢を見ます。

　それは「かなりの幅をもった小川を渡ろうとする。橋はない。なんとか渡れそうな場所が見つかる。渡ろうとしかかると，一匹の大きな蟹が自分の足をつかむ。この蟹は水の中に隠れていたのであった。そして自分を離さない。不安のあまり，目が覚める」というものです。

　これに対する彼女の連想は以下の通りです。

ｉ）小川：容易に乗り越えられない限界。自分はある壁を突破しなければならない（これは，おそらくは，自分がのろのろとしか前進できないということに関係しているのだろう）。自分は，向う側へ行くべきなのだ

ｉｉ）浅瀬：安全に向う側へいける一つの機会。この治療の内に，壁を突破する可能性がある

ｉｉｉ）蟹（クレブス）：蟹は隠れていて，自分は，それに気付かなかった。蟹は癌（クレブス）を連想させ，癌で亡くなったＸ夫人を思い出す。また，蟹は私にからみついて，私を不安にさせ，向こう岸へ渡してくれない。これは，自分の女友達と一悶着あったことを思わせる

といったことですー

## ②Mと女友達の関係

〈この女友達との関係はどのようなものなのですか？〉

ー同性愛の関係でした。二人はよく似ていて，神経質で，芸術愛好家でした。二人はあまりに親密だったので，そのために人生の他の可能性が締め出されているという気味があったので，理想的な友好関係がありながらいつも大喧嘩しているといった状態でしたー

〈結局親密過ぎるので無意識が二人の間に距離を置こうとしたということですか〉

ーユングは，そう解釈しています。ただ，この喧嘩は，実は享楽の代用物だし，「親友にさえ理解されないという甘美な苦痛」（自己愛的）であり，彼女は一方でその喧嘩に疲れると共に，一方でその苦痛を離したがらないということでした。また彼女は，既に母に対して誇張された空想的関係を持っていて，母が死んでからは，自分の感情をこの女友達の上に転移していたのですー

③事例Mに対する還元的解釈と予想される反発

〈もし，この例に対して，還元的・分析的・因果的解釈をすると
どうなりますか？〉

−彼女は，友との関係を断ち切りたい気持ち(向こう岸に渡る)と，
離れたくない気持ち（蟹に挟まれていたい。母に抱擁されていた
い）の葛藤の中にいる。彼女の不安は，抑圧された同性愛的願望
から出てきている，となるんでしょうね−

〈彼女は，この解釈にどう反応するんでしょうかね？〉

−ユングは「もし私が彼女なら，『そんなことはすでにわかってい
る。問題は，どうしてわかっているにもかかわらず，繰り返し
てこの夢が出てくるのかということである』と返しただろう」と
言っています−

〈やはり，還元法では限界がある，ということでしょうか？〉

④還元法の３つの欠点（還元法は客観段階の解釈）

−ええ，役には立つんですが，いくつかの欠点があるとユングは
言っています。

　一つは，この方法が，患者の様々な思いつきを精密に検討して
いない。例えば，蟹（クレプス）に対する癌（クレプス）の連想
が顧みられていないということ。

　二つ目は，独自な象徴選択という事実についての検討が不十分
である。即ち，何故，蛸や蛇や魚でなくて，蟹として出てきたの
か，といったことに関して，もっと突っ込んで考える必要がある
ということ。

　三つ目は，夢は主観的現象なのだから，夢見手に関係付けて考
える必要があるのに，還元法はそれを忘れているということ。彼
女は，この夢全体である，即ち彼女は小川であり徒歩であり蟹で
あり，こうした材料は，主観（彼女自身）の無意識の中の諸条件
や諸傾向を表現するものであるということ。

といったことで，還元法を，「客観段階における解釈」（夢の諸印象を現実的対象・客体と同一視するすべての解釈）とするのです─

**⑤事例Mの綜合的解釈（主観段階の解釈）の準備段階**

〈そうすると，次は「主観段階における解釈」で，これは綜合的ということになるんでしょうか？[47]〉

─ええ，ユングは，そう言ってますね。そして，その解釈で行くと，以下のようになるとしています。

①彼女には，無意識だが，前進を阻んでいる一つの限界がある。

②何か「動物的なもの」（人間的な，あるいは超人間的なもの）が，彼女を深みに引きずり込もうとしている（この危険は，強力で，人を殺してしまう病気のようなものである）

③彼女は，女友達が自分を下へ引きずり込もうと信じているが，その限りでは，彼女は女友達を引き上げるようにせざるをえない。しかし，一方で女友達も同じように考えていると推定され，二人は共に高く飛び上がろうとする（それは到底無理な願望なのだが）。

④二人とも罪は相手（客観・客体）にあると信じているかぎり，この無意味から解放されないが，主観（主体）段階でこの事態をつかめば，事情は変わってくる。即ち，患者が，夢から自分の中にあるもの（限界の突破や移行を阻むもの）を見て，立場変更の状況に立っていることを理解すればよい。

⑤「向こう岸に渡る」という場所変更を立場変更と解釈することは，ある種の原始語の表現方法によって証明されている。夢の言葉の理解も同じで，原始的・歴史的象徴表現の心理学的類似現象を利用する。例えば，易経の託宣の中にある「大いなる水の渡り」といったことである（これは，水の渡りが，態度の渡り，態度の変更ということを意味するということである）。

⑥患者が女友達や母に向ける（向けた）欲求・リビドーは，強迫的・動物的性格をもっているので，動物の一つとして蟹がでてくるのは理解できる。

⑦しかし，何故，蟹（クレブス）かというと，クレブスという言葉から，クレブス（癌）で死んだX夫人が連想される。Mは，X夫人に同一化していた。X夫人は陽気で楽天的で，何人かの男友達の中の一人にある有能な芸術家がいた。

⑧X夫人に似ているところを探求すると，彼女にも浮気の血が流れていることがわかり，また，それを抑え付けようと必死だったことも判明した。従って，男の浮気の相手にされる危険があり，それを避けるためには女友達に必死にしがみつかざるを得ない。同性愛は，異性愛に対する防壁である。また，一方でM夫人の奔放な生活を羨んでいたため，夫人が亡くなった時ひそかに喜んだが，その罪責感も強く，その罰のため人生の可能性を広げようとせず，今の女友達との交友関係の苦しみを甘受していた。

⑨蟹から足が連想され，またX夫人の男友達（芸術家）への同一化を示す連想もあり，X夫人及びX夫人の恋人との同一化が完成する。

といったことです－

〈今の話を聞いてますと，何か，まだ客観的で，フロイト流の精神分析，自由連想と変わりがないように思いましたが？〉

－そうなんです。今のは，主観段階にいくための準備段階なのです。ただ，そこへいくための客観段階にもすでに主観段階的な傾向が少し含まれてはいるのです－

**⑥Mの主観段階の検討**

〈それでは，早速，その主観段階の中心的営みを示して下さい〉

－ユングは，次のように述べています。

①Ｘ夫人は，患者の部分的な魂の人格化で，患者がそうなりたいと思っていながら，しかもそうなる意志をもたぬ形象である。従ってＸ夫人は，患者の性格の一面的な未来像を示している

②かの芸術家は，患者の中にある男性性（アニムスのこと）を示す

③治療者（ユングのこと）への転移・投影（理想化と，魔法使い・悪霊の投影）により，彼女の乗り越えが妨げられている。蟹は，治療者自身である

④魔法使いは，患者を襲った未知の「非人間的」な感情を表現するところの神話的人物形姿（元型のこと）なのである

となっています－

〈そうすると，ここで，治療者を初めいろんなものに投影されているものを引き戻して，彼女の中にある，元型的諸内容を意識化して彼女の心的成長のプロセスを促進するということが，超越機能の働きでもあるんですね〉

－たぶん，そういうことになるんでしょうね－

**⑦フロイト精神分析との差は？**

〈どうも，今までの話しだと，現在のフロイト派の精神分析の区別がよくわかりません。精神分析派の人達も，患者の主観的連想を大事にするし，出てきた材料を治療者の主体と患者の主体が共に吟味してそれをどうしていくか患者の主体性を尊重するようにすると思いますが。結局，ユングの特色として，象徴選択の問題を追求することの意義や，元型・普遍的無意識の重視があるぐらいかなという気がするのですが〉

－結局そういうこともあって，現在，ユング派とフロイト派の相互の対話が進んでおり，治療上の対話もできるようになっているようです－

**⑧M事例のその後は？治る・治らないを超越することの大事さ**

〈それで，話しを元に戻して，このM事例はどうなったのですか？〉

－Aさんは，結果をよく気にされるようですが，この例も，ユングは治療結果を明らかにしていません－

〈そこが，どうにも気に食わないところです〉

－まあ，前の繰り返し（事例Ⅰ等）になりますが，ここまで，無意識内容が明らかになったのだから，多分，良くなったんじゃないんですか－

〈でも，結果を気にすることを少し批判気味に言われましたが，患者の立場に立てば当然のことじゃないんですか？〉

－その通りなんですが，その治る・治らないにこだわらなくなるというのも，一つの治った姿だと考えられませんか？－

〈うーん。完全には納得できませんが，一理あるので少し考えてみます〉

**ｄ．超越機能を推進するための方法（空想を書き留める，絵画表現，能動的想像法）**

〈まあそれはいいとして，超越機能が働きやすくなる条件のようなものは，どんなものがあるんですか？〉

－結局，無意識を認識することが第一になるのですが，1916年に書かれた『超越機能』という論文では，いくつかの方法が述べられています。

　一つ目は，浮かび上がってくる空想や連想を書き留めることです。そしてこの作業は，いってみれば，情緒の明確化であるので，これによりその情緒とその内容は意識に近付けられます。そして，それまでは孤立していた情動が，はっきりしたイメージとなり，意識の側もこれを迎え統合するようになる。こうして，超越機能の端緒が作られ，無意識と石の共同作業が始まるのです。

　二つ目には，絵を描くということです。これは，うまくかけて

いるかどうかは問題外であって，空想が自由に働く場となっておればよく，あとは絵が入念に描かれていればよいのです。この時も，光を求める無意識の努力と，実質を求める意識のそれが，共同の働きの内に具現化するのです。

　三つ目は，リビドーの内向といったもので，夜のように静かな時とか安静時に浮かんでくるイメージに心を集中させるのです―〈この，3番目は，能動的想像法[48]（これこそ，能動という意識性と想像という無意識性を組み合わされている超越機能のように思われる）に近いですね。もっとも，これらは精神病レベルにある人やその状態に陥りやすい人は，それらを使えないし，また使うのは危険なこともありますね〉

―そう断言していいかどうかわかりませんね。統合失調症の絵画療法も行われていますからね。ただ，十分注意したほうがいいに決まっていますが―

e.【事例N】（もう一つの構成的事例）

〈それで，超越機能を知るために，もう一つくらい事例をあげてくれませんか？〉

―それでは，未婚の女性患者（事例N）の例をあげましょう（『超越機能』より）。

　ユングは，論文『超越機能』でも，「無意識を構成的建設的に扱うこと，つまり，無意識の意味と目的を問うことが，私が超越機能と名付けたあのプロセスをかいする第一の基礎となる」と言っています―

①事例Nの夢と連想

―Nは，未婚の若い女性で，だれかに古墳から掘り出された剣を手渡される夢を見ました。それは，美しく象嵌された絢爛たる古刀でした。

　患者の連想は「これは父の剣で，昔，陽の光の中でかざされた

とき，強い印象を与えました。父は，行動力があり意志も強く気性も激しく恋愛関係も華やかでした。この剣は，ケルト人の青銅の剣で，自分はケルトの出であることを誇りに思っている。ケルト人は気性が荒く，情熱的で，剣の装飾には神秘的な趣があります。古い伝統，神聖なルーネ文字，古い知恵の徴し，太古の文明，人類の遺産といったことです」といったものでした－

②分析的解釈

〈これに対してまた還元的（分析的）解釈から始まるのですね？〉

－そうです。分析では，次のことが解釈されるとユングは言っています。

　ⅰ）患者は，父親コンプレックスを持っている

　ⅱ）父に関する性愛的な空想を持ったが，早い時期になくしていた

　ⅲ）彼女は，母親の立場に立っており，父には強い抵抗をもっていた

　ⅳ）父に似た男性を受け入れられず，弱々しい神経質な男たちを選んでいた

　ⅴ）分析家に対しても，分析家の内なる父親に対して強い反抗を示した

　ⅵ）夢は彼女の願望を掘り起こした。剣は男根的空想を意味している

といったものです－

③綜合的解釈

〈綜合的解釈ではどうなるのですか？〉

－ⅰ）剣というこの武器は，人類の遺産であり，発掘の作業（分析）によって掘り出された

　ⅱ）武器は，知恵や分別を表し，それは攻撃と防御の手段である

iii）彼女は，意志の強い父のように，人間は意欲を持てるということを自覚する地点に来ている（今までは父とは反対に流れにまかせていた）

iv）いままで彼女はあまりに消極的で，性的な空想にふけるだけで，生活の知恵と洞察に基づいた意志が彼女に備わりながら，これまで埋もれていたのである。

ということになります。しかし，この後，例の如くこの結果は示されていません－

〈いや，もうそれはいいです。いずれにせよ，分析的解釈では原因が，綜合的解釈では目的性が重視されているのがわかるだけで十分です。後者の方が治療には，重要なのでしょうけど，前者も治療に必要と思いますが？〉

－ユングは何も分析的解釈が不要とは言っていませんよ。それだけでは不十分だと言っているんだと思いますが－

**④フロイトは綜合的解釈を行わなかったか？**

〈それから，何度も繰り返し聞いて申し訳ないですが，ユングは，フロイトは還元法，自分は綜合法と言っていますが，本当にフロイトは綜合的やりかたをやらなかったんですか？〉

－いや，フロイトの事例，特にヒステリー研究などを読むと，患者の気付きを統合させようとしているし，また患者の主体性を尊重していると思われましたので，フロイトも綜合的方法を考慮はしていたと思います。だいたい，そうでなければ治療はうまくいきませんよね－

〈それなら，いいんですがね。それで，これはあくまで遊びのようなことですが，もしフロイトが，このN事例に接していたらどんな対応をしたと思われますか？〉

－それは，フロイトのことを良く知っている人でないと無理でしょうけど，思いついたことだけ言います。まずは，患者の連想

をもっともっと広げて，そして彼女の気持ちがどのように対立し，どれが一番優勢になっているかといったことを明らかにしていって，彼女の連想拡大と心の整理を助けると思いますね。そして彼女の今後の方向性を共同探求したと思いますね。

そして，何よりも患者の語ったことを重要視すると思いますね。だから彼女の話が父親固着に行き出したら，それを取り上げ，それをどうしていくか彼女と一緒に考えたように思います。そして，もちろんですが，もう少し意志を強くしたいという願望（ユングの言う綜合的解釈に出ていた）が出てきたらそれにも応じたと思いますよ。フロイトの背景には確かに性愛理論があったでしょうが，それはすごく幅広く奥行きの広いものだったと思うし，また剣＝ペニスといった単純な図式を超えて，剣が意志を含めいろんなものを象徴しているという彼なりの土台はあったと思います。どうも，ユングは自分の綜合的方法を強調したくて，フロイトをだしに使っているように思いますよ−

〈ちょっとフロイトびいきのような気がしないでもないですが，実際の治療では還元法も綜合法も両方使って，しかもそれにとらわれないようにしたいですね〉

−本当にそうですね。ただ，かなり，それには年期とエネルギーがいるでしょうがね−


## 7．他のユングの神経症治療例

〈後は，もう少しユングの治療観を知りたいので，神経症レベルの実際の事例を，いくつか紹介して頂きませんか？〉

−それでは，あまり，順序を考えずに思いついたものから，提示していきます−

### a．【事例O】
子供っぽい20才過ぎの男性（『無意識の心理』に載っている例）

## ①無意識の良い面を示す事例

－Oの例を出すに当って、ユングは、この例では無意識のよい面を明らかにしたいと述べています。Oは優れた教養と芸術の理解もあるインテリですが，繊細でやや女性的です。ユングは，彼のことを発達の遅れた事例だとしています。ユングの元を訪れたのは，同性愛のためでした。そしてOは，ユングの所へくる前の晩，次のような夢を見たのです－

## ②Oの初回夢と連想

〈いわゆる，初回夢というやつですね。どんなものだったんですか？〉

－広い神秘的な薄明かりの漂う伽藍の中にいる。ルールドの伽藍らしい。中央に深い暗い泉がある。自分はその泉の中に下って行こうとしている，という夢です－

〈それで彼の連想は？〉

－ルールドは，神秘的な霊場である。自分は明日，先生（ユングのこと）のもとへ行き，治してもらう。ルールドには，病気の治る泉があるが，この水の中に入るのはあまり愉快ではない。しかし，教会の中の泉は非常に深かったのである－

## ③ユングの解釈と働きかけ（二つの補償，憂鬱な気分と面接の無知に対する補償）

〈これに対する，ユングの解釈（連想）は？〉

－まず，彼がこういう詩的な夢をみたことに関してですが，ユングは「この夢の中に，治療，治癒，不快な手続きなどの観念が，詩的に浄化されて，またクライエントの美的な情緒的な欲求に合わせる形で，現れてきた」と述べ，この夢が，大抵の夢と同じく補償的性質を持っているとしています－

〈何を補償しているんですか？〉

－一つは，今言った，面接前の憂鬱な気分を補償しているという

ことです。もう一つは，このクライエントは，これから受けよう
とする面接治療について十分な観念を持っていなかったので，夢
が代わって彼に「詩的比喩による治療の本質を描き現す一つの形
象を与えている」としています－

〈そこで，ユングはどうしたんですか？〉

－まずは伽藍に対する彼の連想や思いを聞いていきます。Ｏは，
伽藍から，ケルンの伽藍とこのケルンの伽藍については母が初め
て話してくれたこと，自分がケルンのような伽藍に起居する僧侶
になりたいと考えていた，ということを連想します－

〈これに対するユングの解釈は？〉

－クライエントは，母親との間に緊密な結合が見られる。そして，
彼の幼児的空想がケルンの伽藍の象徴を掴み，その掴む強さは，
母の代用品を見いだそうとする強烈な無意識的欲求を物語る，と
しています－

〈伽藍や教会は，母親を意味するということですか？〉

－そうなんです。というのは，教会のことを「母なる教会」とも
言うし，また教会の重大な儀式である洗礼（泉の祝福の儀式）に
おける，洗礼盤は「神の泉の汚れなき子宮」とも呼ばれるからだ
と，解説しています－

④同性愛の意味

〈そうすると，伽藍の中の僧侶になりたいということは？〉

－つまり，母の手に委ねられていた子供であるＯの中で，自分を
導いてくれる男性への憧れが強くなってきたのです。それが同性
愛的愛着の形式を取ったとしています。そして，この僧侶は，彼
の中で出てきた独立志向的なものを覚醒しかつ伸ばしてくれる教
育者の役割を果たすといっているようです。古代ギリシアの例を
引いて，同性愛と教育はいわば合致した同一のものであったとし
ています。

そして，青年時代の同性愛は，成年男子への誤解された，しかし目的にかなった欲求なのであるとしています－

〈何かサリバンの言う，仲間（chum）の感じに，似ていますね〉

－ええ，サリバンは，異性愛に至る前に，同性との親密体験が必要で，統合失調症の場合，この体験が欠けていると言っています[49]からね。まあ青少年に限らず壮年になっても，同性愛に近い仲間体験，友情体験は大事ですがね。

いずれにせよ，このクライエントにとっては，こうした同性愛体験は重要なのでしょうか，問題は20才になっても，なおそれをひきずり，そこから抜けられないということなのでしょう。最後にユングは，この夢から精神治療を受け始めるということは，クライエントにとって，その同性愛の克服すなわち成人世界への仲間入りということを意味していることがわかると述べ，また，この夢がそうしたことを見事な比喩のうちに圧縮して示していると賛嘆しています。そしてこの夢を，貴重な，指導・教育の手段として高く評価したいと言っています－

⑤第2の夢（指輪とオルガン）

〈それで，この後，どうなるのですか？〉

－クライエントは，第2の夢を見ます。それは「大きなゴシック式の伽藍の中にいる。祭壇には一人の僧が立っていて，私は友人とその僧の前に立ち，自分の手には小さな日本性の象牙細工を持っている。そして，この象牙細工に洗礼を受けさせるのだというような気持ちがする。突然，年配の婦人がやってきて，友人の指に填まっている指輪を抜き取り，自分の指にはめた。友人は，自分の身が縛られてしまうのではと不安を覚えたが，その瞬間，不思議なオルガン音楽の調べがなり響いてくる」というものです－

⑥第2の夢に対するユングの理解（同性愛の部分的克服，音楽の持つ治療的意味）

〈この夢は第1の夢と密接な繋がりを持っているようですが，ユングはどう考えたんですか？〉

−ユングは，この夢では，僧侶が加わることで，クライエントの同性愛の無意識的欲求が満たされ，新しい発達段階が始まりうる，と言っており，元服の儀式（成年になるための）としての洗礼が出てきています。また象牙細工について，クライエントは男子性器を連想し，それは自分の同性愛に関係していると連想します。

　指輪は，結合・関係を意味しますので，この年配の婦人が指輪を抜き取るということは，同性愛的関係を自分（婦人）の方へ引き受けてしまうことを意味します。

　この婦人（母の友達である）の登場は，プラトニックなものとはいえ，母を越える一つの前進を意味し，従って思春期の同性愛的の部分的克服を意味します。

　そして，ここでの友人の不安（クライエントの不安でもある。友人は分身だから）は，①婦人が母に似ているので，同性愛的関係は解消されても，また昔の母親のところに舞い戻るのではないかという不安と，②結婚等の縛られる義務を伴う，成人の異性愛的状態という未知のものへの不安，ということになるだろう。

　しかし，音楽がなり響いているのは，前進を意味するだろう。クライエントは音楽好きで特に荘厳なオルガン曲を好んでいるので，音楽はきわめてポジティブな感情を意味し，音楽は夢の和解的な結合を意味する，とユングは述べるのです−

〈そうですね。音楽ってコフートも言うように，すごく治療的な意味がありますものね[50]。それで,この後,どうなったんですか？〉

−ええ，やはりこの夢とは反対に彼の意識面は，躊躇と抵抗に満ち，治療が進行しても彼は常に反抗的で扱いにくく，以前の幼児性へと逆戻りしそうな気配であった，と述べています−

**⑦事例Oに関する感想**

ア．ユングへの不満（詳しく書かないことの）

〈全体として，この夢自身は非常にわかりやすく，夢の有用性も
わかりましたが，ユングが，このクライエントの抵抗をどう取り
扱ったか知りたいですね。というのは，患者の幼児性への執着に
よる治療困難というのは，治療者なら誰でも経験していると思う
のですがそれだけに一層，ユングならどうしたのかを知りたいの
は当然ですよ。それと何故，彼が他の成年に比べ，母に固着せざ
るを得なかったのかといったことも知りたかったですね。それか
ら今後，この患者がどうなったのかということと，治療において
抵抗はなかったのかということ，とかいろいろ教えて欲しいです
ね〉

イ．ユングは要点しか書かない

－まあAさんは欲張りだからそのようにいろいろ知りたがるで
しょうが，ここでは，①夢の持つ治療的重要性，②補償機能の説
明，③普遍的無意識の諸形象が，積極的な役割を演じていること
を，示したかったので，他は省いたのかもしれません－

〈その③の普遍的無意識の諸形象って，元型のことですか？〉

－『無意識の心理』では，神話類型となっていますが，おそらく
そうでしょう。例えばここでは，私の推測ですが，泉という治癒
元型，教会という母親元型，僧侶という父親元型，年配の婦人と
いうアニマ元型，といったものが現れているのではないですかね－

〈それは，納得できるのですが，いつもいつも夢が治療的になる
とも限らないし，夢が何の役にも立たない，むしろ有害な場合も
あるわけでしょう？だから，この青年の場合，どうして夢がぴたっ
とはまったのか，はまらない例についてはどんなものがあるのか，
知りたいですね。いつもユングの事例は簡潔過ぎて，かんじんの
治療の転回点がわかりにくい場合があります〉

ウ．プライバシー尊重の二面性

－そこは，たぶん，ユングが患者のプライバシーを大事にしているという点の現れではないでしょうかね－

〈それだけではないですよ。ユングはだいたい秘密主義的過ぎるんですよ。自伝を初め，ユングの著作には，自分の都合のいいことばかり書いて，具合の悪いことは秘密にしておくという傾向が目に付きますよ〉

－何もそれはユングに限ったことではないでしょう。私なんかもＡさんにそう言われると耳が痛くなってきましたが－

〈いや何もそうしてはいけないとは言っていないんです。ただ，真実を少しでも明るみに出して，それを治療者（ユング等の）への非難とせず，治療者あるいは人間全体の問題として考えていくのが治療の前進につながると思うんですよ。もちろん可能なかぎりプライバシーを配慮してですが〉

－そうですね。治療者・研究者は，しばしば患者のプライバシーを盾にとって，自分の都合の悪いところを隠そうとしますからね。でも，この問題はむずかしいですね。また，宿題が増えましたが，がんばります [51]－

〈それで，次の事例は何ですか？〉

b．【事例Ｐ】
ユングが見下していた女性事例 [52]

－この事例も，夢の補償機能に関係しますが，今度は，治療者（ユング）自身が補償的夢を見て，態度を変え，治療が前進した例です－

〈へえ。面白いですね。どんな例ですか？〉

①事例Ｐの行き詰まり

－このＰ事例は，非常に知的な女性で，治療の滑り出しは好調だったのだが，次第にユングは，自分の夢の判読がどこか狂っている

ように感じ出したのです。ただ，ユングは，その疑いを抑圧して
いたのです。当然面接は気の抜けたものになります−

**②治療者自身（ユング）の補償的な夢**

〈そこで，ユングは，補償的な夢を見るのですね〉

−そのとおりです。それは「（ユングが）散歩しているとき，丘
のうえの城の一番高い塔の上に女がいます。ユングはその女性の
姿をはっきり見ようとして，頭をあまりにも後ろにのけぞらした
ので，首のあたりに痙攣を覚えて目が覚めた。その女性とは，事
例Ｐだったのである」というものです−

**③ユングの理解とその後の態度**

〈それで，ユングは，どう考えたのですか？〉

−彼は，夢の中であんなに高く見なければならないということは，
現実では彼女を見下し過ぎていることに対する警告ではないかと
思ったとのことです−

〈それで，どうしたのですか？〉

−ユングは，クライエントにこの夢と，夢の解釈を話しましたら，
事態は一変して，治療は予想外にぐんぐんはかどったとのことで
す−

**④事例Ｐに対する検討（ユングの夢に対する親和性。癒し元型と
父親元型）**

ア．ユングに見下し的態度をとらせる女性とは？夢に対する親和性

〈治療者は，常に自分の夢も大事にしないといけないのでしょう
ね。しかし，これぐらいの感情なら，治療者なら気付いてもいい
はずではありませんか？それと，どんな点で，どのように見下し
ていたのか詳しく知りたいですね〉

−Ａさんのように，自己洞察ができ常に素直でいる人なら，何も
夢の助けが必要ないかもしれませんが，私なんかは夢で警告され
ても，治療・患者にまつわる嫌な感じを自覚できません。ただ，

後者の意見に関しては私も知りたいですね。ユングは常に患者との対等性を強調していた人ですから、そのユングがそういう態度を取らざるを得なかった事情を知りたいですね。特に誰の治療や分析に対しても、一度くらいはそういう態度が出るのか、このP婦人だから、特にそうなったのか。もしそうだとするとP婦人を初め、ユングにこういう見下し的態度を取らせるクライエントというのはどんな人か？ということを－

〈Bさんも、私に劣らず結構欲張りですね。それと、皮肉は止めてくださいね。私なんか駆け出しですからできている訳はありません。ただ、私の言いたかったのは、何も夢に頼らなくても自分の感情に気付くことも多いということです〉

－そのあたりは、ユングの個性が出ているんでしょうね－

イ．癒し元型と権威者元型

〈それと、見下した態度で思ったのですが、ユング流に言えば、治療中、癒し元型が働き、それは知らずに父親元型、権威者元型になっていって、それがクライエントを見下してしまったということになるんでしょうか？〉

－なんとも言えません。それは、また元型の所を勉強する時に考えましょう。ただ、いずれにせよクライエントの分析をすると、どうしてもクライエントの態度に反発せざるを得ないところが出てくると思います。そして、それに対して責任を持って本人に気付かせないといけないと考えると、どこか本人を指導してやろうという権威者的側面が出てくるのかもしれません－

c．【事例Q】

小学校の校長の事例Q [16)53)54)]

〈では、それはいいとして、次はどんな事例ですか？〉

－これは、やや長い事例ですがその分だけ豊富な材料があります－

①Q事例の紹介

－事例Qは, 40才の校長で, 神経症症状 (めまい, 動悸, 無力発作, 激しい疲労など) に悩まされていました。ちょうど, 高山病のような症状なのです。ユングが聞いたところ3つ夢を見たというのです－

②第1の夢 (校長の格好をして田舎にいる夢) とユングの理解 (幼少時への引き戻し)

〈第1の夢は？〉

－彼は, スイスの小さな村にいて, 黒の長いコートを着て数冊の本を抱きかかえています。彼の同級生であった少年たちが, 彼を見ながら「あいつはここらじゃ, あまり見かけない奴だ」と言っています, というものです－

〈ユングの理解は？〉

－直接, 夢の解釈にはいる前に, 彼に対するさらに詳しい紹介がなされます。かれは, 貧しい農家の出で, 努力によって現在の地位を得ています。かれはすでにかなりのところまで上っているのに, まだ上に行こうとしているのです。しかし, もはや前進は不可能なのです。そこを認識していないが故に, 高山病の症状が出てくるとしています。従って, この夢も補償的なもので, 夢が彼を幼い時の状況に引き戻しているのです。また生い立ちを考えれば, かなりの業績をあげたことと人間の努力には限界があるということを認識すべきだと, ユングは言っています－

③第2の夢 (鞄を忘れることと脱線の夢) とそれに対するユングの理解 (急ぐ意識と逆らう無意識。汽車・トカゲ・心理学・長い蛇・人間の共通性。「頭・意識」と「尾・無意識」)

－彼は, 重要な会議の出席のため, 鞄を持って汽車に乗ろうとしますが, 時間がないので間に合わないのではという不安に駆られ, 大急ぎの状態になりますが, 帽子やコートがいつものところにな

く大騒ぎになります。しかし，なんとか見つけて家を出ますが，今度は鞄を忘れていることに気付き，また家に戻り再び駅に向かうと汽車が出ていってしまったのです。彼は駅から，長い汽車がカーブしながら曲がっているのを見ます。そして一つの心配がよぎります。それは「機関車が全速力で進めば，まだカーブを曲がり切らない最後尾の車両は脱線するだろう」という不安ですが，それは的中し，脱線してしまうのです－

〈これに対するユングの見解はどうですか？〉

－遅れるとか，あるものを忘れるというのは，何かに神経質になっていることを示します。イライラしたりするのは，意識が欲しがってはいるが，無意識が逆らっているのです。また，脱線した汽車ですが，前方（意識）は走りたがっているが，最後尾はカーブを曲がり切っていないので全速力を出してはいけないという警告をあたえているのです。意識の背後には，ためらい，弱さ，コンプレックスといった尾があるのに意識はそれを忘れやすいのです。心理学も背後に長いトカゲの尻尾を持っているのです。従って，治療者は，この汽車の動きが蛇に似ていることをクライエントに知らせるだけでなく，治療者自身も自覚しておかねばならないのです。といった解釈でした－

**④第3の夢（カニトカゲの夢）**

－Qは，3つ目の夢を次の様に語ります。

「私は田舎の質素な農夫の家で，高齢の，母親のような農婦と話しをしている。大旅行の計画の話しをし，彼女は感動的に聞いており，私は満足している。

窓から牧草地を見ると，農夫が牧草を集めている。

（光景転換）

背景にカニトカゲが現れる。それは，左に，右に動き，自分は挟みの真ん中に立つ。手にある棒（杖）で，怪物の頭を軽く打ち，

それを殺してしまいます。

　それから長い間,その怪物をじっと見ながらそこに立っている」といった内容です−

## ⑤第３の夢（元型夢）に対するユングの探求

〈今度の夢は不思議というか不気味な夢ですね〉

−ええ，だから，この第３の夢に関しては，ユングは，クライエントにいろいろ聞いたりしながら，その意味を探求しようとしています。一つ一つ行きましょう。

　ⅰ）まず，母親を暗示する農婦といるということで，再び子供時代の環境に戻ります。

　ⅱ）大旅行の計画でこの女性に強い印象を与え，これは彼の地位を得る望みを表しています。

　ⅲ）「質素な農夫の家」について，彼は「バーゼルの近くの聖ヤコブの癩病院」を連想します。ここでは，1344年に，1300人のスイス人が，３万人ものブルゴーニュ公の軍隊と戦ったのです。これは英雄的行為に見え，実際このおかげで敵の進軍を食い止められたという肯定的な意味が大いにあります。しかし，この1300人の前衛は，指揮者の命に背いて突進して全員玉砕となったということで，これは後部との関連も考えずに突進するという向こう見ずな行為とも見られます。また，その背景には夢見手Qが，癩病院にいるということで，無意識では，社会から見捨てられているという状況を示しています。こういうこともあって突進したのでしょうか。クライエントのこの突進的態度こそ，高山病を引き起こしているということで，それは農夫の母に対して自慢したいという欲求がかなり強いのです。

　ⅳ）農夫が干草を集めていることですが，彼はこういう単純な作業の重要さを忘れているのです。

　ⅴ）カニトカゲについては,彼は何も思いつきません。そこで,

ユングは以下のように考えました。彼は，明確な英雄志向があるのだから，英雄の相手としていつも出てくる竜がカニトカゲと考えてもよい。また，神話では，竜は母親なので，ここでのカニトカゲは，呑み込む母，死の母，死の女神とも考えられる。さらに，何故，夢がカニトカゲのイメージを選んだかについては，蛇が，脳脊髄組織（とくに低次の延髄・脊髄）を表し，カニが交感神経系を表すと考えました。従って，神経症症状は，こうした脊髄組織や交感神経系が，彼の意識的態度に反逆していることを表している。また，ある神話では，英雄と竜が結び付くので，英雄自身が竜ということも考えられる。

vi）左側に動いたことは不吉である。しかし，右によっても杖で打たれて殺されるのでよくない。

vii）ただ，かれは杖で怪物を殺すという魔術的方法を使う。これは彼が「危険など何もない」と考えている思考方法で，これは頭だけの人間の行動の仕方です。だから彼は，「もうカニトカゲは殺されたから全てはおさまった」と考える。

ざっと，ユングの理解とクライエントのやりとりは，以上のようなものでした−

### ⑥ユングの結論（破局への警告）

−それで，最後に全部を総合した上で，ユングは，Qに向かって「あなたの夢には警告が含まれています。あなたは，まさしく機関手か，背後に支援もないのに突進する向こう見ずなスイス人のように振る舞っています。もし，このまま同じことをし続けると，破局に遭遇することになります」と告げたのです−

### ⑦Qの反応（ユングの警告を無視）

−彼は，ユングの話を受け入れず，大旅行に出発したのでした。しかし，予想通り，戻ってこず，彼は3ヶ月後に失職して零落してしまいました。それが彼の最後だったのです−

**⑧事例Qの検討（ユングの態度は消極的か？運命論者か？差別主義者か？）**

ア．ユングの正直さ

〈この夢はとても参考になるし勉強になりました。しかし，何故，これだけ立派な分析をしながら，彼にそれを受け入れさせることはできなかったのでしょうか？〉

－まあね。でもユングは，本当に自分の夢を理解して，問題のより適切な解決に役立てた人もいると言っていますが－

〈そんなことは，わかっているんですよ。ただ，そうできない人にどうしたのかが問題なんです。そこは，どうなんですか〉

－ちょうど，ユングに，Ａさんと同じ質問をした人（ブラウン博士 54)）がいたんですが，それに対して，ユングは「たとえ，善意にせよ，人を欺くべきではないのです。だますことまでして間違った信念をその人から取り上げたくありません。恐らく当人（Ｑ）にしてみても，誤った手段で救われるよりは，破滅したほうがましだったのです。私は決して人の邪魔はしません。もし，誰かが『もし……ならば，自殺するつもりだ』と言えば，『それがあなたの意志ならば反対しません』」と言っているのです。さらに，人間の中には適応すべきでない者もおり，そういう人には『適応すべきでないことが真に彼の課題であるとしたら，あらゆる方法で適応しないように援助すべきです』とまで，言っているのです－

イ．ユングは運命論者か？

〈ここにやはり，疑問を感ぜざるを得ません。

　第1は，自殺するつもりだと言っても，希死念慮を持つものは追い詰められていることが多く，本当の意志が何であるのかわからないことが多いのです。そのクライエントの真の意志がどこにあるかどうやって判断するのかということです。希死念慮は救助

312

願望の現れの一つです。

　第2は，適応すべき人間かどうかを決めるのは誰で，そしていかなる基準で決められるべきものなのか，といったことです。

　そう思うと，ユングは確かに魂の探求者，偉大なる心理学者かもしれないが，治療的には，運命論者だったように思いますよ[55]〉－この課題はまたもや重いものですので，ゆっくり考えさせて下さい－

ウ．抵抗分析の不足

〈是非，考えてください。それと，さらに疑問なのは，治療者の意見に耳を傾けないクライエントというのは，多いわけでしょう？だから，このクライエントが，①ユングの言っていることに反対・賛成は別にして理解したのか？②理解したとするならどのように，どの程度理解したのか（無理解の場合も同じで，全く無理解だったのか？少しは理解できるぶんはあったのか？）③ユングの解釈のどこに反発を感じたのか？といった点を取り上げてもいいと思いますよ〉

－あなたの言うことはもっともです。ただ，ここは想像ですが，ユングがそういう治療上の大事な作業をやった上で，発表する時は要点だけにしたのか？それとも，治療者の解釈を受け入れるのも，受け入れないのも，本人の勝手だからというかなりあっさりした態度しかとらなかったのか？やはり知りたいですね。ここらへんは確かに，クライエントがどの辺で抵抗しているか知りたいですよね－

エ．ユングは，素質，先天性を重視したのか？

〈それと思い出したのですが，ちょうどおなじ個所で，ユングはアメリカの非行少年の例を引き，二つのカテゴリー（悪事から脱皮していくものと，生まれながらの犯罪者で正常になろうとするとヒステリー的になる一群）に分け，「後者は変わることができず，

悪事を働いている時が正常なのです」と驚くべき発言をしています。

　これを，前の発言とまとめますと，①生まれつき②変わりようがない③死ぬよりしょうがないという発想になって，すごい差別主義的なことになりませんか？〉

―言い返す言葉はありませんが，それだけ人間が変わりがたいということを痛感した発言なのでしょう。だから，一面の真理は突いているような気もします。

　ただ，私自身もある程度疑問は残ります。確かに，今まで25年ほどで1万人以上の患者さんにあってきて思うことですが，治りにくい方やどうにもならないと思った方もいます。でも，今よく考えればたいていは，というより殆どは自分の力不足だったと思います[56]。私は，ユングのように難しい患者に会ってないのかもしれませんが，こんなにユングのように割り切ってしまうのは，それこそ割り切れません。もし，言うのであれば，「自分（ユング）は今のところ，こういう人達を適応・治癒に導く力はなかった。しかし，これからどうなるかわからないが」というぐらいのことを，述べて欲しい気はしますね―

〈ええ，だから，ユングはどういう根拠で大変な結論（例として「彼等は変わることのできない生まれながらの犯罪者」という発言）を下したのか聞いてみたいですね。例えば，福島章[57]は，ものすごい反社会的パーソナリティ障害の鑑定例とその事例の治療可能性を紹介していて，私も驚いたのですが，ユングはこれを聞いたらどう思うんでしょうかね？

　それと，適応・改善・治癒の不能性を，患者や素質のせいだけにしているようで，これも許せないような気がします。

　いずれにせよ，こうした発言と，ナチス等の差別集団[58)-61)]との近縁性を感じ，少し恐い感じもするんです〉

－まあ，ユングは，前の統合失調症の治療のところでも，意見を
いろいろ変えているので，またこの発言もどうなるかわかりませ
んが，いずれにしても，Ａさんの指摘を重く受け止めておきます－

〈まあ，私も偉そうなことは言えません。やはり，重症の統合失
調症者，問題の重すぎる境界例患者，慢性のアルコール依存症，
非行少年，犯罪傾向者，認知症患者，精神遅滞者などが来ると，
びびってしまうというか，大変だとは思ってしまい，ユングのよ
うなことが，一瞬脳裏に浮かびますが，それはやはり，私や私を
取り巻く社会の力不足と考えたいと思います〉

－Ａさんの意見と決意は大変立派ですから，今後もその意気込み
で頑張って下さい－

〈Ｂさんこそある程度経験を積んでいるんだから，我々を引っ張っ
て行って欲しいですね。まあいいでしょう。それで，次をお願い
します〉

#### ｄ．【事例Ｒ】

不安神経症の若きユダヤ婦人 [62]

#### ①事例Ｒについて

##### ア．クライエントが来る夢を見る

－次の事例Ｒは，自伝に載っている例で，ユングが夢を見た所か
ら始まります。その夢は「見知らぬ少女がユングのもとにクライ
エントとしてやってきて，自分の事例のあらましを述べるのです
が，ユングには彼女の喋っている内容がわかりません。けれど，
突然，彼女は非常な父親コンプレックスを持っているにちがいな
いということがわかった」というものです。

　そして翌日，若いユダヤ人女性（かわいらしく，金持ちの娘で
頭の良い）が，ユングの面接に来たのです。彼女の相談内容は，
すでに他で分析を受けていたが，その分析家と彼女の間で転移が
起きたため、分析家が彼女の分析継続を断ったからというもので

した一

〈なにやら，共時性のようなものをすでに感じさせますね。それでどうなっていくんですか？〉

一彼女は数年来，不安神経症で悩んでいましたが，前の分析経験はそれをいっそう悪化させます。ユングは，もちろんこれまでのことを聞きますが彼女はうまく適応し，西洋化されたユダヤ人で教育も行き届いており，ユングには彼女の心配ごとが理解できません。しかし，ユングは先ほどの夢を思い出し，父親コンプレックスに目を付けますが，彼女の話からは父親コンプレックスの痕跡を検出できません。そこで，いつもやっているように祖父について尋ねてみたのです一

イ．祖父についての探求

〈この発想は悪くないですね？家系図療法をやっている石川[63]の先駆者という感じですね〉

一それについて尋ねられると，しばらく彼女は目を閉じたので，ユングは直ちにここに問題の核心があると感じたのです一

〈彼女の驚き・沈黙により，核心的葛藤を感じたんでしょうね。それで，祖父はどんな人だったのですか？〉

一祖父は，ユダヤの律法学者で，サドカイ派に属していました。そして，彼女は「祖父は一種の聖人で，千里眼を持っていたと言われています。でもそれはすべて無意味です。そんなことはないんですもの」と言ったのです。

それを聞いたユングは，彼女の神経症の歴史を理解した，と述べています一

〈えっ。何のことか分かりません。もう少し説明してください〉

②ユングの解釈と夢。R事例に関するユングの説明（Rは神の子である）

一ユングの彼女に対する説明を聞きましょう。ユングは彼女に「貴

女の受け入れることのできないかもしれないことをお話しましょう。貴女の祖父は，ユダヤ教のサドカイ派だった。しかし，あなたのお父さんはユダヤ教の信仰に対する背教者になったのです。彼は秘密をあばき，神に背を向けたのです。そして，神に対する恐れが貴女に入り込んだため，貴女は神経症にかかっているのです」と告げています。それを聞いた彼女は，電光石火に打たれたようだったと，されています―

〈ますますわかりません。分かりやすく言ってください〉

―とにかく，ユングの話を最後まで聞いて検討しましょう。ユングは彼女に自分の解釈を告げた後、またすごい夢を見たのです。それは「ユングの家でのパーティに彼女も来ていた。彼女はユングに近付いて『傘を準備されましたか。ひどく雨が降っていますよ』と尋ねたため、ユングは本当に傘を見つけ、開こうとしていじくりまわし、今にも彼女に渡そうとしていた。ところが、その代わりに、ユングは、まるで彼女が女神でもあるかのように彼女にひざまずいて傘を渡した」という内容でした。そして，その夢を彼女に話したのです。すると，彼女の神経症は，１週間で消えたとのことです。ユングの見解によれば，夢は「彼女がうすっぺらな少女ではなくて，うわべの下には聖人の素質があるのだ」ということを示していたとのことです。彼女は，何らの神話的観念も持っていず，それゆえ，彼女の性質の最も本質的な特徴（神的性質）を表現する道を見いだせず，彼女の意識的な活動はすべて，恋愛遊戯，衣服，セックスに向けられていて，彼女は知的なことだけを知り意味のない生活をしていたと，述べます。しかし，彼女は神の子であり，神の秘密の意志を満たすように運命づけられていたので，私（ユング）が彼女の中に神話的宗教的な考えを目覚めさせなければならなかったのである，と結論しています―

〈少しわかってきました。それで彼女Ｒはどうなったのですか？〉

－ユングによれば，彼女の生活は意味を持つようになり，神経症の痕跡は何ひとつ残されなかったとのことです。そして，ユングはこの例について，何かの技法を適用したのではなくて，聖なる力の存在を感じそれを説明しただけで，それが彼女に治癒を遂げさせたと言っています－

**③事例Ｒの検討（「祖父の宗教性」の抑圧，エナンティオドロミア，発病，霊性の回復）**

ア，信仰に背を向けた一家の問題が，Ｒの症状として現れる

〈いずれにしても，何となくしか分かりませんので，もう少し解説してください〉

－私もあまり自信はありませんが何とかやってみましょう。

　まず，祖父がサドカイ派の聖人であったということですが，サドカイ派というのは，ユダヤ教の一派で，特に律法を重んじたと聞いています。律法（トーラー）というのは，一般に信じられているような単なる戒律や掟というより，ユダヤ教の人々にとっては聖なる神秘的なもので，あらゆる創造の原型となるものらしいです（エリアーデ『世界宗教史』より）。

　いずれにせよ，祖父の聖人的素質を父親は受けつけるどころか，祖父と反対の立場にたった。そして娘であるＲも父親に同一化しそのまま父に従い，祖父の存在や霊性に対して無意味であるという形で否定していた。

　しかし，彼女の無意識は祖父の価値を密かに認めていた。ただ，意識によって抑圧され続け，彼女はおよそ宗教とは無縁の生活を送っていたわけです。しかし，意識が抑圧すればするほど，無意識は強くなり，ついにバランスが崩れるというか，無意識がどこかに出口を求めるというか，いずれにしろ，不安神経症という形で，Ｒの無意識が姿を現したということでしょう－

〈というより，何かＲの一家が信仰を否定し続け，抑えられてい

た信仰心が娘（孫）の代に至って，症状という形で出てきた。一種のエナンティオドロミアといってもいいんですかね？〉

イ．自験例と宗教性は抑えられないという点

－でしょうね。私もある事例で，代々，世間的で儀礼的で現実的で拝金的な一家に育ったある娘さんが，足や腰の痛みという形で，一家の底流に流れている神秘的・夢想的・芸術的傾向を現してきたという例を知っています。やはり，何かが抑え込まれて一方的になると，どこかで無理が生じてくるようです。

　それと，宗教性，霊性は，人間の基底で常に流れていて，世代を超えた形で出てくる。しかも出て来方が症状という形をとるため，魂の治療者でないと真の意味を解読できない場合がある，といったことを教えてくれているようですね－

**④ユングの事例が簡潔過ぎる点について**

〈それは，いいんですが，もう少し，詳しく書いて欲しいですね。例えば，

　ⅰ）祖父はどんな霊的存在であったのか

　ⅱ）父はどんなひとだったのか

　ⅲ）父と祖父との関係はどうだったのか

　ⅳ）何故，父は祖父に背くことになったのか，背いたことをどう思っていたのか

　ⅴ）父と娘（R）との関係はどうだったのか

　ⅵ）彼女は，父をどのように見，祖父を密かにどう思っていたのか

　ⅶ）母はどういう存在であったのか

　ⅷ）なぜ，他ならぬ彼女がこの祖父の霊性を受け継ぐ者として選ばれたのか

　ⅸ）思春期は，自立の時だから発病しやすいのはわかるとしても，それまで彼女はどういう育ち方をしていたのか？

といったようなことを聞いてみたいんです〉

―それは，私も繰り返しそう思います。ユングの事例は，このようにあっさりしているんですよね。フロイトなんかは，ヒステリー研究を見てもわかるように，もう辟易する程，詳しく書いてくれますがね―

〈何故，ユングは，こんなにあっさりしているんですか？〉

―一つは，先述したように，プライバシーを守りたいという気持ちが強いということでしょう。それは，クライエントのプライバシーだけではなく自分のプライバシーも守りたいということだと思います。それからユングは，割と連想にまかせて直感で書くタイプのようですから，細かく詳しくというのは馴染まなかったんじゃないでしょうかね。それにユングとしては，自分は重要な必要なことだけ書いたからもうそれでいいんだという気持ちじゃないでしょうか。しかし，私はもう最近，これがユングの姿勢はこんなもんだといささかあきらめていますが。

　まあ，Aさんは，ユングを補う形で，詳しく書かれたらどうですか―

〈私に振ってこられても大変ですけど，人（ユング）に注文する以上,自分でも考えるべきですね。まずはやっぱり，プライバシーの保護が浮かびますが，同時に自分のプライバシーも出てくるのでちょっとためらいます。それと，そんなに詳しく全貌を明らかにするということがなかなかできないということもあります。

　こうなれば，クライエントの方に書いてもらうのがいい。あるいは，治療者とクライエントが互いに対話したものが，書かれるといいような気もしましたが〉

―それが，クライエントの役に立ち，そう負担でもないし，混乱も招かないならいいかもしれませんね。なかなか治らずに苦しんでいる他のクライエント達やその家族の励みになるかもしれませ

ん。まあ，でも，それも大事だけど，今取り組んでいるクライエントのことを考えることが，やはり一番重要なことですよ－

〈わかりました。それで，次の事例は何ですか？〉


e.【事例S】

神学者

### ①神学者の夢

－今度もやはり，宗教や霊性に関する事例で，プロテスタントの神学者Sに登場してもらいます。この事例は，自伝と『集合的無意識と諸元型について[64]』に出て来ています。

　前のR事例も，信仰をなくしている状態で不安神経症が発症し，ユングと出会うこと（あるいはユングが夢を見たこと）で，霊性を回復し病気も治りましたが，今度も同じような例です。ただ，今度は霊性を体験していても不思議でない神学者自身が事例となるのです－

〈別に，心理療法家や医師も心の病になることが，よくありますから，珍しくもないと思いますよ〉

－そう言われれば，そうですね。

　それで，事例Sの方ですが，彼は次のような夢を繰り返しみます。それは「深い森の中央に湖があるのを知っていたが，いつも何かがそこに行くのを妨げていた。しかし，今度は計画を実行しようと思ったが，湖に近付くにつれ辺りは暗くなり突風が吹き，水面にさざ波がたった。そこで，自分は恐怖の叫び声をあげて目を覚ました」というものです－

### ②ユングの理解（奇跡と恐れ）

ア．ベテスダの池（治癒の池）

〈それで，これを聞いてユングは，どう思ったのですか？〉

－ユングは，彼が神学者なら当然ベテスダの池を思い出すはずだ，

と述べています—

〈何ですか。このベテスダの池というのは？〉

—ヨハネ福音書第5章第2節以下の記述を読むと，エルサレムの羊の門のそばにベテスダと呼ばれる池があり，そこに病人，あしなえ，盲人，痩せ衰えた者が体を横たえ，水が動くのを待っていて，水が動くと最初に入ったものはどんな病気でも治ると伝えられている，と書いてあります—

〈そうすると，治癒の池ということですね〉

イ．神学者Sの恐れ（奇跡を体験することの恐れ）

—ええ，ユングによれば，一人の天使が舞い降りてきて水に触れることで水は治癒力を得たし，また風（天使のこと）は欲するままに吹く霊であると述べると共に，神学者Sはそれを恐れているとしています—

〈何故，恐れるのですか？〉

—ユングに言わせると，風，すなわち目に見えない存在，何にも妨げられずそれを前にして人がおののく聖なる力，そんなものが，自分にくると思わなかったからだ，と言っています—

〈でも，彼は神学者でしょう？〉

—ええそうなんですが，この神学者にとっては，そんな奇跡は聖書や説教の題として出会うだけで，体験される現象ではないと思っていたからである，とユングは言い切っています—

〈何か，前に述べた牧師の父に対する批判でもあるし，体験を忘れた当時のキリスト教に対して反発を感じますね〉

—当時のキリスト教を担っていた人全てがそうだったとは思いませんが，体験を重視するユングとしては，知識としての聖霊を語るだけの人は許せなかったのではないですか—

**③ユングの対応（抵抗の重要性。治癒は毒にもなる。最奥の体験の恐怖）**

〈それで，ユングはどうしたんですか？〉

－もちろんユングは，彼Sにベテスダの池のことを考えるように勧めます。だが，神学者はその池の連想を受け入れるのを渋ったのです－

〈ユングは，これに対してどうしたんですか？〉

－あまり，はっきりは書いていませんが，どうも深追いはしなかったようです。それより，ユングはこのことを自伝で「私（ユング）は，夢を見た彼が恐れやパニックを克服するべきであることを知っていたが，あまり彼がそこに行きたいと思わないなら，無理強いはしない。抵抗は尊重すべきで，それは大事な警告だからである。治癒は毒かもしれず，時として禁忌な時は致命的であるかもしれない。最奥の体験，人格の核へ達しようとする所では，多くの人は恐くて逃げ去る。この神学者もそうだった。私はもちろん神学者たちが他の人に比べ困難な位置にいることは知っている。ただ彼等は宗教に近いが，教会や教義にあまりにも拘束されているのである」と述べています－

④**事例Sの検討**

ア．生きた信仰や象徴体験の無さとしてのS例

〈うーん。かなりの真実を述べていますが，やっぱりあっさりしているのかなという気がします。Bさんは，この事例で何を感じましたか？〉

－まず感じるのは，知識としてのキリスト教学にいくら通じていても，生き生きとした神体験がないと，心の底から十分に満ち足りた生活にならず，いずれ病気になったり，暗礁に乗り上げたり，このSのように，パニックをもたらすような夢に出会うことになるのだろうなと思いました。

　自伝でユングは「私の患者の多数は，信仰をなくした人々から成っていた」と書いていますが，まさに「生きた信仰」を持ち合

わせていない人々がその頃多かったのでしょうね－

〈これは，象徴でも同じですね。いくら象徴を知識として知っていても，「生きた象徴体験」がないと，人生に活力が生じないのと同じですね〉

－ええ，ユングはそのことに関して，やはり自伝で「象徴を生き体験することが，現代人に失われているのである。神経症者では実際，いつもこれが欠けていた」と書いており，その後そうした事例に欠けているものに取って代わる象徴が出てくるかどうか観察せねばならないと，述べています－

イ．生き生きした信仰や象徴の喪失要因（プロテスタントだけが問題か？）

〈何故，ユングの時代の人々は「生きた信仰や象徴」を失っている人々が多かったのでしょうか？〉

－それは前述の霊的関心のところでも触れましたが，その時のキリスト教がもはや人々を引きつける様なものでなくなっていたし近代合理主義に関する疑問も出てきたり多様な要因があるんでしょうけど，人々が心の支えのようなものを見失っている状態だったのではないかと想像します。ユングは，そのことと関連して『集合的無意識と諸元型について』で「精神的貧困は，プロテスタンティズムを首尾一貫して徹底していけば必ず生き着く結果であるが，この状態を選び取った者はだれであれ，こころ（ゼーレ）の旅に，つまり水に到達するための旅に出たのである」と言っています－

〈この旅に出た一人が，今の「水の夢」を見た神学者Ｓなんですよね？〉

－そうなりますね－

〈でも，プロテスタントだけそうなるんですか？カトリックだって堕落して免罪符を発行したり，中世では権力支配の重大な一端

を担っていたのではないですか？〉

－ええ，その通りで，宗教全般にいろんな危険があるんですね。

　ただ，ユングは特にプロテスタントの家に育ったので，それに反発を感じていたこと，プロテスタントでは個人の倫理や勤勉さが問題にされることが多く，キリスト教の持つ豊富な象徴を軽視していたことがあるかもしれませんね。それでプロテスタントと精神的貧困を結び付けたのかもしれません－

ウ．治療への恐れ，抵抗に対してどう対処するか？

〈プロテスタントとカトリックの関係，キリスト教を初めとする宗教のもたらす象徴的生活の意義など，随分面白い話になってきましたが，話を治療に戻します。何回も繰り返してしつこいようですけど，この神学者は少なくとも彼にとっては人生史上，最大の一つとも思える重大な夢を語ったわけでしょう？それにしては，これに対するユングの扱いはやっぱりあっさりし過ぎてますね。確かにこんな大変な夢だから，Ｓがこれ以上の夢探求に抵抗するのは当然だと思うんです。だから抵抗を尊重するのはわかるのですが，「真の抵抗の尊重」とは，その抵抗を慎重に取り扱って，彼の人格を必要以上に崩さないようにしながら，如何にこの夢が恐怖をもたらすものかの共感から始まり，その恐れや困難な立場について共同探求することではないかと思います。このユングの態度は，抵抗を尊重しているというよりは，彼の抵抗をそっとしておいて，そこから逃げただけのような気がします〉

－Ａさんの言いたいことは，こちらによく伝わってきますが，それより私の知りたいのは，

　①ユングとＳはどういう形で出会って，どういう関係にあったのか？だいたいクライエントであったのかどうか？

　②ユングにこの夢を話したとき，二人の関係や状況はどのようなものだったのか？

③抵抗の程度はどのくらいだったのか？

④抵抗を示した神学者の，その抵抗に関する詳しい言動はどんなものだったのか？

⑤抵抗分析をすべきかどうかユングは悩んだかどうか？

⑥実際に抵抗分析（この夢を探求する恐れの内容をまず考える気になるかどうかといったことを話し合う等）をしたのかどうか？

といったことです。こういうことがわからないと，何とも言えないですね。でも多分，私の感じだけですが，そういう抵抗についてユングなりに考えたり抵抗分析的なことをして，これは踏み込まないほうがいいというように感じたのではないですかね－

〈それは，ユングびいきの見方ですよ。私の感じだとユングはそんなことまで考えず，直観だけで，ああ，もうこれ以上は深追いしない方がいいと思っただけだという気がしますね。だから，フォン・フランツの記述と実際は随分違うんですよ〉

－まあ，ユングが実際どうしたかは，あまりたいしたことではないですね。重大な問題は，このような治療（人生変革）への抵抗・恐れに対して，治療者はどう対応したらいいかということですね。この場合「いくらパニックをもたらすとは言え，これだけ重大な夢を持ってきたのだから，抵抗・恐れを尊重しながら，彼の抵抗分析を中心に夢や彼の立場を一緒に考え，心の整理を手伝おう」と考えるか，「彼にとっての幸せは，そのままにしておくことだ。この際,夢を言えただけでもよかったのだ」と考えるか,また「恐れや抵抗の分析は大事だが，今はそれすら危険である。いずれ，彼がこの問題に直面せざるを得ない時がくるかもしれないので，その時出会ったらもう少し深く入っていこう」と考えるか，「抵抗分析を実際したが，今，治療に対する恐れが相当強いので，彼が今，真に望んでいることは何か，考えていこう」となるか，い

ろんな接近法があるんですよ。

　そして，どれを取っても完全に正しいとも完全に間違っているとも言えないし，まさにその時の治療者の勘ということになるかもしれませんね（土居健郎が，勘を強調しているのも，こうしたことと関係しているかもしれない）－

〈それはわかるんですよ。だけどね，実際に苦しんでいる患者からしたら，そういう訳にはいかないので，もっと患者に役立つ治療実践の細かい内容を書いて欲しいですね。そうでないと，いつまでたっても，「ユングは面白いが，実際の治療の役には立たない」とやっぱり言われそうですから？〉

－まあ，その辺はユングの後継者達が，かなり研究を続けていると思いますよ－

ｆ．【事例Ｔ】

女性強迫神経症事例Ｔ [65]

①ユングを平手打ちしようとした女性クライエント

－今度は，女性の強迫神経症者ですが，この場合は，今までと違って，積極的に踏み込んでいるんですよ。

　貴婦人Ｔは，強迫神経症で平手打ちの習慣があり，これは医師にも向けられていたため，いくつかの施設を転々とした後，ユングのところに回されて来ました。

　ユングは，何回か面接をした後，彼女に不愉快なこと（治療上，必ずと言っていいほどやってくる，クライエントにとっては辛い解釈）を言わざるを得ない時が来たのですが，この時彼女は，ユングを平手で打とうとしたんです－

②ユングの反応

〈えっ。それでユングは，どうしたんですか？〉

－ユングは，それに対して「結構です。どうぞ，お打ち下さい。その代わり後で私が打ち返しますよ」と言ったのです。ユングに

よれば，実際にそうするつもりとのことでした－

〈それで，彼女の反応は？〉

－驚くべきことに，彼女は打ち萎れ，「今まで，誰ひとりとして私にそんなことを言った人はありません」と言い，治療はうまく行き始めたのです－

### ③ユングの説明（感情の大切さと中立的態度の問題)

#### ア．手応え感を望んでいる患者

〈この辺りは，何となくわかりますが，もう少し説明してください〉

－ユングによれば，このクライエントが必要としていたのは男性的な反応であったということです。そして，こうした事例では，「患者と共に歩む」というのは間違いどころか有害であったと言っています。彼女は自分に道徳的制限を課すことができないため，強迫神経症にかかっていたのだ，としています－

〈ここは，下手な受容・共感路線に警告を示しているところだと思います。ただ，私の感じるところでは，叩き返すことが「患者と共に歩む」ということではないかとも思いますが？〉

－そうですね。成田も，境界例の患者を叩いてそれでよくなった例[66]を報告していますが，私も同じような経験をしています (平井孝男『境界例の治療ポイント』)。

　患者さんは，どこかで怒って欲しい，叩いて欲しいという手応え感を密かに望んでいる場合がありますからね。特に周囲が腫れ物扱いしている場合などは，そうですね－

〈でも，ユングは，理性も感情もすごいですね。ユングは，よく内向的思考直観型と言われていますけど，時と場合によれば感情機能も感覚機能も並みはずれて発達していたのではないでしょうかね？〉

#### イ．中立的態度とは率直な態度のこと

－そうですよ。先のタビストックレクチャーでも，ユングがごく

自然に情動が生じ，クライエント (アメリカ人の女医) の悪口を言ったところ，それでよくなったと述べています—

〈クライエントは，どこかで感情的な反応を期待していて，ユングの悪口にすごく手応えを感じたんでしょうね。それからすると，あまり中立的な態度ばかり取るのは問題ですね〉

—いや，本当の中立的態度というのは，自由で，とらわれず，素直で率直な姿勢じゃないですか—

〈そう言われると，中立って何かなと思いました。仏陀の言う中道に近いんでしょうか。まあ，これは難しい問題ですから，またゆっくり考えます。でも，このことで考えた時，Ｌ，Ｑ，Ｓ等の事例に対するユングの態度は，率直に感情を出したんでしょうか。治療者ユングの感情はどこに行ったのかと，また言いたくなります〉

—いやユングにすれば，ああいうようにするのが，自分の感情に率直なんでしょう。そして，Ａさんからしたら，もう少し積極的に関わる方がいいというのが，率直な感情なんでしょう？—

ウ．ユングは自分の治療態度を反省しているか？

〈何か，からかわれている感じがしましたが，それはいいとして，自分の率直な態度が与える影響を，事例Ｌ，Ｑ，Ｓ等で真剣に見直したり，反省したりしているのかなという疑問なのです〉

—それは，私も正直言って疑問です。あまり，ユングのことを運まかせ，宿命まかせと思いたくないのですが，事例に対する関わりの自己検討をもっとして欲しいし，それを我々に見せて欲しいですね (『変容の象徴』のミラー事例では少しそれが出ているが) —

〈今度はＢさんの方の「ないものねだり」が出た感じです。まあ，それはそれとして，次は何ですか？〉

g. 【事例Ｕ】

男性強迫神経症の事例Ｕ [67]

**①不道徳な事例とユングの反応**

－次は，それと関連して事例Ｕを報告します。『分析心理学』の中の事例です。今度は，男性の強迫神経症者の例です。彼は長年の強迫神経症でしたが，自分のこの分析はフロイト派の原則で徹底的になされてきたと言い，そして，ユングのもとにその分析原稿を持ってきて，何故治らないのかを聞きに来たのです－

〈ユングは，どうしたんですか？〉

－馬鹿げた質問かもしれないといいながら，彼に生活面のことを尋ねると，８才年上の女性にお金を出させ自分は豪遊していることが判明したのです。しかも，その女性は，毎日パンとミルクだけで生活していたというのです－

〈それで，ユングはどうしたんですか？〉

－ユングは，厳しく「あなたは彼女をだまして，そのお金で生活しているし不道徳です。それが強迫神経症の原因です」と言いはなったのです－

**②ユングの反応について**

ア．ユングの現実・倫理・意識の重視

〈この後，前のＴ事例のように良くなったのですか？〉

－いや，そうは書いていません。ユングの言に反発し，治療関係に入らなかったようです。ただ，それはこの時期では無理なことでしょう。私には，むしろユングは，夢や神秘や元型とか言っているけれど，現実や倫理をしっかり見つめているなと思いました。この事例では，強迫の前に不道徳な生き方を改める必要があるのです。ユングが意識を強調しているのと同じことです－

イ．難治の原因と不道徳な生き方

〈不道徳な生き方をしていると治らないというのは，何となくわかるのですが，もう少しそこを解説してください〉

－不道徳な生き方というのは、誰かの犠牲の上に成り立つもので，

また常に誰かを傷つけている可能性があるんです。そして、そのことに対する罪悪感は本人に跳ね返ってきますし、そのことで、本人は自分本来の生き方が出来ていないと感じる可能性が高いんです。そして、こういう自己不全感は自己不確実感に容易につながり、その不確実感が彼の強迫につながっていっているように思います。これはもちろん、私の勝手なファンタジーですが—

〈ユングもそれぐらいのこと、あるいはそれ以上のことを感じていたと思います。それなら、何故その理解をクライエントと共有しようとしなかったんでしょうか？〉

—いや、だから原因を言ったんでしょう—

ウ．あらゆる犠牲を払ってでも治すべきではない

〈でも、あの言い方だとわかりにくいと思いますよ。もう少し、不道徳，傷付き，罪悪感，自己不確実感について説明してあげることが大事じゃないですか？〉

—ここは推測ですが、ばっさり簡潔に言った方が、余計な気を持たさずにいい場合もあります。もし、本人が反応して「不道徳な生き方がどうして治らない原因になるのか」と聞いてきたら、今の点を説明するぐらいでいいんじゃないですか？—

〈それから、もう一つの疑問ですが、彼が「自分は不道徳でない。その年上の女性を幸せにしているんだ」と言ったら、どうなるんでしょうね？〉

—多分、彼女との関係を詳しく聞いていくでしょうね。そして、彼女がどのように幸せなのか、またどの点で幸せと感じているのか？彼女が幸せなのに、何故あなたは心の病になり続けているのかといったようなことを、探っていくんじゃないですか？そうするとすぐに化けの皮がはがれるでしょう—

〈そうすると、先の事例Ｌ，Ｑ，Ｓで感じた疑問と同じことですが、やはりユングの元にわざわざ来たのですから、「どうして治らな

いのか御自分で考えたことがおありですか」と言って，共に考え
てあげてもよかったんじゃないですか？〉

－ここの点は本当にしつこいほど問題になりますね。事実，キャ
ンプス博士[67]という方が，先のブラウン博士と同様に，あなた
のような疑問を発しているんです－

〈ユングは，どう答えたんですか？〉

－ユングは，この時はフロイトの「あらゆる犠牲を払ってでも治
そうとするのはよくないことだ」という言を引用し，事実フロイ
トは正しいのだと言っています－

エ．ユングは女性患者の方が合っていたのか

〈でも，事例Ｌ，Ｑ，Ｓと同じように，このＵ事例にそんなに犠
牲を払わなくてもいいということですか？〉

－さあ，ここの辺りはこれからも議論に成るところでしょうね。
ただ，面白いことは，今述べたＬ，Ｑ，Ｓ，Ｕ事例は全部男性と
言う点です。

　ここから直ちに，ユングは女性患者の方が得意だったという結
論を下すつもりはありませんが，面白いなと思いました－

# 参考文献

1) ヨランデ・ヤコービ「ユング心理学」高橋・池田訳，日本教文社，1970

2) ユング派分析家の武野も，第 4 章文献 23 で，「むしろ，フロイト派の枠組の中で統合失調症の精神療法は積極的に行われてきたという歴史がある」と述べている。

3) J.W.Perry「The Self in Psychotic Process」SPRING PUBLICATIONS,INC.1953. ユングは，序文で「本書は，精神病患者の心 ( プシュケー ) の興味ある内容を伝えてくれるし，また適切な理解が治療効果をもたらすということ」「今までの精神科医は心理学的観点が足りなかった」と述べている。また，本書にはいくつかの描画が収められているが，それについても「描画は，計り知れない価値を持ち，言語表現を増幅してくれる」と述べている。

4) H.K. フィールツ「臨床ユング心理学入門」加藤清・吉本千鶴子訳，海鳴社，1977

5) H.K. フィールツ「ユング心理学と精神医学」吉本千鶴子訳，ルガール社，1988

6) 例えば，武野俊弥 ( 文献 7)，横山博，川戸圓，角野善宏，老松克博等がその成果を発表している。

7) 武野俊弥「統合失調症の神話−ユング心理学から見た統合失調症の世界」新曜社，1994. 武野は，本書で，幻聴に対し，対話を試みさせるようにしたりといった臨床の作業以外に，ムンクの石版画シリーズ「アルファとオメガ」を取り上げ，ムンクがある程度治った理由として「何らかの形で現実の中に生き続けようとするムンクの意志と決意があったこと」を挙げている。

8) ユング「無意識の心理」高橋義孝訳，人文書院，1977（全集第 7 巻）本書は 1916. が初版になっているが，その時のユングの序文によれば，1912 に書いた「心理学の新しい軌道」に校閲を加えて成ったのが,この書とのことである。この 1912 〜 1916 というと，ちょうどフロイトとの対立・葛藤・決裂の時代のころで，相当，フロイトの精神分析を意識している感じである。なお，第 5 章の「ユングと神経症」に関する記述は，相当，本書に頼っているので，そのことを念頭に置いて読んで欲しい。

9) 第 1 章文献 21 参照

10) ユング「心理学と宗教」村本詔司訳（ユング・コレクション 3「心理学と宗教」人文書院，1989 所収）（全集第 11 巻）

11) ごく少数だが，統合失調症になったおかげで，人格が円くなったり，のびやかになったり成長したという元患者がいることはいる。これは私の経験や周りの治療者からの伝聞による。

12) フロイト「グラディーバに見られる夢と妄想」池田紘一訳（フロイト著作集 3，人文書院，1969 所収）本論文でフロイトは，「どんな妄想でも，そこには一片の真実が隠されている」と妄想の価値を認めている。

13) これは，治療上，とても大事なことである。我々は，症状や問題点が発生したときに，単なる原因（それも一つではない）だけでなく，何故「この時期に」「他ならぬこの人に」「どういう状況で」「どんな形で」発生したのかを問うだけではなく，その症状がどういう経過を辿り，またその症状出現の目的は何か，といったようなことを問うて行き，全体的・総合的に考えていくことが必要である。

14) マイヤー,C.A.『意識』（氏原博訳）（創元社），1996

15) 私は，本格的な夢分析については，あまり知らないが，治療において，夢が役立つことは経験している。それらを思いつくままにあげれば

①意識的な話し合いでは，出て来ない意外な事柄が，夢の中に出てくる。それらが，治療上の核心となる重大な対話につながる場合がある。

②将来の見通しを語ってくれる場合がある。初回夢に多いが，初回夢だけとは限らない。例えば，「友達と共に水の中に飛び込む」とか「妹と一緒に湖の中へ船出する」といった夢は，一つの可能性として「一人では恐いが治療に入っていこう」という決意を示すと考えられる。治療者・患者ともそれに支えられてうまくいったということを経験している。

③沈黙がちの患者など夢を持ってくることで，そこから対話が展開する時がある。また夢の材料に関する対話が，患者の表現力・思考力・創造力・直観力といった可能性を開発する。

④夢に出てきたことを頼りに将来の生きる希望にする。ある重症患者は「自分を真に理解してくれる人と，赤ワインと暖かいスープが印象的であったフランス料理を食べた」夢を見たが，彼女は，それを頼りに10年後にそのことを実現し，今改善している状態にある。これなどは，夢は目的を持っているということの証拠のような気がする。

⑤逆に，夢が危険を警告してくれることもある（仕事・遊びとも大活躍の中年実業家が，シルクロードのラリーで転落事故を起こす夢を見る。対話の後，相当忙しすぎることもあって，営業上の旅行を控えた結果，リラックスでき，よかったという報告をもらった。もちろん，旅行にいったからといって，事故や病気になるとは限らないが，彼は夢のお告げ・神のお告げに従った方が，健康には良かったと言っている。

⑥夢の中で普段できないことを実現し，それが実生活で役に立つ（ある内向型女性患者は，自己主張や拒絶ができず，たえず疲労し，うつ病や心身症で苦しんでいたが，ある時「上司に残業や忘年会出席を断っている」夢を見る。治療者とそれに関して話し合い，上手な断り方を勉強した彼女は，徐々に負担を軽くする術を学び，現在改善している）。

⑦夢の中では，現実の生活より生き生きした真に迫った体験をすることがある（ある離人症の患者は，夢の中ですごい地震とそこから必死に逃げ出そうとしている自分を見たが，その感じがあまりに強烈であったため，実生活で

も現実感を感じられるようになった）。

⑧夢の中の強烈なイメージを，絵にしてもって来続けた患者は，徐々に表現力，想像力を回復し，社会復帰できた。夢のイメージの治癒力は相当のものがある。

⑨夢を見ることは，自分が物語を創造し，その主人公となってその物語を生きることになる場合がある。その場合，患者は一種の，ささやかな芸術家になったような感じを持ち，これが自信につながる。

⑩普段の面接で話しにくいことを，夢の中で治療者に話せる場合がある。

⑪夢のシリーズを見ることによって，患者の底に流れている基本的問題が発見できる。

⑫象徴と共に生きることの大事さが，夢を見ることで実感させられる。

といったことが，浮かんでくる。

しかし，一方で夢が有害無益な場合①夢よりも大事な話し合いがあるのに強引に夢の話しに持っていく②夢を一面的に解釈する（ユングは文献16で「どうか，夢を理解しないでくれ」と述べている）ことで，他の可能性を排除する③夢の内容が，自我を圧倒する程強く，かえって患者が混乱する，等もあるので，夢が有効に働いているか害の方が強くなっているかに関しては敏感であらねばならない。

16) ユング「夢分析の実用性」江野専次郎訳（「こころの構造」ユング著作集 3，日本教文社，1970. 所収）（全集 16 巻）

17) 定方あきら「阿闍世のすくい－仏教における罪と救済－」人文書院，1984

18) 私からすれば，このユングの解釈は一面的に過ぎるように思う。

19) ニーチェの最も重大な作品で，原題は「ツァラツゥストラはかく語りき」(Also sprach Zarathustra) という書名である。ツァラツゥストラ（ニーチェそのものと考えていいが，そんなに単純なものではない）の言行録ということだが，内容は深遠すぎて，私の到底手に負えない。一応解説書（文献 20 等）を参照すると，「神の死」「超人思想」「力への意志（ユングが権力衝動と呼ぶもの）」「永劫回帰」「一切の価値転換」といったような思想が詰まっているとのことである。

20) 氷上・薗田・杉田・三島「ツァラツゥストラ」有斐閣新書，1980

21) 以下，本文中のツァラツゥストラの記述は，主に，文献 20.22.23 に基づいている。

22) 竹田青嗣「ニーチェ」(For BEGINNERS) 現代書館，1988

23) 手塚富雄訳「ツァラツゥストラ」世界の名著「ニーチェ」中央公論社，1966. 所収

24) 大石・大貫・木前・高橋・三島編「ニーチェ事典」弘文堂，1995

25) 登張竹風訳「如是説法，ツァラツゥストラ」山本書店，1935。本訳の解題の中のナウマン説によれば，ニーチェが，ツァラツゥストラ（ゾロアスター）の名前を採用したのはこの書が出るまでの沈黙・孤独の 10 年が，ツァラツゥス

トラのそれと似ているからとのことである。

26) 土居健郎「精神分析と精神病理」医学書院, 1965。本書の冒頭に, キルケゴール [27] の「人生は反復であり, そして反復こそ人生の美しさであることを理解しないものは, 手ずから自分に判決を下したも同然で, 所詮免れられぬ運命, つまり自滅のほかあるまい」という言葉を引用されているが, 私にはこれと永劫回帰の考えの相似性に注目する。つまり, どんな営みも一切は繰り返しであり, そして, どのような繰り返しを行うかで, その人の個性が決まってくるということなのだろう。これは特に治療の中で言える。私は, ある統合失調症患者に対し, 10年ほど, 繰り返し, 幻聴の内容と患者の心の内容の類似性を説き続けたが, あまり事態は変わっているように見えなかった。しかし, 10年目にして, 患者は, それを認めだし, 幻聴の支配から, 自らを解放したのである。そして, 後で, 記録を読むと, 繰り返しといってもそこに微妙な変化があり, 機械的な繰り返しではなかったのである。これから, 考えれば,「自分なりの反復や永劫回帰を生きること」が, 自己実現ということになってくるのだろうかというファンタジーを浮かべたりする。いずれにせよ, この永劫回帰の思想は, 人生においても治療においても深く考えてみる価値のある大きなテーマだと思われる。

27) キルケゴール「不安の概念」斎藤信治訳, 岩波文庫, 1951。キルケゴールは, 第4章で「真剣さにおいて根源性が獲得せられ保持せられる場合には, そこに継起と反復とが存在している」と述べている。

28) 林道義「ユング思想の真髄」朝日新聞社, 1998

29) 林道義「ツァラツゥストラの深層」朝日出版社 1979

30) ただ, ユングにとってニーチェは, かなり気になる存在だったらしく, 6年間に渡って, ツァラツゥストラのセミナーを開いたようである。その記録は、文献31. 参照のこと。

31) C.G.Jung,Nietsche's Zarathustra:Notes of the Seminar given in 1934-1939,in 2vols.(PRINCETON U.P.1988. 発行) これは, 聞くところによれば人文書院から邦訳予定と のことである。

32) 文献8では, サウロのことをザウルス, パウロのことをパウルスと訳しているが, 一般には, サウロ, パウロで通っているのでこの名前を記した。このパウロによってキリスト教の基礎が築かれたとも言える。

33) 文献8. では, ファウストが衝動に身をまかせた結果, 悲惨な事態を招いたとしているので, そこから推測すると,「理性対衝動」「自我対本能」「意識対無意識」といった両面的葛藤を指すのだろう。自伝で「ファウストは簡単にだまされ過ぎる」(もっと葛藤すべきだということにつながる)と述べていた点と比較すると面白い。ただ, もう一つ大事な点だが, ニーチェに葛藤があまりないように(「影との同一化」の強調のように)記してあるが, ツァラツゥストラなぞ読むとあまり, そうは思えない。至るところに対立の中で苦しむツァラ

336

ツァストラがいるからである。だから，ここでも，ユング流の書き方で，ゲーテ・ファウストのような「葛藤する人」に比較して，「葛藤せず，すぐ影と同一化する」ニーチェ・ツァラツゥストラを描きたかったのかもしれない。

34) フロイト側からの反論があったかどうかは，別として，もしフロイトが性的・還元的一辺倒であったとしたら，治療はうまくいかなかったような気がする。しかし，その後，フロイトは 83 才まで治療実践を続け，弟子も多かったということを考えれば，フロイトもある程度統合的で，性だけにこだわる治療者ではなかったように思える。もちろんアードラーの場合も事情は同じである。やはり，この時期 (1912 ～ 1916) は，両者との違いを明確にして，自分の立場を確立したいというユングの欲望が強く出過ぎているのであろう。

35) はっきりは書いてないので，改善したと簡単に考えていいかどうかは問題である。この結果や予後は，治療者や患者の立場からしたら知りたいところであるが，ユングとしては外向型と内向型の二つのタイプを強調することだけに力点がいっているのだろう。それでは，ユングであればこの K 事例にどう接したのか詳細を知りたいが，それに関しては何も書かれていないのは残念である。

36) 外岡豊彦「憂うつの心理」柏樹社 ,1985. 外岡は「抑うつ友の会」という自助グループを作っておられる方だが，うつ状態の時は「自殺しなければいい」「一時の苦しみを耐えられればいい」と述べている。事例 L に，こう言っても変わらなかったかもしれないが，ともかく，今の時期は生きることだけに専念して時がくるのを待つ，ユング流に言えば無意識の流れがどう変わっていくかゆっくり見ていくという治療的態度も一つであったかもしれない。ただ，ユングは，ここでは，「心的エネルギーがいかに気難しいか」「合理的とはいえ，一面的な生き方をすることが如何に恐ろしく破壊的なことになるか」（文献 8）を強調する方が先だったのだろう。

37) この斜面の問題は，確かに治療上でも重要で，一旦ある方向に行き出したらなかなかそれを変更したりすることは難しい。したがってエネルギーの有効利用はそんなに簡単ではないのだが，ユングの弟子のハーディングは，それに取り組んだ著作（文献 38）を書いている。

38) E. ハーディング「心的エネルギー ( 上 ) その源泉，( 下 ) その変容」( 上巻：織田尚生，鳥山平三，船井哲夫訳，下巻：鳥山平三，織田のり子，氏原鉄郎訳）（人文書院 ,1986 所収）本書は，第 2 次世界大戦の悲惨さを念頭に置き，「人間の本能における原始的で無意識的な側面をもっと効果的に手なずけ，そして根本的に変容させることは不可能だろうか」という思いで，心的エネルギーを探りその建設的な使い方を探求していったのだと思われる。ただ上巻で，彼女は「怠惰は太古的な態度に基づく第 1 次的で原始的な不活発の顕型で，過去の遠い時代にゆきわたっていた生の条件にふさわしい反応である」と述べているが，このことを上手に事例 L に伝え，今の無活動の意義を伝えたらどうなったのかな，という連想が湧いてくる。一般の治療でも，休息が仕事と同様の意義がありと

ても大事な営みであることを，うつ病患者に伝えるのは有効な場合があると思われる。

39  第2章文献31参照

40  この釘付け状態というのは，うつに限らず，不安，恐怖，怒り，不満など多くの心理状態で起きてきて，ここから脱することが治療目標になるが，まずこの釘付け状態を認識するだけでも治療にはなる。この釘付けというのは，絶対化，執着，こだわりと言ってもいいのだが，「釘付け」という言い方の方が，患者の印象に残りやすい。

41  文献8では，神話類型と訳されている。

42  第1章文献30参照

43  第2章文献149参照

44  ユング「超越機能」松代洋一訳「創造する無意識」朝日出版社, 1985. 所収（全集第8巻）ユングは，これをすでに1916年に書いている。私の感覚からすれば，治療のほとんどは，この超越と関わっているという気がする。

45  G.de ネルヴァル「オーレリアー夢と人生」佐藤正彰訳（「ネルヴァル全集III」築摩書房，1976所収）ネルヴァルはシュールレアリストの元祖とも呼ばれたフランスのロマン派詩人・小説家である。「夢は第2の人生である」で始まるオーレリアは，それこそ，元型や普遍的無意識や神話・宗教・伝説の宝庫で，私の大学初期からの愛読書である。

46  何度も繰り返して恐縮だが，フロイトに統合的視点がなかったとは思えない。

47  いずれにせよ，客観的気付きを，主体の中でどう位置付け，どのようにそれを生かしていくかは，治療上大変重要である。

48  能動的想像法の始まりは，ユングがフロイトと別れた引きこもり時代のころと思われる。自伝の「無意識の対決」の中には「私が情動をイメージに変換することができた限りにおいて，私は内的に静められ，安心させられた。…私の実験の結果，情動の背後に存在する特定のイメージを見出すことが，治療的観点からいかに役立つかを知ることができた」と記しており，これが，能動的想像の始まりだと思われる。能動的想像とは，一種の対象化，間接化，相対化であり，直接体験的情動の超越化とも言え，治療的に重要なことはいうまでもないだろう。

49  H.S. サリヴァン「精神医学の臨床研究」中井・山口・松川訳，みすず書房，1983

50  H. コフート「自己の修復」本城・笠原訳，みすず書房，1995。本書でコフートは「真に音楽的な人間には高度に発達した非言語的音楽的過程が存在していて，そのような人の自己愛均衡を維持するために音楽活動が重要な貢献をしていることは疑う余地がない」と記している。ただ，音楽的でない人間もいる訳で全ての人に音楽が治療的であるとは言えない。

51  だから，誰のための何のためのプライバシーかが，常に問われねばならない。

52  自伝に載っている事例である。

53) これは，第2章文献84に載っている事例である（全集18巻）。

54) 第2章文献83参照

55) 「全力を尽くして最後まであきらめずに粘り強く治療を続ける治療者像」対「自然や運命の教えるところ，定めるところに従って無理なことや無駄なことはしないという観察者像」という，二つの対立物は，どのように調整されていくのだろうか？あまり気張らずにゆっくりこの問題を考えて行きたいと思う。

56) これは，やや万能感的発言のような気がする。印象だけのレベルであり，全ての例を全部調べ尽くさないと正確なことは言えないだろう。ただ，このような万能感が程好くある方が治療が進む場合もあるが。

57) 福島章「青年期危機犯罪の1例」：精神療法，第21巻，2号,1995。福島は，この論文で，殺人など11の罪で起訴されている青年の鑑定例を紹介しながら，この青年にいくつかの治療（攻撃性をしずめる薬物，未熟な脳波に対する抗てんかん剤の投与，教育的・カウンセリング対応など）がなされていれば，死刑囚への道を辿らなくてもよかったのでは？と，問うている。これは，大変重い問いであり，今どうこう言えるものではないが，少なくとも，非行少年の変化可能性を信じているということなので，今後の動きに注目したい。

58) 第2章文献34参照

59) 第2章文献132参照

60) 第2章文献135参照

61) 第4章文献29参照

62) 自伝に載っている事例である。

63) 石川元「思春期危機－家系図療法の試み」臨床精神医学、第15巻第6号,972,1986,344，一種の「影（今まで抑えられていた宗教心）の反逆」と言ってもいいだろう。

64) ユング「集合的無意識の諸元型について」林道義訳（「元型論」紀伊国屋書店,1999.所収）全集第9巻I

65) これは，自伝に載っている事例である。

66) 成田善弘「青年期境界例」金剛出版，1989

67) 第2章文献84参照

# 第6章 : 元型の治療的意義, 転移, 自験例
## (8の夢事例)

## 1. 元型の治療的意義

〈ユングの治療例が少し分かってきましたが, 後治療的に大事な点はどんなものですが〉

ーもう紙数が尽きて来たので, 元型の治療的意義と転移だけに絞りますー

〈そうですね, ユング心理学と言えば, まず元型ですから, 是非お願いします。それでそもそも元型って何なのですか〉

### a. 元型とは? (我々を根底から動かすもの)

一一口で説明するのは到底不可能なことですが, まず一番私の念頭に浮かぶのは「我々を根底から動かしているもの」というイメージです。

以下, ユングの著作や, 渡辺, サミュエルズのものも参考にさせてもらって元型を説明すると次のようになります。

　①元型とは, 集合的無意識という深い層において人間の精神・身体・行動に深い影響を与えている。

　②人間を動かすものとしては, 本能や欲求や理想等様々なものがあるが, 元型は最も根底にある本能欲求と関連のある心の行動を構造化するための型である。それは最下等の行動から最上等の行動までをも規定すると思われる。人間の行動や心の動きを規定する表現として元型的パターンという言葉が使われる。従ってそれは, 健康と病気, 建設と破壊, 生産的・創造的なものと反対のもの, 幸運と不運, 平穏と危機, 危機の克服と危機への呑み込まれ, 成長と未発達・退行といったさまざまなことと関係してくると思われる。ということは, 人間の成長や変容をかなり左右するものだと考えられる。

また本能欲求だけでなく，本能的直観や，本能的知覚や把握とも関係する。「直観の元型」や「知覚と把握の元型」と呼ばれるもので，これが働くかどうか，あるいはどう働くかによって人間の運命が決まってくるように思われる。

③元型が，混沌に満ちた心や行動を構造化するための型だとすると，その具体的現れが元型イメージで，それは影，ペルソナ，アニマ・アニムス，グレートマザー，老賢者，セルフ等多数のものとして人格化 (擬人化) されることが多いが，動植物や物の形をとることもある。

④ただ，そのイメージは，普段はあまり意識されず，夢や幻覚の中の人物像や，他者に投影された形で現れる。ただ，そのイメージをどう解釈するかは大変難しく，その解釈の仕方にも元型的パターンが関わっているかもしれない。

⑤元型は，相当長期にわたって（おそらく人類の発生以前から）遺伝的に受け継がれてきた，心の主要部分・基本的パターンである。また人類の多くの経験も積み重なっていることから，先天的部分と後天的部分の複合体でもある。もちろん，それは簡単には分けられない。

⑥元型的モチーフ（元型が表現される動機となる中心思想) は，神話の人物や主題をはじめ，歴史・伝承・伝説・おとぎ話・文学等に普遍的に現れる。また，それは地域や時代を越えて，至るところに存在していると思われる。以上から考えると元型は人間の夢想や空想やイメージの根底をなしているようである。

⑦元型は，archetype の訳であるが，時に原始類型，神話類型，祖型とも訳されるし，また元型と呼ぶ以前は，原像，原初的イメージ，dominants（調整者）とも，ユングによって呼ばれていた。元型には整合的役割もあるようである。

⑧元型はヌミノース的とも言える圧倒的で物凄く強力で魅惑的

な力を持っているので，それを上手に利用できるか，それに巻き込まれて破滅するかは，生きる上での鍵である。元型に対してどう対処できるかは，その人の自我の成熟度やその時点での心身の状態，人間関係などの状況によると思われる

⑨元型概念は初めて現れたものではなく，プラトンのイデア，ヘルメス文書の中の元型，アウグスティヌスの根源的イデア，カントの知覚の先験的カテゴリー，ショウペンハウエルの原型などに，その先駆的なものが見られる。これらは元型の元型と言っていいだろう。

⑩元型は時空や因果を超越していると思われ，元型的現象(元型が大きく関わったと思われる現象)は，共時的現象(因果関係を越えた意味の一致を見る現象)と関連すると思われる。

⑪元型概念は，エネルギーやアーラヤ識と同じで，それ自身，実体を持たないが，その概念で多くのことを説明できるように思われる。

といったようなことです。これはこれまで，ユングについて述べてきたことの集大成のようなものです－

b．元型の治療的側面

〈何か，ぼんやりとは元型のイメージが湧いてきましたが，細かい点はまた別の機会に伺います。それで，今度は，元型，もしくは元型概念はどう治療に役に立っているのか，といったことについて教えてくれませんか？〉

－これも思いついたままで答えます。

①まず，患者・クライエントを理解しやすくなります。元型パターンに馴染んでいると，患者が来たとき，その表面の状態・状況・欲求・恐れといった背後に動いているものが見えやすくなります。

②それと，患者の様々な現象を整理してみていくことに役立ち

ます。まさに患者理解のドミナント(多数の解釈の調整役)を引き受けてくれるからです。

③元型を知っておくことにより,想像力が広がります。元型は,夢・神話・メルヘンの世界と直結し,そうした神話物語的認識を基礎にして患者を見ていくと,いろんな面が見えてきます。

④また,治療者は自分のやっていることが,古代から連綿と続く歴史的な意味あることと感じられ,治療者の治療意欲がかきたてられます。このことは,患者の治療意欲増進につながります。

⑤同じことですが,患者や治療的営為の一つ一つが非常に興味深く面白くなります。詩人の谷川雁が「面白いこと。まさにそれのみをやらねばならない」と呼びかけたように,困難な治療活動を続けるにも面白さの持続が必要です。フロイトの禁欲原則はそれはそれで意義があるのですが,治療の『面白さ追求欲』にはふたをしなくていいと思います。

⑥主要元型はもちろん実体的概念ではなく,一つのメタファー(隠喩,暗喩,比喩)と捉えた方がいい。ただ,元型を知ることで,この患者のペルソナの具合はどうか,影の内容はどんなものか,アニマ・アニムスは誰にどのように投影されているかなど,いろいろ考えることが出来て便利なだけでなく,理解が広がる。

⑦患者だけでなく,治療者や,又両者の背後にいる多くの人々の元型パターンを考えることで,全体のコンステレーション(布置)がわかり,いっそう理解が深まる。

⑧元型を使っての全体の理解が深まると,治療困難な理由や治療者が追い込まれる事情がよくわかり,治療者も患者も安心感が持てる。

⑨元型と言う豊かなイメージを背景に持っていると,何より治療にロマンが広がる。昔から「人生は出会いとロマンだ」と思っ

ていた私は，元型のお蔭で治療活動をロマン豊かなものに出来
　　る。

といったようなものです－

〈今言われた元型の持つ治療的意義は，一応，理解が深まる，種々
の観点の整理が出来る，想像力の増大，歴史的意味の発見，面白
さ，元型を比喩として使うことの意義，布置の理解，安心感の獲
得，ロマンの彩，といったことと考えていいんでしょうか〉

－まあ，そういうことになりますかね－

〈ひとつ，重大な疑問が湧きました。今言われた九つの点は何も
元型概念を持ち出さなくてもいいじゃないですか？何故わざわざ
元型が出てくるんですか？〉

－仰る通りです。もっと率直に言うと，私は元型が好きなんで
しょうね。でも好き嫌いだけで元型を論じるのは，どうかと思
います。まあ，この後，「元型の治療的意義」という本の刊行を
予定していますので，その時，もっと詳しく述べたいので，今
日の所はこの辺でご勘弁ください。その時は，出来れば，人間
の歴史を深い所で動かしている元型(集合元型のような)につい
ても論じたいと言う希望を持っています。特に，日本が何故日
中戦争・太平洋戦争に突っ込んで行ってしまったのか，あの当
時の日本国民を捉えていた集合元型とは何であったのかも述べ
られれば嬉しいです－

　ｃ．元型の持つ危険性

**①元型概念は出発点にしか過ぎない**

〈期待しています。ただ，私は何も元型概念を貶めようとしてそ
んなことをいったのではないんです。元型を治療的に生かした
かったからそう言っただけです。それで，今元型のいい所ばかり
を言われましたが，危険な面はないんでしょうか〉

－一つは，元型を実体化したり，絶対的なものと捉えて患者を無

理矢理それに当てはめて理解しようとするやり方です。これをすると，患者との間に齟齬が生じ，早晩治療は上手く行かなくなります。それと早く元型パターンを発見しようとして，患者のペースを考えずに，描画や箱庭や夢分析を導入しようとするやり方です。これも患者を苦しめ，傷つけるだけです。元型パターンはあくまで一つの仮説であり出発点です。それを絶対化したり固定化することの無いようにしていくことが，治療や生きることを豊かにしていきます－

## ②元型の研究を優先するユング(太陽ファルロスの事例の治療はどうなったのか?)

〈それと元型を治療的に生かす事より元型の探究だけに走る危険もないんですか〉

－それも有りえますね。だいたい，ユング自身がそういうことをやっているようです。どういうことかというと太陽ファルロスの事例で説明します。

かの有名な『太陽のペニス』(solar phallus ) というモチーフを見た患者の事例があります。この事例が載っている『集合的無意識』でのユングの記述を追うと，

①1906 年，ある患者の珍しい空想に出会う。彼は頭を左右に動かしながら太陽を見つめていた。

②ユングが，聞くと彼は「太陽のペニスが見える。私が頭を左右に動かすと同時にそれも動く。そしてそれは風が原因である」と答えた。

③その4 年後，1910 年発行のミトラ教の儀典書について書かれたＡ．ディーテリッヒの本にユングは出会った。

④この内容は〈ヘルメス文書〉と一致している。

⑤ディートリッヒの文書の中に「光を三度，吸い込むべし。さすれば汝強くなり，かつ引き上げられ，高見に昇り行き，つい

に空中に留まるが如く感ずるならん。……可視の神々の歩む道
は，日輪を貫きて，すなわち我が父なる神の中心より現る。同
じく，神に仕うる風の源たる，かの筒もまた可視となるべし。
すなわち汝，日輪より垂れ下がる筒を見るならん。これ西の方
角を向けばたちまち東風起こりて止むことなく，東の方角を向
きて命ずれば西風となる。かくの如く筒の方向によりて様相，
逆転し，あるいは移ろいゆくのを，汝見るならん」

と，記してあったと述べています。

ユングは「ここの，火と太陽の神は，類似のものが歴史の中に
あることを証明できるような形象であり，例えば黙示録のキリス
ト像と密接な関連を持っている。それゆえこれは集団表象であり，
儀礼行為の描写である」とし，「この幻像は，はっきりとエクス
タシーの性質を持った宗教の世界に組み込まれており，神秘的な
神体験への参入を描いているのである」としています。

続いて，ユングは「この患者は，私に対して好意的だった。と
いうのは，私が彼の馬鹿げたイメージに興味を示した唯一の人物
だからである」とし，「彼は導師で自分（ユング）は弟子であり，
彼は太陽神であり，風を起こしていたのである」としています。

そして，「この患者の幻像とミトラ儀典文の一致は偶然的なも
のではないということが証明されなければならない。実際，中世
の受胎告知の絵は，『風の筒』（神の玉座からマリアの体内へと筒
状のものが伸びている）というイメージを描いている」としてい
ます。すなわち，ここで，患者の空想と，ミトラ教の儀典書との
共通点として，

①太陽にペニスが垂れ下がっている（日輪より筒が垂れ下がっ
ている）

②頭を左右に動かすと同時に太陽のペニスも動く。これは風が
原因である（風の源たる筒，筒が動くと風が起きる）

ということを挙げています。また「風の筒」というのが「受胎告知の絵」(神の玉座からマリアの体内へと筒状のものが伸びていて、そこを鳩や幼な子キリストが舞い降りてくるさまが描かれている)にも現れているということも、挙げているのです。

ユングは、この「太陽と風の関係」について、

①患者は太陽神そのものであり、頭を左右に振って風を起こしていたのである

②このような儀礼による神への変容は、イシスの秘儀の中に、太陽神(ヘリオス)になるという形で存在している

③「供うる風」とはおそらく受胎させる霊(プネウマ、風)を意味している

④この霊は太陽神から魂の中に流れ込み、魂を受胎させる

⑤太陽と風の結び付きは、古代の象徴の世界ではよく見られる

といったことを述べています。そして、ユングによれば、患者はこのようなミトラ教の儀典書なぞ知るはずもないので、この患者の幻像は元型的であることが証明できるとしているのです。要するに全くしらないのに時代や地域を越えて普遍的イメージ(無理に名前をつければここに「太陽-風元型」「風-霊元型」からくるイメージとでも言えるかもしれません)が、現れてくるからということだからです。だから集合的無意識も証明できると言いたげです―

〈でも、これって、ユングの捏造だったということをリチャード・ノルは言っているんでしょう?〉

―それは今は問わないにしても、問題はこの患者に対する治療的接近です―

〈といいますと〉

―つまり、この『太陽ファルロスの男』シュヴィーツアーの治療はどうだったのか?という疑問です。

これだけ元型心理学に貢献してくれた人物のその後の運命は気になるところです。

　それだけでなく，彼の入院理由，それまでの歴史，入院後の治療内容とその結果，彼の入院後の生活とその経過，太陽のファルロス幻覚はいつ頃生じたのか？それは彼の人生にどんな意味を持っていたのか？その幻覚を彼の意識に統合し彼の治療に役立たせることはできなかったのか？彼は入院中何を望んでいたのか？退院を希望していたのか？退院したり退院後の生活が出来る可能性があったか？いったいシュヴィーツアーはユングのことをどう見ていたのか？逆にユングはシュヴィーツアーの治療や処遇をどう考えていたのか？といった様々な疑問が湧いてきます。

　それに私が一番疑問に思うのは，この「集合的無意識の概念」の中で，シュヴィーツアーのことを「この患者は若いときからこの病い（パラノイア性統合失調症）にかかっており，治る見込みはなかった」と，ユングが書いているところです。
ユングは自伝で「すでに，今世紀（20世紀）の初めに，私は統合失調症者を心理療法的に治療していたのである」と書いている所とかなり矛盾します。

　このユングの「治る見込みの無さ」発言は問題です。せめて，「当時，私 or 我々は，シュヴィーツアーに治療的努力を行ったが，彼はほとんど反応しなかった」とか，「彼はかなり激しいパニックに陥ったので，それ以上の治療的介入は避けるべきだと判断した」とか書いてくれると納得できるんです。

　ということで，常に治療実践を考え，治療実践だけを行い，治療実践の観点から患者や現象を検証していく私のやり方とは，少し違和感を感じましたが，ここはまた次著でゆっくり考えて行きます―

〈今の話を聞いているとユングは，元型の探究とその証明に躍起

になっていて治療のことはあまり念頭にないようですね。これが，当時の精神医療の状況のせいなのか，ユングやユング心理学の持つ一つの危険性なのか，また別の事情が考えられるのか，Bさんの次著『元型の治療的意義』がますます楽しみになってきました。期待しています。それで次の大事な点は？〉

## ２．転移について
－これは少し治療的です。治療の中心的な問題である転移についてです。

　ユングの転移についての考えを少し追ってみます。

　①転移はアルファでありオメガ

　ユングは，1907年に初めてフロイトと会っているが，その時のフロイトの質問「転移についてどう思うか」に答えて，ユングが「それは分析のアルファにしてオメガである」と言うと，フロイトは「あなたは，もっとも大切なことを理解している」と述べたとのことである。

　これから考えると，ユングはフロイトと同様，初期から転移の重要性を考えていたと思われる。転移は確かに治療の基本の一つではある。それは時に破壊的にもなるが，一方でとても治療的になり，生産的にもなりえる。それは，患者・クライエントに，気付きや自覚をもたらすだけではなく，症状だけに釘付けになった状態から，新たに「治療者との関係」に移動（転移）させてくれるという側面があり，治癒要因の重大な一つである。しかし，治療過程で起きる現象を何でもかんでも転移で考えるのは，どうかとも思われる。転移は，単に一つの要因であると思われるが，難しいのは転移的要因と非転移的要因の区別ではないかと思われる。

　要するにどこに転じて移動するかが問題なのである。

②転移とシュピールラインの体験

ユングとフロイトの①での応答と関係するが，ユングは初期に精神病患者達と治療的に関わっている。精神病者の転移は普通のそれに比べ，かなり，強烈なので，すでにそれを肌で感じていたのかもしれない。

またシュピールラインの治療を受け持ったのも，精神科医になってから4年目の1904年のことで，ユングは彼女との関わりの中で，相当の深い転移・逆転を経験した思われる。肉体関係に至る程の激しい関係の中で，両者はそれぞれに苦悩した思われるが，これは後のユングの転移に対する考えに相当影響を与えたと考えられる。ユングがどれだけ困っていたかを示す証拠として，フロイト宛の書簡がある。1906.10.23. のフロイト宛の手紙では「病歴6年、20才になるロシア人女子学生で厄介な症例です」といった形で，フロイトに，シュピールラインの相談を持ちかけている。1907.7.6. のフロイト宛の手紙では『シュピールラインの最大の願いは，私（ユング）の子供を授かること』と記してあり，さらに1909.3.7. の書簡では『私（ユング）が，彼女（シュピールライン）を病気から救ってあげたのに，彼女は，私の子供を断念させられたために，私の信頼と友情を裏切っている』と，述べている。シュピールラインに関するフロイト宛書簡はまだまだあるが，このさわりの部分だけでも，治療者患者関係（だけでなく，男女関係，人間関係）の難しさが伺える。

③神秘的融即（投影同一化）

転移の中でも，厄介なのが，精神病的転移で，その中心は，分析で言われている，投影同一化という現象である。1912年に出版された『リビドーの変容と象徴』の中で，ユングは，人類学者レヴィ・ブリュールが言うところのparticipation mystique（神秘的融即のことだが，神秘的関与，分有，参加と様々な訳がある）をとりあげているが，この神秘的融即こそ，投影同一化と同じような現象だと考えられる。

サミュエルズによれば，この神秘的融即というのは，主体と対象の関係の一型式で，それは自分と対象との区別がとれない関係であるとのことである。神秘的融即とは，早期の防衛手段でもあるが，成人の病理にもあらわれ，その働きによって，主体は内界のものの見方に従って外界の対象をコントロールし，色づけするとされている。また，このようにして元型的に受け継がれたものが，外的な世界に影響力を行使する。さらに相手の欲求を予感したり，相互に依存し合えるのは，この神秘的融即が作用するためであるとのことである。

この，神秘的融即というのは，治療者・患者関係のような深い関係では，必ずといって生じてくる自然発生的現象のようなものであるので，これを消滅することは不可能に近いと思われるが，大事なのは，この現象に気付き，幻想・投影と現実の区別化作業を絶えず行うことであろう。そうすると，幻想も現実もともに大事にされ，生産的・創造的になっていくが，この区別がうまくいかないと，破壊的妄想や悪性の退行を引き起こし，治療を著しく妨害することになる。

精神病レベルだとなかなか間接化ができないので，転移そのものに呑み込まれてしまう。だから，精神病では特に最初から間接化能力の育成が大事になる。

④転移は投影

1935年の，タビストック・レクチャーで，ユングは転移について「転移の問題でひどく悩んだ」「これで悩んだ結果，象徴や相似性についての研究を始めた」と述べ，「転移は，投影の一つの形態である」とし「こうした投影は無意識的で自動的で

自然発生的な現象で，概して強迫的・情動的だと言える」と続けている。そして，「治療者は患者の情動を受け止め，その情動を映し出してみせることが義務です」としている。ただ「投影が必要でないのと同じく，転移も必要ではありません」「投影も転移も意識化によって解消しなければなりません」「転移が存在しなくても分析の材料は獲得できます」という形で，できれば転移はない方がいいということを言いたげである。しかし，転移は自然現象であるから，起こってくると解消しなければならない。そしてユングは，転移を取り扱う際の4段階について論じている。

私の観点からしたら，転移が無くなるなぞ有りえないことなので，解消よりは，まあまあ納得のいく解決を目指すということだろう。

⑤転移の心理学

1945年には，それまでの転移に関する考え・経験の集大成として『転移の心理学』を出版した。序文から拾ってみると，転移は心理療法家なら誰でも経験する難しい問題であり，長期例では必ず転移現象が起き，転移が治療の正否を握っているが，また転移の解消は簡単ではない，としている。

ただ，初期の頃（フロイトとの出会いの頃）の過大評価は薄れ，転移の重要性は徐々に相対的なものになってきたが，それでもある患者には治療薬となり，他の人には劇薬になるという形で，転移を薬に例えている。

私の経験で言うと，薬も逆に転移に例えられると思う。というのは，薬は単なる補助手段にしか過ぎないのに，患者は多大の幻想・恐怖を薬に投影するのである。従って，ギャバードも言うように，薬物療法を主にやっている医師に対しても患者は心理療法家と同じくらいの転移を抱くという気がする。これは，

患者だけではなく治療者にも言え，特に薬に関する正しい知識や治療経験の少ない治療者ほど，薬幻想や薬恐怖が著しい気がする。

この薬幻想（転移・投影）は，治療者幻想と同じく，患者の中では相当に根深いものがあり，いくら「治療の主役はあなた（患者）であって，薬や治療者は応援部隊にしか過ぎない」と言っても，納得はしてくれない。

⑥転移と結合の神秘

この転移の根深さと関係するのであろう，ユングは転移に関する思索・研究を深めた結果，錬金術が転移現象を解明する導きの糸であるとしたのである。

ユングは，錬金術における〈結合〉・〈化合〉と、人間関係における親和力や性愛関係が類似しており，両者がいかに強力なものであるかを述べている。また転移の有益さ（治療者の健康な心と，患者の平衡を失った心が，合成されるといった）と害（患者だけでなく，治療者も健康を損なうということ）も，繰り返し述べている。だから，これも繰り返しだが，ユングは「私個人としては，転移が穏やかに経過すると，あるいは臨床上は現れないと，そのつど胸をなでおろす」と告白している。

転移の根深さ，強力さの象徴として，錬金術の〈結合〉をもってきてくれていることで，私には，転移の秘められた激しさを生き生きと感じられるという実感がある。

⑦衝動の象徴化

ユングは，転移の原因として，性愛的側面と権力意志をあげているが，それ以外にその衝動活動が象徴的性格を持つ場合（気質が精神的な側に傾いている人の場合など）もあり，その場合は，衝動を象徴的に満たすことが優先されると述べている。私の経験によれば，この衝動の象徴化こそ，治療の重大要因の一

つと思われるし，逆に患者におけるこの象徴化の困難が，患者や周囲を苦しめたりするのである。

⑧近親相姦元型

ユングは，この衝動の激しさを示すものとして，近親相姦衝動を取り上げている。それは，フロイトが，転移を最初は家族への投影としてとらえていたこととも関係するが，転移を「精神史の中で非常に重要な役割を果たしている近親相姦元型の活性化」ともとらえうるのでは，とユングは言っているようである。近親相姦衝動の強力さは，前述の「錬金術における〈結合〉」と同じくらい，転移の強烈さをイメージさせてくれると思う。

⑨絡みつき

この転移の背景をなす近親相姦感情は，目には見えないが，蛸の足のように両親や子供に，そして治療関係では転移感情によって，治療者や患者に絡みつくと，ユングは述べている（私は，境界例患者が「鼠と蛸の合体動物」として出てきた夢を見た［拙著『境界例の治療ポイント』【創元社】］が，ユングのこの部分を読むと合点がいく）。

無意識内容に，このような転移の「蛸の絡み着き現象」がある以上，その無意識が活性化すると，意識のエネルギー喪失（心的水準の低下）や無意識内容の自律的活性化が起き，精神病の前段階のような状態になる。その時，意識は無意識の大海の中にある島のようなもので，これは絡み着いてくる無意識の脅威に対する最後の砦になる，とユングは言う。不用意な無意識の活性化は，津波や洪水をもたらし島や自我を呑み込んでしまうので気を付けねばならないということであろう。

⑩協力の重要性

だから，ユングは，第一質料（錬金術における始まり。治療開始時の混沌状況と考えてもよい）すなわち無意識内容を扱うこ

とは，治療者に限りない，忍耐，勇気，心の平静，知識と力量とを求め，患者には逆に最善の努力と，治療者も無関係ではいられなくなるほどの苦悩する能力を求める，と強調するのである。これはまさに，治療が，治療者－患者双方の共同作業であることを実感を込めて伝えている。ただ，現実には，治療者は「治療では患者が主役」と考えたり，患者は患者で「先生こそ自分を治してくれる」と，責任を押しつけ合ったりする場面が多々出てくる。この時，治療における共同責任の自覚と，両者の協力関係が鍵を握ると言う認識が必要である。

⑪抵抗の重要性

それに関連してだが，ユングは，患者の抵抗にはそれなりの深い意味と正当性があるので，いかなる場合にも説得やその他の強引な方法でそれらを封じ込めてはならない，と述べ，さらにそうした抵抗が，患者にとってしばしば克服しがたい圧倒的な内容から生命を守るための重要なメカニズムだと考えて真剣に対応しなければならない，と続けている。抵抗は，患者の主体性の芽生えかもしれないし，又残された最後の砦かもしれない。だから，妄想という抵抗は，患者にとっては一つの聖域であり，強引にそれを破壊しようとすると，重大な事故を引き起こしかねない。

⑫個性化過程とマンダラ

又，ユングは，⑩と同様のことを，「〈錬金術は人間全体を要求する〉とあるが，この言葉は心理療法についても完全に当てはまる。……治療者は実現可能だと思えることを是が非でも限界まで追求していかなければならない。さもなければ患者も自分の限界を知ることができないからである」と述べ，その目標が自己という〈人格の統合体〉であり，その具体的現れを最初に暗示するものとして，マンダラ象徴をあげている。さらに，ユ

ングは「転移現象は疑いなく個性化過程に属する，もっとも重要でもっとも内容豊かな症候群の一つ」とも述べており，転移－個性化－自己－マンダラ，といった一連の関連性を示している。

ここは，とても大事な部分である。ともすれば，個性化というのは，自分の内部だけの出来事のように感じられるが，実は『他者や社会と如何に関わるか』といった最高の難問に対する解決作業なのである。だから，転移とは個性化過程である。

⑬作業（オプス）の重要性

ただ，そうはいっても，実際に，個性化や心理療法の目標に到達するのは大変難しい。だから，ユングは「目標はただ理想として大切であるに過ぎない。目標へと導く〈作業（錬金術ではオプスのことで，心理療法では治療的営みのこと）〉こそ重要なのである。作業は人生を続けることに意味を与える」と述べるのである。

しかし，ユングのこの言葉に甘えて「治療が目標まで達しなくてもいいや」と安易に考えたり，逆に「治療が不完全だ。自分は治療者として失格だ」と極端な自己否定に陥るのも，どちらも治療者としての進歩は止まってしまう。

⑭個性化過程の意義

このように，ユングは、心理療法の過程，即ち転移現象の変転や個性化過程，無意識の統合過程を，「〈哲学者の薔薇園〉の一連の挿し絵を材料にして転移現象を論じる試み」として，10枚の挿し絵を中心に述べていく。

⑮賢者のバラ園1

第1の挿し絵である「メルクリウスの泉」では，錬金術や心理療法過程の出発点を示してくれているようである。メルクリウスとは，ギリシア神話のヘルメスのことだが，ここでは，変転

きわまりない，そして捕らえ所のない無意識そのものと考えられる。この捕らえがたい無意識を統合しようとする作業が心理療法であるが，この絵の中にはそうした統合を表す，種々の象徴がある。

例えば，挿し絵の中の4個の星は4元素を示し，その4つの統合の象徴として第5の星が真ん中の上方に置かれている。また太陽と月が描かれ，これも結合を待っている。さらに中心のメルクリウスの泉に注ぐ3本の管は泉の中で1つに統合される。ユングは，これを三位一体と言っている。また2匹の蛇もメルクリウスの二重性を現し，これも結合されるのであろう。また蛇が悪魔的なものを表すので，この蛇そのものが意識や霊性の中に統合される予定であると思われる。

⑯賢者のバラ園2

続いて，挿し絵は，［王と女王］［裸の真実］［浴槽の水に漬かること］［結合］［死］［魂の上昇］［浄化］［魂の帰還］［新たな誕生］と続き，それぞれに転移現象や，錬金術・心理療法過程が，ユングによって考察されている。

挿し絵で見ると，いっそう治療過程が生き生きと感じられ，臨床が楽しくなってくると同時に，一方で恐ろしい感じも，もたらされたというのが実感である。いずれにせよ，イメージは力を持っている。

といったようなことが浮かんできました－

〈これを見ると，転移のすさまじさがよく実感できました〉

－ただ，転移に限らず，人間関係ってこういう錬金術の化合以上に激しい所があるんですよね。その中でも，心理療法と言う関係は，いきなり秘密を多く含んだ困難や難題を持ちかけられ，すぐに抜き差しならない関係に入り込まされる訳ですから，その激しさが何十倍にも濃縮して味わわさせられるということでしょう。

ただ，常々思うのはこうした激しい人間関係・転移関係を図版にしてくれるとその生々しさや凄さが和らぎ，何か絵本を見るようなほっとした感じを少し与えてくれるということです。この点でもユングは絵画的で視覚的な人かなと思いました。ユングは，「情動をイメージに変換することで落ち着く」といった趣旨のことをいっていたようですが，こうしたことの治療的効果は魅力的でやはりそこにユングの真骨頂があるのかなと感じました−

## ３．自験例(夢の治療ポイント)

〈ユングのことばかり，色々いってきましたが，肝心のＢさん自身の治療例はどうなんですか〉

−これは紙数の関係もあって，簡単な例だけでお許しください。また別の機会に長く詳しい事例報告をしたいと思いますので−

〈それは仕方ないとしても，Ｂさんがユングから受けた影響で一番大きいものは何ですか〉

−それは沢山あるでしょうけど，やはり夢ですね。夢に関しては，本当にユングからいろんなことを教わりました。夢は言語だけではなく，絵画的視覚的イメージとして圧倒的な迫力で迫ってきます。この図像的映像が夢の一番の魅力なのでしょう。そして，つくづく，治療はイメージの変転によって可能になると言う事が実感できます−

〈ユング心理学は夢から出て来たと言ってもいいほどですが，Ｂさんは夢についてどう思っておられるのですか？〉

−夢は非常に有用だと思います。中には「夢のような戯言」「夢に過ぎない」「夢の話をしても無駄だ」「夢は荒唐無稽である」「夢は創作に過ぎない」という考えが現在でも根強いようです。

　これに関しては敢えて論駁する気はないが，夢は明らかに「もう一つの現実」です。Nervalが「夢は第２の人生である」と呼

んだぐらいです。別の現実があるのにそれを気付かないでいるのは，横に魂の泉があるのに「心の渇き」をそのままにしているようなものです。自ら，豊饒のオアシスに心を閉ざしている等気の毒としかいいようがありませんが，本人がそれで生活できているならとやかくいうことはないのかなと思います。夢を活用して，豊かで創造的な人生を送るか，夢のない人生を送るのかは，その人の決断次第でしょう。

　以下に私の自験例を示します。ある研究会での資料をそのまま提示します－


【資料】
【夢の治療ポイント】
**❶無意識の意識化（夢により，普段気付かないことを気付かせてくれる）**

　フロイトは「夢は無意識への王道である」と言ったように，夢は無意識という第2の現実に気付かせてくれる。気付くことの重要性は言うまでもない。我々は全て気付きによってその時の適切な行動を決めているからである。もっとも，真実であるが辛い内容（癌の診断など）の気付きに圧倒され，それを適切な治療という形で有効に使えないどころか，落ち込んでしまう例もあるので，その時には気付きを受け止められる心の手当が必要であろう。無意識とは，通常は簡単に意識されない「第2の現実」であるが，夢，心身の症状，錯誤行為などで，その片鱗が少し気づかれ，面接や自由連想，瞑想や催眠などによって，その全容がはっきりしてくる（完全にわかる訳ではないが）というものである。

　無意識に気付くことで，我々は心が広くなり，謎が解け，心の理解が深まり整理され，適切な日常生活と対人関係，正しい決断が可能になることが多い。勿論，これは簡単に行かないことが多

く，また気付いた内容を生かすどころか，それに振り回されてしまうことも多いのである。

【DA 例：鞄を忘れる夢】

　夢で無意識に気付いた簡単な例を二つ挙げる。DA 例は，なんとなく疲れやすいということで各科を転々として筆者の元へきた。彼は「最近，しきりに鞄を忘れ，狼狽してしまう」という夢をよく見るとのことであった。この反復夢を二人で共同探求したところ，「どうも鞄には会社の書類が入っていること」「鞄を忘れるというのは，わすれたらどうしようという不安の昂まり，ひょっとしたら忘れたがっている気持ちの忍び込みがあるのかもしれない」ということに気付いていった。その後，彼は自分の人生と仕事の歴史を語る中で，絶対に認めたくないことだけれど，今の仕事に嫌気がさしているのでは」と語り，それで，今後の人生について語り合っていくことになった。

　その結果，彼は今の仕事に留まることになったが，

　①今までと違ってがむしゃらにやらない

　②仕事（活動）と休息のリズムをつける

　③自分だけで，仕事を引き受けようとせず，分からないときは，誰かに相談する，出来ることと出来ないことの区別をつける

　④今まで抑えていた趣味（登山など）も積極的にやるようにしだした

という変化が見られた。その結果，彼は前より生き生きと，ゆとりを持って生活できている。

　推測だが，この夢を見なかったり，見ても正しく利用しなければ，うつ病に陥ったかもしれない。夢により，無意識という第2の現実（今の仕事から逃れたい，考え直したい，別のことをしてみたい）に実感を持って向かい会えたことで，うつ状態を予防できたと言えるかもしれない。

## 【DB 例：森に迷い，洞窟に入り込んでしまう夢】

　DB氏は30才の理系の大学院生であるが，最近集中力が低下し，ミスが多いとのことで，教授から勧められて筆者の元に相談にきた。DBは，面接3回目で「うっそうと茂った森の中に踏み迷い，やっとのことでそこから出たと思ったら，今度は大きな洞窟に入り込んだ。そこは迷路のようになっていてなかなか出られない」といった夢を報告した。

　これについて，DBは「何の連想も浮かんで来ない」と言ったが，筆者が丹念に粘り強く聞き出したところ，言いにくそうに「実は，このこんもりした森から，どうしても女性のあそこの密生した毛（陰毛）が浮かんでくるのですが，恥ずかしくて言えませんでした」とのことであった。洞窟に関しては，さらに言いにくかったが，女性器を連想するとのことであった。筆者は，この「言いにくい」ということも含めて，連想を進めると，次のような自己理解に到達した。

それは，

　①現在，博士論文に取り組んでいるのだが，身体からもやもやしたものが感じられて研究に集中できていない

　②もやもやしたものとは，性への欲求で，女体に関する果てしない関心である

　③自分はこうした性への関心を抑え過ぎていたと思う

　④抑え過ぎていたのは，両親（両方とも厳格な教師）の影響が強いが，同時に女性に接近して振られたり拒絶されたりする恐れでもあったと思う

といった内容であった。

　筆者が，異性への関心や性的欲求はきわめて神聖なものでまた人間生活にとって必要なものだ，と述べ，それらについて話し合う中で，彼は性に向かい会えるようになり，徐々に女性とも話し

したりできるようになってきた。そして，今までずっと避け続けてきたお見合いもできるようになり，気にいった女性との交際が始まると共に，彼は勉強に集中できるようになり，結婚と同時に博士号の獲得が可能になり，今DBは幸せな生活を送っている。彼が言うには，洞窟の迷路とは，性に呑み込まれて自分を見失うのではという恐れや，女陰の複雑で神秘的な構造に対する限りない関心と恐れ（驚いたことに，彼は女性器の正確な形態さえよくわかっていなかった）だったのではと回想している。

　性がかなりオープンになった現代でも，DBのような男性（女性も）は珍しくはない。ただ，いくら拒絶し回避しても，夢は正直に本人の心や身体の状態を伝えてくる。DBはそのメッセージを，苦労や抵抗はあったが，それをよく生かしたと言えるてあろう。

**❷夢で初めて体験できる（現実では体験できていないことを）**

　音痴だと思っている人が，夢の中で，堂々と歌を歌って回りの喝采を浴びたり，不器用だと思い込んでいた人が，ダンスのステップを軽やかに踏んでいたり，スポーツを苦手だと感じていた人が，テニスで軽快なラリーが出来ていたりというのはよくあることである。このように日頃とても無理だと思っていたことが夢の中で実現して，夢見手を驚かせたり，喜ばせたりすることがある。これは先ほど述べた「無意識の気付き」と似たような側面を有するが，夢の中では生々しい迫真性を持った体験として実感するので，それだけインパクトが強く，本人に自信を持たせたり，新しいことへの取り組みを可能にさせたり，幸せを呼ぶことになる。そうした例を挙げる。

**【DC例（28才，女性）：夢の中での自己主張】**

　DCは，ある一流企業のOLであった。彼女は仕事もよく出来，対人関係でも優れ，上司や同僚からの信頼も厚く，後輩からも慕

われていた。そして入社 5 年目なのに，かなり責任の重い仕事を任され，彼女はそれを誇りに思っていた。しかし，最近何となく満足感がなく妙にイライラし，母親に当ることが多かった。

　彼女は，傍目にはいつも笑顔で接しているため何の問題も無いように思われていたが，母親だけは娘の不安定さが気になっていた。そこで母が知人に相談し，知人の友達である筆者のもとを最初は母だけが訪れた。母との面接の後，DC に来てもらった方がいい，と伝えたが，母が言うには「娘はとても来そうにない」とのことなので，筆者は「お母さんを安心させるためにとか，何の問題もないとわかったら安心するからといった形で誘ってみたら」と言うと，DC は筆者の元にやってきた。最初は警戒気味のDC であったが何回か面接に通う内に次のような夢を見た。それは「会社の中で上司ともめている。何かあまり出る必要のない宴席に出るようにと言われていて，またそこで得意先の社長の接待をしろというような内容に関してのいい争いだった。私は断固拒否を通したら，上司は悲しそうに小さくなって，実際に体が縮んでしまったみたい。悪いことをしたなという思い」といった内容であった。

　連想だが「上司はいい人だし，そんな無理な要求を私にしてくることもないし，また言い争うなんてとんでもないことで，考えられないことだ。でも不思議,何故私がこんな夢を見るのかしら」といったことで，びっくりしているようであった。DC の連想に対して，筆者はひとまず「周りかいい人に恵まれているのはとても素晴らしいですね」とか「言い争わない穏やかな性格も非常にいいです」と述べた後，穏やかな性格ということを起点に二人でいろいろ想像したり検討したりした。

　その結果の要約だが「私はもともと争いごとが嫌いで，反対したり断ったりということがあまりなかった。周囲もそれを誉めて

くれるのでいいと思っていた」「それと周りの人の良いところばかり見ようとしていた。嫌な点を見るのは恐ろしかった」「でもよく考えたら，そんなことで世の中を生きてはいけない。わたしは無理して，会社に遅くまで残ったり，いろんな会社の会合や宴会には必ず出て，また盛り立て役をしていたが，内心それに疲れてきた自分を感じていたし，もう少し本音を出したり断ったりしたほうが自分のためにはいいのではとうすうす感じていたときにこの夢が登場したのだと思う」とのことであった。ただ「夢で激しく自己主張している自分を見て快い感じを持ったりしたが，実際そんなことをすると上司を傷付けたり，萎縮させることにならないかしら」という心配も述べた。

　筆者は，それに対して上手な自己主張や相手を傷付けない拒絶の仕方を提示すると共に拒絶することのメリットやデメリットを考えさせたりした。その結果，DC は「たとえ拒絶して悪い結果が出てもそれはそれで一つのよい体験だとして受け止める」という覚悟を決め，徐々に嫌なことや出来そうにないことを拒絶したり，自分の要求も主張し出した。

　その結果，彼女の心配するようなことは起きず，むしろ周囲は彼女がはっきりした態度をとるようになって安心しているようだった。DC 自身もイライラしなくなり，自分に自信が出来，満足した毎日を送れるようになった。彼女が言うには「やはり，夢で明確に自分を出している体験をしたことが大きいし，自分が拒絶や主張が出来たのもこの夢が支えになっていた」とのことであった。

### ❸霊的な夢を見ることの意義

　夢は，もともと象徴的な神秘的なものだが，時に諸々の神仏，古人先祖が出てくるといった霊夢を見ることがある。

【DD 例（若手の心療内科医）：霊的な夢を見る】

ある若手の心療内科医 DD は，臨床も研究も共にそこそこの活動を続けていたが，最近何を主に取り組んでいいかよくわからない状態になっていた。特に先輩の医師に「君にはコア（核となるもの）がない」と言われ，それにショックを受けていた。また，種々のストレスが加わって，不眠，抑うつ感・無気力といったうつ状態に陥り，ひどい時には「一思いに死んだら楽かも」といった希死念慮まで出てきた。某精神科で，抗鬱剤，抗不安剤の治療を受けたがあまり改善せず，DD は人づてに筆者の事を聞き来院した。

　筆者は事情を聞いた後，「夢を見るなら持ってくるように」と言ったところ，何とか夢を思い出して報告し出した。まず，持ってきたのは「突然の大洪水の中で，自分と家族は筏に乗ってさまよっている。ようやく大地に辿り着いた」というものである。続いての夢は「亡くなった祖母が悲しそうな顔をしている」というものであった。三つ目の夢は「小学校の自分が出てきて，校内で勉強したり遊んだりして仲間たちと過ごしている」とのものであった。

　ここまでの三つの夢は，うつ病の患者でなくてもよく見る夢である。早急な決めつけ的解釈は慎むべきだが，いずれにせよ，一の夢は「無気力・自己否定・絶望・希死念慮といった『苦難の洪水』の中で，必死に助かろうともがいているが，ようやく大地という救いに到達できた」という希望を連想させる。言うまでもなく，洪水はノアの大洪水を初め，夢によく登場する神話的モチーフでこの夢は絶望の中での救いと希望を感じさせてくれる。この手の夢を見る人の予後は，比較的いいとされている。第2の祖母の夢も悪くない。一般に死者は，彼岸の世界に行っても生者の事が気になってこうして夢の形で出て来てくれることがある。この祖母の登場をプラスに生かせるかどうかは DD 本人にかかっている。第3の夢は，もう一度原点に戻ってやり直したいということ

で，小学校時代の事が出て来たのかもしれない。この三つは単純とはいえ，希望を感じさせる。DD自身も何となく手ごたえを感じているようであった。

　その後DDは，四つ目に長い夢「ある荒野を急いで歩いていると，道端に醜い老婆がうずくまり，何か助けを求めているような場面に出会った。かわいそうにと思ったが，係わり合いになるのは嫌だし，自分はある貴重な品物を一刻も早くある王様に届けねばならない使命を帯びていた。その品物は，自分の研究論文であるらしく，それを献上することで，自分の運命が大きく開ける可能性が含まれていた。しかし，通り過ぎた後，やはり気になって戻ると，老婆は恨めしそうにこちらを見て，しきりに水を飲みたがっているようであった。水を飲ませてあげようとしたが，手が動かないらしく，口移しで飲ませて欲しいとのことであった。DDは凄い抵抗を感じたが，老婆の必死の哀願に目をつぶって口て水を沢山飲ませてあげた。そして目を開けると老婆は，美しく大柄で豊満で魅力的な女神に変身しており，彼女はにっこり笑って消え去った」という夢を報告した。

　早速DDの連想を聞きながら，共同で探求したところ「荒野は，何か自分のすさんだ心のような気がする。醜い老婆というのは，臨床の現実のような気がする。自分は患者全てを平等に見なければならないと言いながら，興味があり研究対象になったり魅力的な患者ばかりに関心を集中し，その反対の患者達には機械的な診療をしていたのではないか，という気がする。そして王様に届け物をしたいと焦っているのは有名になりたい，医学界で力を得たいという自分の欲求・煩悩だろう。でも自分と縁のあったものは，できる範囲で丁寧に口移しのように診療した方がいいのだろう。それで絶世の美女ともいうべき女神に出会えたのだろう。やはり自分は地道に臨床に取り組んだ方がいいのでは」という連想を得

た。

　筆者はこれに対し「そんなに急いで結論つけなくていいんじゃないですか？むしろ，この夢の続きを期待した方がいいんじゃないですか？」と言うと，DD は怪訝そうに「夢の続きなんて見られるんですか」と言うので「それはあなた次第です。この女神がどういうものなのかをいろいろ調べたり考えたりすると，また女神様が現れてくれるのではないですか？」と返した。DD は「そんな非科学的なことを……」と言いながら，じっと考え込んでいるようであった。

　その後，彼は筆者の紹介した世界の神話，特に女神に関する本を読みあさることになったが，この時点では当初の落ち込みは既に消えていた。その後，彼は続きとも思える夢を報告した。それは「ある街道を進んでいるとオリーブの木が落ちていたのでそれを拾い，ぶらぶらさせながら歩いていると，道の方向が３つに別れたところへ来た。そこへ行くのはためらったが，何か押されるようにして分岐点に来ると，ある女性に出会った。その女性はとても綺麗な人だが，とても神聖な感じで観音様に思えた。でも不思議なことに西洋風の顔だちである。何かひざまずきたくなって，オリーブの枝を捧げると，不思議なことにその神聖な女性は３つに別れて，それぞれ３方向へと進んでいった」というものであった。

　彼はこれに対してあまり連想が湧いて来ないようなので，筆者が「十一面観音は，３つの相を持っていたし，ギリシアの運命の女神モイラも，幸せの女神ヘカテも３つの顔を持っていたときいていますが」と言うと，しばらく考え込んだ様子で，ギリシア神話とその二人の女神について調べてきて連想を言うとのことであった。彼は今度はギリシア神話を中心にして読んできて次の様に語った。

①モイラ（割り当て）は運命の三女神だということが，わかった。モイラは，クロト（紡ぐ者，過去を司る女神），ラケシス（運命の図柄を描く者，現在を司る女神），アトロポス（不可避の者，未来を司る女神）の3人で，モイラは，ゼウスとテミス（掟）の娘とも，ニュクス｛夜の女神，太古のカオス（混沌）から生まれる｝の娘ともされている。またニュクスは，夢の神オネイロスの母でもあるので，モイラ（運命の神）と，夢の神オネイロスと姉妹の関係ということになる。

②一方，ヘカテは大地母神（イシスのような）で，アステリア（星座）の娘とも，ゼウスやデメテルの娘ともいうことである。ヘカテは，天，地，海に当る絶大な権能を持ち，また子供たちの養育者でもあるし，魔術の神でもあるし，人間に御利益を与える幸せの女神でもある。ヘカテの魔術は三叉の道で行われる。そして古代の人々は道の交差点にヘカテに捧げる供物をそなえたとのことである。

③恐らく，観音様もモイラもヘカテも同じことである。そして，それぞれが3方向に行ったというのは，多分，自分が一つの分野にこだわらず，3つの行きたい方向に行けばいいのでは，ということではないだろうか。自分は今，専門の精神薬理学だけでなく精神療法にも興味を持っているし，夢・象徴・神話も研究したいと思っている。精神療法はともかく，夢や象徴の研究は，専門の薬理学の邪魔になり論文も書けなくなるのではと敬遠していたが，別にそうなってもいいと思っている。観音様やモイラ様，ヘカテ様が応援してくれているのだから。それにオリーブの枝も捧げた。

とのことであった。

筆者は，彼の連想を概ね受け入れ何も言うこともなかったが，ただ一言「あなたの好きなように，自分の納得するように動か

れていいと思いますが，いくら３者（正確に言うと３×３で９人か？）の女神が付いているといっても，あなたが正しい道を行った時にだけ味方してくれると思いますよ。自分だけの利益に走ると，その３人の女神様たちは厳しい罰をくだすと思いますよ。それにいくら女神を信じていても逆境になった時でも，彼女らへの感謝と信の念を忘れないでおれるかどうかがポイントですよ」と言い添えておいた。彼は，わかったという顔をしてその後はそんなに論文書きに突っ走らずに，心理療法的な接近も使って臨床を地道にこなし，夢や神話や仏教学研究以外に旅行・音楽・美術の趣味を楽しんだり，家庭や対人関係を大事にするといった生活になった。それで前のような落ち着きの無さは無くなり，余裕を持って人生を送れるようになった。研究の方はというとがむしゃらにならない方が却っていいものが書けるということであった。いい意味で，生物学的精神医学（脳科学）と心理療法学（人間関係学）の統合を目指しているようである。この夢に関しては，DD 氏の連想だけで十分と思われるがもう少し付け加えておく。

①分岐点にある時や方向性が見えない時は，神や仏が，超越者のメッセージとして霊夢を送ってくれる時がある。ただし，誰しもが霊夢を見れるとは限らない。霊夢は，正しい心がけをしているものにより生じやすいのだろう。また霊夢が良い夢（吉夢）とは限らない。時に凶夢の場合もある。ただ，どちらにしてもその時どれだけ適切な態度がとれるかがポイントであろう。いずれによ，このように二つも良き霊夢を見た DD がうらやましい。

②老婆を助けたら，美しい女神に変身した点であるが，ここで老婆と女神は別々のものではない。老女は，本当は美しい存在である。多くの経験を重ね落ち着きと慈愛に溢れる高貴な老婦人といった方は珍しくない。ここの夢での二つの像（老婆と豊

満な女神）は，女性性やアニマの二つの側面を現しているのだろう。女神に対しても同じで，彼女に不遜で失礼な態度を取ると，たちまち恐ろしい鬼女に変身するであろう。

③ここで観音様やギリシア神話の女神たちが出てくることで，夢見や夢解読には宗教や神話や象徴の知識が必要と感じられたかたもいるかもわからないし，多くの類書にもそういうことが書かれているが，必ずしもそれは必要ではない。そうした知識がなくなても，霊的でヌミノース的な体験を十分にする人もいる。ただ，筆者の正直な感覚からしたら，神話の「生きた知識」はないよりはあった方がより理解しやすく多くのイメージを生みやすいし，心や体を生き生きとさせやすい。フランス語で，知識のことをCONNAISSANCE{共に (con)，生まれること (nai–ssance)} と呼ぶように，知識，特に生きた知識は，人間を再生させやすい｛ルネサンス (RE-NAISSNCE) である｝

④夢の続きなど見られるのだろうか？と訝る向きもあると思うが，極論すればどんな夢でも続いているのである。夢は人間の体験と同じく孤立して存在することはない。それらは連続的なもので大きな流れの中の一つの現象に過ぎない。繋ぐ意志や繋ぐ能力があれば夢は繋げられる。ただ，一般人で「夢の続きを見た」というのは，表面に現れた相似性が強い場合であり，「全然関係ない夢だった」というのは表面上の類似点が見あたらい」ということなのだろう。幾つかの夢の中に連続性を見れるかどうかは，繋ぐ意志，繋ぐ能力，繋ぐ必要性などによるのだろう。ただし，何でもかんでも繋いだ方がいいという訳ではない。深いところでは繋がっているが，表面上は独立しているといった見方もまて必要である。

⑤オリーブは平和と豊饒の象徴とされている。夢見手がオリーブの枝を捧げたというのは，自分の中にある３方向の関心に，

平和と調和をもたらし，そうするこで豊かなものが生まれるということなのだろう。

⑥ただ，一方で「この夢は霊夢でも何でもない。夢見手DDが勝手に，変身した女を女神だと思っただけだ」という反論する向きもあるだろうか，それはそうした解釈があってもかまわない。ただ，DDは，この女性を女神と思い，観音様やヘカテ，モイラを連想し，その結果方向性を見い出すことが出来，生き生きさを取り戻したという形で役に立ったというだけである。正しいとは益するということなのである。

一般的に霊夢は，本人にかなりの感動や衝撃を与えるようである。ある敬虔なクリスチャンでその融通性の無さに不適応に陥っていた若き独身女性DEが「仏陀とマリアがセックスをする」といった霊夢を見てかなりのショックを受け，筆者の元に相談にきた。詳細は略すか，彼女は今まで避けていた「性の問題」に向き合わざるを得ないことを感じ，筆者と話し合った結果，「自分が性を恐れ苦手にしていたこと。でも性はとても神聖で人間性を豊にするものであるという方向に開かれ，以前の堅さは取れ，伸び伸びした人格に変わっていった。勿論それには多くの時間がかかったが。

❹決断を助ける夢

一般に決断は困難である。それが重大な選択・決定であればあるほと難しさは増す。決断が困難なのは，あるものを取ったら別のものを捨てざるを得ないという捨てることの恐さや，決断の結果の責任を負いかねるといったようなことによるのだろうが，患者・クライエントにおいては，それは特に著しい。

ただ，夢は，そうした迷える人に対して，決断を助けるメッセージを送ってくれる。例えば「川を渡る」「橋を渡る」「扉を開いて奥に入る」「船出する」「湖に飛び込む」「列車に乗る」といった

ような夢である。

　DF は，大学院に行くかどうかを迷っていたが，ある時「険し
く困難な高い山に登ろうとする」夢を見た。DF の連想は「自分
の生き方に対するヒントだろう。つまり，大学院への道は経済的
にも厳しく将来も保証されているとは限らないが，自分のやり
たい歴史学を選んでもいいということなのだろう」ということで
あった。事実，彼は院に進み苦学しながらも充実した日々を送っ
ているということで，この選択でよかったとのことであった。

　決断というと何かを始めるという意味合いが濃いようだが，反
対にあることを思い留まるという決断もある。夢も同じで，あ
ることを止めるというメッセージを含むことがある。DG は，30
過ぎの独身女性で，ある男性と結婚しようと思っていたが，彼の
明るさの中にある調子の良さにやや不安を感じていた。そんな時，
DG は「ある浅い小川を渡ろうとしたら，急にその川幅が広くな
り，さらに川上で雪崩があり，洪水が押し寄せてくるとのことで
ある。あわてて，引き返して，川岸まで戻ると凄い濁流が流れ込
んできた。それを恐がって眺めていると，水は自分の元にまで迫っ
てきていた」という夢を見た。

　DG の連想は「今の結婚に関することに関係がある。雪崩は彼
の危うい点を表しているのでは？それと濁流の洪水というのは，
彼や今後の結婚の暗い面を表しているのでは？だから，引き返し
ているというのは，この結婚をもう少し待った方がいいというこ
となのだろあ」ということで，結婚をすぐにはせずにもう少し
様子を見ることにした。相手の彼は非常に不満そうであったし，
DG の心も揺れたがもう少し様子を見た。間も無く彼に多額の借
金があったり，他の女性関係があることがわかった。

　DG は，とても残念だったが彼との結婚をあきらめようと思っ
た。何より嫌だったのは彼の借金云々より，それに関して何かと

ごまかそうとする彼の不誠実な態度であった。DG はその後失意の日々を送っていたが，まもなく前の彼とは逆で地味だが責任感が強く誠実な男性と出会い，その男性と結婚し，子供も生まれ，今は幸せな日々を送っているとのことであった。

　途河というのは一つの決断の象徴だが，途河しないという決断もあるのである。

　その他，参考までに，歴史上の決断を助けた夢を挙げておく。

　①アレクサンダー大王の夢：チュロスという街を包囲していたとき「盾の上で一人のサチュロス神（山野の精でディオニソスの従者）が踊っていた」という夢を見る。大王御付きの夢占い師は「サ……汝のもの，チュロスは今攻撃中のチュロス市」と告げたため，大王は，攻撃を強化して，チュロスを陥落させた（フロイトの「夢判断」）。

　②ファラオ（エジプトの王）が，「ブダハ（メンフィスの最高の土地神）が自分に対して敵を殲滅せよ」という夢を見たため，彼はぬかりのない国土防衛を行う決心をし，その結果エジプト軍は勝利した。

　こうした王や指導者でなくても，多くの人にとって重大な決断に迫られることが多い。そんな時，夢を利用することは，賢明であるし，またその夢を正しく有効に判断することはさらに重要である。その夢か理解できなかったり，理解できても自信が無い場合は，夢判断の専門家に相談することが無難である。

迷いと選択・決断は，人生の一大テーマであり，それに応える占いの営みは古代から現在まで絶えることなく続いている。科学により多くのことが明かになった今でも占いは盛んであり，むしろ現代人の方が占いに熱心なのではと思えるぐらいである。これは，おそらく，技術や文明の進歩により多くのことが可能になり，それによって願望や欲求が増大し，その結果迷いや悩みも多くなっ

たということなのだろう。多くの占いの中で「夢占い」は，極め
て有益なものと思われる。

後で，夢占いは，夢分析や夢治療と比較しながら説明していく。

## ❺治療ポイントになる夢

心の病の治療においては，今までの例で示されたように，夢はか
なり有用な役割を果たす。先に挙げた，無意識に気付く，もう一
つの現実を見つめる，現実で出来ないことを実行する，超越者と
出会う（霊夢），決断を助ける，といった営み以外に，治療者に
恥ずかしくて言えないことを夢で言える（夢の内容には責任を持
たなくてもいい，アウグスティヌスは言っている），自分の影（見
たくないもの）と向き会える，心の整理の助け，死と再生の援助，
導き手や援助者と出会える，心の傷の癒し，葛藤・対立の解決・
統合，自分の気付かない感情の発見とその開発，今までわからな
かった能力に気付き自信を深める，目標や方向性の発見や明確化
を助ける，といった働きを有する。

　それ以外に特に大きいのは，知的理解ではなく夢はかなりの実
感を伴った生々しい体験であるから夢見手の心に残りやすいとい
うこと，夢を記録することで描写力・表現力・思考力（整理力）
がつくこと，夢から出発していろいろ連想することで想像力がつ
くこと（筆者は想像力が最大の治療ポイントの一つと考えてい
る），自己の物語りの発見，現実と想像世界の交流の促進といっ
たことが挙げられる。

　また，治療の基礎となる診断に関しても，患者が夢を見るどう
か，夢の頻度はどのくらいか，夢の内容と本人の連想はどうかと
いうことを手がかりに患者の見立ての助けになる。又，大熊によ
れば，夢が，胃潰瘍や脳梗塞，狭心症などを予見するとのことで
あり，ユングも「夢が器質的疾患の診断に役立つ」と述べている。
身体疾患の診断にも役立つ可能性がある訳だが，それも含め，心

の病の治療については，後で詳しく述べる。

## ❻警告夢

　夢が，身体の病も警告してくれるということだが，それ以外に夢は多くの警告を与えてくれる。極論すれば夢の殆どは予知夢・警告夢といってもいいぐらいである。

　事例DHは，文化人類学を専攻している大学の先生で幾つかの著書を出したり多くの趣味を持っている活動的な中年男性である。彼は登山が大好きでその年も冬山登山の計画を練っていたが，やや暖冬のせいか奥さんが雪崩のことを心配して「今回は止めたら」と忠告した。しかし，彼は一笑に付して「山のことを何もしらないお前が何を言うか。大丈夫に決まっている」と返した。ただ，その数日後彼はある夢を見た。それは「彼や友人達が長年憧れていたシルクロードのラリーに参加出来るようになった。憧れの地であるタクラマカン砂漠の天山南路を走り抜け，パミール高原にさしかかった時，突然路肩が緩み落ちそうになりなったが，車体を斜めにしながらなんとか走行し続けた。ただ普通の道になっても斜め走行が戻らず，もどかしくしていた」というものであった。

　気の強いDHであったが，少しこの夢が気になったらしく筆者の元に相談にきた。二人で互いの連想を述べ会っている中で共有した結論は「ある計画を実践して途中まではうまく行くかもしれないが，最大の難関にさしかかった時，乗り切れるかどうかわからない。ただ，夢の中ではDHの意志の強さもあり，危難を乗り越えられるかもしれないがはっきりしない」というものであった。ただ，そんな結論だけでは収まらず，話は計画中の冬山行きへと向かっていき，彼に「平井さんならどうします」と聞かれた。筆者はしばし考えた後「今までの話しだと，登山の前にこんな夢を見たのは初めてということでしたよね。夢のメッセージでは確かに強固な意志で乗り切っていく可能性もあるけど，今回

の登山で初めてこういう夢が出てきたということは，何かあるのかも知れない。雪崩でなくても何か危ないことがあるかもしれない。DH さんは助かっても，同行の人はそうならないかもしれない。僕なら，もう少し様子を見てパミール越え（ここでは冬山登山のことを指す）を控えるでしょうね。またいつでもチャンスはある訳だし」と答えた。

　DH は，いかにも残念そうな顔をしていたが，結局その冬山行きは断念して，奥さんとの中国旅行へと切り替えた。果たしてその年，彼の計画していた登山ルートで雪崩が発生し，数人の登山者が命を断ったとのことであった。

　今のは，夢の警告を安全な方にとって危難を通り抜けた例と考えられるが，反対の例で有名なものにカエサルの例がある。カエサルの妻カルプルニアは「元老院の表敬決議によってカエサルの家に設けられた壮麗な切妻屋根が崩れ落ちる」という夢を見てうなされた後，夫カエサルに元老院への出席を止めるように求めた。しかし，カエサルは言うことを聞かず，そのまま元老院に赴いて暗殺されたとのことである。ただ，警告夢を生かすのは難しい。

　今の２例を見ると警告夢に従った方がいいように思うが，従い過ぎて折角のチャンスを逸したという例も多いように思われる。だいたいどのような夢が警告夢なのかを判断することすら難しいものである。警告夢に関しては後で再び取り上げるが夢を生かすということは簡単な作業ではない。

－以上が，ある私的研究会で発表した夢の治療例です－

〈やはり，相当ユングの影響が見られるようですね。それで今，B さんは夢をどのようにまとめておられるのですか〉

－夢に対する要約を述べます

**[ 要約 ]( 夢の素晴らしさ )**

　夢はまことに不思議で神秘に満ちている。同時に人間を変容さ

せ，治癒に導く力を持っている。以下に夢の素晴らしさを要約的に述べてみる。

①夢は心の闇を照らす。

夢は「闇の言葉」と言ってもいいが，同時に暗黒の闇を照らす言葉でもある。夢は心の闇との対決・付き合いを可能にし，それは治癒に結びつく。

②夢は表現する。

印象的な視覚的イメージ(時には聴覚的，触覚的でもあるが)をもたらしてくれるのは，夢の特性である。

③夢は心の整理を助ける。

過去も未来も整理して，方向性を指し示す。

④夢は課題を指し示す。

多くの雑多なものから，一番大事な目標と言ったものを示してくれる。

⑤夢は感情発散を助ける。

カタルシス(浄化)は癒しに通じる。怒りや依存性など日頃抑えつけているものが表面に発散される。夢は，普段なら人の前で言えない激しい情動・感情をイメージに変換させる。ユングは「情動をイメージに変換できた時にのみ，私は内的に鎮められた。……情動の背後にある特定のイメージを見出すことが治療的に役に立った」と述べている。

⑥夢は知らせてくれる。

予知や警告や展望といったこと。夢は神のメッセージである。

⑦夢は生命力を引き出してくれる。

夢により，生きていると言う実感を持てる場合がある。

⑧夢は楽しさや生きる喜びをもたらしてくれる。

夢を出発点にして物語や創作の喜びを持てる。また，そこまで行かなくても夢の心地良い余韻に浸れる。

⑨夢は勉強になり知識を増やしてくれる。

単に象徴だけではなく，森羅万象にまつわる知識・智慧である。

⑩夢は美に目覚めさせてくれる。

芸術家だけでなく，一般人にもそれが言える。

⑪夢は行動させてくれる。

日頃出来ないことをさせてくれ，行きたいところへ行かせてくれる。

⑫夢は許してくれる。

夢により罪悪感が減ることがある。

⑬夢は想像力と自由性を増してくれる。

心の病とは「想像力と自由性」の欠如である。

⑭夢は創造の源泉である。

多くの芸術作品が，夢によりもたらされている。幾つかの科学上の発見・発明も夢の助けによっている。

⑮夢は神聖である。

夢は神聖な遺跡のようなものである。大事に取り扱う必要があり大事に保存することが重要である。遺跡はアクティヴ・イマジネーションの出発点でもある。

⑯夢は第二の人生である。

ひょっとしたら第一かもしれない。

⑰夢は守ってくれる。

たとえ，夢が秘密を暴いたとしても，それはその夢見手を助けるためである。

⑱夢は進化する。

夢を見続けていると，前進・成長・進化が見られる時が多い。同様に夢は人間の成長・発展を助けてくれる。

⑲夢は空であり，大円鏡智でもある。

夢は空しいが同時に無限の宝庫でもある。また，あらゆるもの

をそのままに鏡のように映してくれる。

⑳夢は「神性への突破」「魂の火花」である。

㉑夢は関係に開かれる。

夢を他者(治療者，友人など)に話すことによって他者との関係が深まる。夢解読を共にやることにより，貴重な共同作業体験を得られる。

(ただ，夢は素晴らしいが，素晴らしいものが大抵そうであるように，取り扱いには十分注意が必要である。先ほど述べた象牙の門から来る偽りの夢もあるし，また夢ぐらい上手に嘘をつく者もいないからである)

といったことです－

## 4. 最後に(ユング，フロイト，アドラーは出発点)

〈よくわかりました。最後にユングについて何か言う事はありませんか〉

－ユングのことをいろいろ批判したりはしましたが，ユングはやはり偉大な存在です。ユングと出会わなかったら，私の連想は広がりを持てなかったと思います。何よりも，夢と象徴に関してこれだけ多くの素材を集め研究してもらったのは助かります。ユング心理学は，やはり「夢と象徴の心理学」であり「イメージの心理学」です。ただ，ユングは確かにある地平を拓いたことは拓きましたがそれは出発点に過ぎません。私のミッションは，この夢・象徴・イメージをどう治療に生かすか，特に精神病などの重症例にどう生かせるのかにかかっていると思います。ただ「到達点であり出発点でもある」というのはフロイトもアドラーも同じ事情でしょう－

後書き

　実は，拙著の生原稿は20年程前から書き始め，一応の区切り
をみたのが2013年の春である。今見返すと，やや感情に流され
ている点はあるが，訂正する点は何もない。

　ユングと付き合い始めて，もう50年近くになった。最初は凄
いという印象だけだったが，理解が深まるにつれて非常に面白く
なり，同時に不満も出てきた。

　それは筆者が，治療の方にばかり興味を持っていたことである。
常に治療実践を考え，治療実践だけを目的にし，治療実践で評価
するという立場を取ってきた自分にとって，ユングの言動，著作
に疑問を感じ始めた。

　しかし，今思うのは，ユングへの批判は自分自身に向けられる
べきものなのであると考えた。ユングが象徴や元型の根底を探求
するのが好きだったように，筆者は治療者でいる方が性に合って
いる。治療者としてのユングに不満を向けるのであれば，その前
に己の治療姿勢，治療実践の検討が必要なのである。

　そう思って治療者としてのユングより，治療の基礎になるイ
メージや元型といった「魂の探求者」としてユングを見たら，深
い所で一層，治療的な優れた資質を有しているユングに出会えた。
それを治療実践に生かすのが，自分の仕事であると感じた。

　それと，ユングを批判する人が，ユングの卑劣な行動（遠藤裕
乃「シュピールラインの悲劇」）や差別主義（小俣和一郎「精神
医学とナチズム，裁かれるユングとハイデッガー」），一貫性の無
い矛盾した言動，更にユングの4K（金持ちで，賢くて，健康で，
関心の持てるクライアントだけをみるということ）や貴族性を批
判しているが，これはこれでユングだけでなく治療者や研究者に
はつきものの問題である。ただ，そうした批判をユングが受ける
という事自体，ユングの偉大さと心理学・心理療法につきものの

難しい問題を呈しているのであろう。その問題を解決するのは我々の仕事である。

　そういうことで，今後は「夢の治療ポイント」「元型の治療的意義」「象徴の治療ポイント」「ユング心理学からみた薬物療法（現代の錬金術，『薬の魂』をどう生かすか），といった著書にチャレンジするつもりである。

著者略歴

# 平井　孝男 （ひらい・たかお）

1949年三重県上野市に生まれる。1974年，金沢大学医学部を卒業後，大阪大学病院精神科，大阪通信病院神経科，仏政府給費留学，榎坂病院・淀川キリスト教病院精神神経科を経て，1991年4月，平井クリニックと新大阪カウンセリングセンターを開設。現在，平井・池上クリニック名誉院長，新大阪カウンセリングセンター長。精神科医。臨床心理士。著書：『心の病いの治療ポイント』『境界例の治療ポイント』『うつ病の治療ポイント』『カウンセリングの治療ポイント』『難事件と絶望感の治療ポイント』『統合失調症の治療ポイント』『心の援助に生かす精神分析の治療ポイント』（以上，創元社），『心理療法の下ごしらえ』（星和書店），『仏陀の癒しと心理療法』（法蔵館），『治療精神医学』（共著，医学書院），「精神病治療を語る』『分裂病者の社会生活支援』（以上，共著，金剛出版），『癒しの森』（共著，創元社），『心理臨床におけるからだ』（共著，朱鷺書房）など。論文「遷延うつ病の治療」「（分裂病における）再発の治療的利用」「境界例の治療」「能と心理治療」など。

［連絡先］

平井・池上クリニック　大阪市東淀川区西淡路1-16-13
　　　　　　　　　　　新大阪MFDビル2F
　　　　　　　　　　　Tel.06-6321-8449
　　　　　　　　　　　Fax.06-6321-8445
新大阪カウンセリングセンター　住所同上
　　　　　　　　　　　Tel.06-6323-2418

治療者ユングから学んだこと

2020 年 1 月 20 日　第 1 版第 1 刷

著　者　平井孝男
発行者　橙　牧夫
発行所　株式会社朱鷺書房
　　　　奈良県大和高田市片塩町 8-10（〒 635-0085）
　　　　電話 0745(49)0510　Fax 0745(49)0511
　　　　振替 00980-1-3699
印刷所　尼崎印刷株式会社